マーケティング零

大石 芳裕【編著】

東京　白桃書房　神田

まえがき

　明治大学経営学研究科・大石研究室は主に「グローバル・マーケティング」を研究している研究室です。「研究室」といっても理系のように「同じ分野」を一緒に研究しているわけではなく，個々人が好きなテーマで研究し発表し議論しています。ブランドを研究している者もいれば，流通を研究している者もいます。製品開発を研究している者もいれば，eコマースを研究している者もいます。知識移転を研究している者もいれば，BOPビジネスを研究している者もいます。中には顧客満足における期待マネジメントなど「グローバル」とは無縁の者がいますが，大学院を修了した者の多くは赴任した大学で「グローバル・マーケティング」を教えています。最初にぶつかる壁が「マーケティング」をどのように説明するかです。「グローバル・マーケティング」ですので，「グローバル」な側面，例えば国際経営や多国籍企業，国際経済などの問題も取り扱うのですが，同時に「マーケティング」ですから4PとかSTPとか3Cとかの「マーケティング」問題を取り扱います。この「マーケティング」を教えないと「グローバル・マーケティング」に入れないわけです。

　「マーケティング」を担当している先生は，このような「マーケティング」問題を半年なり1年かけて教えることができるわけですが，「グローバル・マーケティング」を担当しているわれわれはそうはいきません。チャッチャッと2，3回で「マーケティング」を教え，いち早く「グローバル」に入る必要があります。ここで悩むわけです。昔なら「エッヘン，ええ，これからグローバル・マーケティングを講義するので，各自マーケティングについては来週までに2，3冊の本を読んで独学しておくように」なんて高飛車に出られたのですが，現在ではそうはいきません。そんな高飛車なことをいえば，翌週には教室が

ガランとなっていることでしょう。先生は基本を教えないわけにはいかないし，独学させるにしても工夫が必要です。

　学生だけではありません。院生においても学生時代「マーケティング」を学んでいない者が多く，というか「経営」も「経済」も「グローバル」もまったく学んでいない者が大半で，かつ博士前期課程では海外からの留学生ばかりという現状では，彼らにわかりやすく「マーケティング」を教える必要があります。学生・院生だけではありません。私を含め大石研究室の者は大なり小なり社会人を教えているのですが，「社会人だからマーケティングくらい理解しているだろう」と壇上に上がると，大抵うなだれて下りてくることになります。「もっと基本から話せばよかったぁ」という思いとともに。

　もちろん，院生でも社会人でも，その分野の知識が豊富で経験も長い方はたくさんおられます。そのような方に相応しいテキストや専門書は山のようにあるわけで，どの本を選ぶか迷うほどでしょう。われわれがここで読者として対象としているのは，「大学1，2年生でマーケティングの"マ"の字も知らない学生」や「大学3，4年生でグローバル・マーケティングを学ぶ上でマーケティングの基礎知識がない学生」，「大学院博士前期課程の院生でグローバル・マーケティングを研究しにきたし面接ではいかにも知っているように質疑応答したけど，実は何も知らない者」あるいは「社会人で"グローバル化，グローバル化といわれるが，どうもグローバル・マーケティングなんていうのも勉強しておく必要があるようだ。でも，だいたいマーケティングが何かもわからないから，ちょっと敷居が高いなぁ"と感じている人」なのです。すでにマーケティングが何かを知っている人，マーケティングをより専門的に学ぼうと考えている人は別な本を読んだ方がいいですね。もし，この本がそのような方々にも少しでも役立つとすれば，この本が通常のマーケティングの考え方と少し違う考え方で書かれているということくらいでしょう。

　この本はテキストです。徹底的に初学者向けに書かれた「零（ゼロ）」からのテキストです。テキストではありますが，大石研究室のDNAが一貫して流れている本でもあります。「大石研究室のDNA」なんてあったの？　と大石研究室の者も驚いているかもしれませんが，あります。絶対に，きっと，

まえがき

　おそらく，もしかしたら，ひょっとしたら，DNAはあります。それがどのようなものか，以下の小エッセイで示したいと思います。これは私が明治大学に赴任した1996年，新入生向けの大学刊行物『思索の樹海（うみ）』に寄稿したものです（刊行は1997年）。大石研究室の者は皆これを読んでいますし，共感して入室した者ばかりです（たぶん）。だからこそ今回，「初学者向けのテキスト」を一緒に書くことになったと考えています。

　読者の皆さんとも「同好の士」になれれば幸いです。

2015年4月吉日
大石芳裕

反省しても後悔せず

　私は二十五歳で大学一年生になった「落ちこぼれ」である。勉強は嫌いだ。好きなことをやっているときが一番楽しい。遊びは何でも好きだが，今はテニスに凝っている。

　中学時代は卓球，高校時代はサッカーに狂った。高三の夏休み以降は応援団長，結婚問題，家出してのヒッチハイク日本一周と忙しかった。大学進学を考えたのは卒業前の一月。理由は失恋したから。運良く現役で大学に入れたが七十年安保の時で数か月間は講義が聞かれなかった。これ幸いにサッカーに専念した。酒もタバコも麻雀もパチンコも覚えた。時々，警察にもご厄介になったが理由はよく覚えていない。講義が再開されても自分がどのクラスにいるのかさえ知らなかった。わずか五年でよく卒業できたものだ。

　卒業しても風太郎だった。母が「一年でいいからまともに就職して」と懇願するようにいうのを振り切り，「俺は俺の道を行く」と肩で風を切っていた。本当は何をどうしていいのかさえわからなかったのだが。父に勘当され，家を飛び出し，風太郎生活が始まった。食い扶持だけを稼ぐと後は怠惰な生活に埋没した。「何かしなければ」，「何かができるはずだ」と思うのだが生活に追われ流され一日々々が過ぎていく。「俺はこのまま一生を終わるのか」と思うと情けなかった。

　人生が変わったのは喜界島に行ってから。奄美大島群島の一つ，喜界島は周囲四十キロぐらいの小さな島だ。そこの中学三年生二人を教える「住み込み家庭教師」として，怪しげな教育団体から派遣された。もちろん軽いバイトのつもりだった。落ち込んでいたので「生活を変えよう」という気持ちもあった。昼は本を読んだり，海岸を散歩したり，狭い島内をグルグル回ったりしていた。夕方から教えるわけだ。しかし，いいかげんな生活をしていた私が

まともに教えられるわけがない。教えられる彼女たちこそ迷惑な話だ。三か月後，心を開いてくれた二人から散々からかわれたものだ。そのあと二人の成績は格段に向上した。私にも自信らしきものが生まれた。彼女たちが私の先生だったのだ。ちょうどその頃，エドカー・スノーの『中国の赤い星』を読んだ。毛沢東，周恩来に次ぐ中国共産党の大立者であった朱徳は四十歳位まで阿片中毒の放蕩児だったのだ。「俺だってやり直せるかもしれない」ぼんやりそんなことを考えた。彼女たちの入試が終わって島を出るとき，地元の人たちが羊を潰して歓送会をしてくれた。南洋の独特のリズムと囃子に乗って踊る人たちの姿が今でも脳裏に焼き付いている。歓送会が終わる頃，教え子の親が近づいてきた。「先生。実はね，先生の前に何人もの家庭教師が来たのよ。でもみんな二週間もいなかった。先生は六か月もいてくれた。やり直したいんでしょ。奨学金を出してあげるから頑張んなさい」。

　三畳一間のアパートで受験勉強を始めた。当初は大学院を受けるつもりだったが，「どうせやり直すなら大学一年から同じ経済学を徹底的にやろう」と大学受験に切り替えた。金がないので予備校にも行けない。参考書を各教科一冊ずつ買ってきて大学図書館とアパートでにらめっこだ。父が肝臓癌で長くは生きられないことを知ったが，もう歯車は止められない。奨学金は六月まで頂戴し，夏休みはバイトした。近所の塾の先生が「一時間で五千円」という破格の条件で雇ってくれた。金を稼ぐのと，同い年の美しいお嬢さんに会うのを楽しみに夏休みの午前中は塾で過ごした。もちろん昼飯も。その塾では夏休み以後も時々食事をご馳走になった。大学は通るだけではだめだった。トップの成績で合格しなければならない。金がないので「入学金免除，授業料免除」が絶対条件なのだ。合格発表の時は沖縄の西表島で友人と遊んでいた。この調子で大学院も受験し，入学金も授業料も払っていない。日本育英会から奨学金をもらったが，卒業後教育職に就いたので返還免除されている。

金はなくてもなんとかなる，ということも学んだ．

　医者から「三か月の命」と言われていた父が，約三年頑張って大学二年生の終わりに死んだ．ちょうど期末テストの直前だった．好きな先生の科目もあったが勿論全部パスした．父は尋常小学校卒でヒラの国鉄職員だった．助役試験を受けるよう上司に勧められたが「助役になると転勤があるので子供のために断った」と言っていた．本当のところはどうだかわからない．そういえば父から「勉強しろ」と一度も言われたことがない．自分が勉強嫌いだったので子供にも言わなかったのだろう．その代わり「働け」とはよく言われた．小さな田畑があったので休日はいつも野良仕事の手伝いだった．普通のサラリーマン家庭の友達が休みの日に遊んでいるのがものすごく羨ましかった．嘘をついて野良仕事をさぼり，野球やビー玉遊びに一日興じたことも度々ある．頑固な父からはひどく怒られ，殴られた．大きな岩のように頑強だった躯がススキのようになって父は死んだ．父は私が一回目の大学へ入るとき，国鉄を定年退職し，私の学資を稼ぐためガソリンスタンドの店員になった．「若い店長によく怒られる」と言っては酒を飲んでいた．ストレスと酒が命を縮めたのだろう．そうまでして稼いでくれた金で学ばなかった私は親不孝者だ．

　大学に入学した今でも，人生の目標を見つけだせずにいることは恥ずべきことではない．人にはそれぞれ個人差があるものだ．小学生の時から弁護士になろうと努力してきた人や，高校生の時に公認会計士になろうと考えて大学を選択した人は立派である．そのまま邁進してもらいたい．しかし，そうでない人もいいではないか．人生の目標を見つけるのがたとえ遅くとも，それはそれなりに自分の人生である．ただ，人生の目標を探し求めることは大切だ．メーテルリンクは『青い鳥』で幸福が身近にあることを書いただけではない．幸福は探し求めて初めて見つかるものだと伝えたかったのだ．宮本

武蔵の『五輪書』には「反省しても後悔せず」というのがある。後悔は過去への嘆きであり，反省は将来への糧である。過ち多き私の半生だが，後悔はしていない。反省しつつ，次の目標・幸せを探し求めたいと思う。

　昔からの友人は「大学の先生にもっとも相応しくない奴が大学の先生になった」と笑う。自分でもそう思う。マルクスは大学の先生になれなくて新聞記者になったそうだが，私は新聞記者になれずに大学の先生になった。でも良かったと思う。私はこの仕事が好きだ。なによりも人間が好きだ。勉強は嫌いだ。好きな研究をしたい。学生諸君とも「同好の士」になれればいいと思っている。

明治大学新入生向け冊子『思索の樹海』（1997年4月）より

● 目次

まえがき ………………………………………………………………………………… i
反省しても後悔せず ……………………………………………………………………… iv

序章　マーケティングを学ぶ前に ―1

1　一般性と特殊性 ………………………………………………………………… 1
　　(1)　業界間の差異 …………………………………………………………… 2
　　(2)　時代間の差異 …………………………………………………………… 4
　　(3)　国際間の差異 …………………………………………………………… 5
　　(4)　総括 ……………………………………………………………………… 7
2　ソリューション・パス ………………………………………………………… 8
　　(1)　課題本質把握 …………………………………………………………… 10
　　(2)　解決策立案 ……………………………………………………………… 13
　　(3)　実行 ……………………………………………………………………… 14
　　(4)　評価 ……………………………………………………………………… 15
　　(5)　フィードバック ………………………………………………………… 16
3　本書の構成 ……………………………………………………………………… 18

第1章　マーケティングとは何か ―23

1　定義の重要性 …………………………………………………………………… 23
2　マーケティングの定義 ………………………………………………………… 27
3　H型経営 ………………………………………………………………………… 29
　　(1)　マーケティングは経営の基本 ………………………………………… 29
　　(2)　マーケティングは製造を挟んで両側にある ………………………… 31
　　(3)　製造業もサービス業も同じ …………………………………………… 33
4　STP・4P・PLC ………………………………………………………………… 34
　　(1)　STP ……………………………………………………………………… 35

ix

		(2)	4 P …………………………………………………	39
		(3)	PLC …………………………………………………	41
	5	3C分析とSWOT分析 …………………………………………		42
		(1)	3C分析 ………………………………………………	43
		(2)	SWOT分析 …………………………………………	44
	6	まとめ ……………………………………………………………		47

第2章 ブランドとは何か —48

1	「ブランド＝高級商品」は間違い ……………………………………	48
2	ブランド要素とブランド階層 ………………………………………	49
3	同じ製品でもブランドによって認識が異なる？ …………………	51
4	ブランドは貴重な資産 ………………………………………………	54
5	ブランド構築はマーケティング戦略の目的 ………………………	55

第3章 ブランディング —58

1	ブランディングとは …………………………………………………	58
2	名前が持つ力 …………………………………………………………	58
3	見た目も重要 …………………………………………………………	60
4	変えられるもの，変えられないもの ………………………………	63
5	ブランドを拡張する …………………………………………………	65
6	まとめ …………………………………………………………………	69

第4章 ブランドの「見える化」 —71

1	ブランドは愛情と同じ ………………………………………………	71
2	ブランド価値の測定 …………………………………………………	72
3	ブランド力の測定 ……………………………………………………	75
4	ブランド・イメージの測定 …………………………………………	78
5	まとめ …………………………………………………………………	80

第5章　マーケティング・リサーチ —82

- 1　マーケティング・リサーチは不可欠　82
- 2　「マーケティング・リサーチ」と「マーケット・リサーチ」　82
- 3　データの種類　84
  - (1)　1次データと2次データ　84
  - (2)　内部データと外部データ　84
  - (3)　質的データと量的データ　85
- 4　1次データの収集方法　86
  - (1)　質問法　86
  - (2)　観察法　87
  - (3)　実験法　88
  - (4)　その他，最新のデータ収集方法　88
- 5　リサーチの手順　89
  - (1)　問題の把握と課題の明確化　89
  - (2)　既存データ（2次資料）の収集　90
  - (3)　調査企画・設計　90
  - (4)　調査の実施　93
  - (5)　調査結果の集計と分析　94
  - (6)　調査結果報告書の作成　95
- 6　まとめ　95

第6章　価格戦略 —96

- 1　価格の重要性　96
- 2　価格のメカニズム　96
  - (1)　コストと利益には2種類ある？　96
  - (2)　損益分岐点　99
- 3　価格を下げるには？　101
  - (1)　規模の経済　101
  - (2)　変動費の削減　102

	4	価格の判断基準を歪める経験	104
		(1) 参照価格	104
		(2) 内的参照価格のシフト	105

第7章　広告戦略 —108

	1	広告の役割	108
		(1) 広告の位置づけ	108
		(2) 広告の役割	110
		(3) 雑誌広告の事例	111
	2	広告の制作	112
		(1) 広告業界の構図	112
		(2) 広告市場規模	114
	3	広告の種類	115
		(1) テレビ広告	115
		(2) 新聞広告	117
		(3) 雑誌広告	117
		(4) インターネット広告	118
		(5) デジタルメディア・ミックス	119
	4	CGM時代における広告	120
	5	まとめ	121

第8章　チャネル戦略 —123

	1	チャネルとは何か	123
		(1) 流通とチャネル	123
		(2) 流通の意義	124
	2	チャネル開拓	126
		(1) チャネルは大きな資産	126
		(2) チャネルの形態	126
		(3) チャネルの長さ	127

(4)　チャネルの幅 ……………………………………………………… 128

　3　チャネル管理 …………………………………………………………… 130
　　　(1)　生産者と流通業者の関係 ………………………………………… 130
　　　(2)　管理の基盤 ………………………………………………………… 130

　4　製造小売業 ……………………………………………………………… 131
　　　(1)　SPA ………………………………………………………………… 131
　　　(2)　製造小売業の強み ………………………………………………… 132

　5　物流 ……………………………………………………………………… 132
　　　(1)　流通の4つの流れ ………………………………………………… 132
　　　(2)　物流の重要性 ……………………………………………………… 133

　6　チャネル・ミックス …………………………………………………… 135

第9章　eコマース ─137

　1　eコマースとは何か？ ………………………………………………… 137
　　　(1)　eコマースの定義 ………………………………………………… 137
　　　(2)　BtoC ECの市場規模 ……………………………………………… 138
　　　(3)　BtoB ECの市場規模 ……………………………………………… 139

　2　eコマースによる流通の変化と特徴 ………………………………… 141
　　　(1)　eコマースと4つの流通 ………………………………………… 141
　　　(2)　eコマースによる流通の変化 …………………………………… 142
　　　(3)　eコマース市場の特徴 …………………………………………… 143

　3　BtoC EC市場の事例 …………………………………………………… 144
　　　(1)　アマゾン・ドット・コム ………………………………………… 145
　　　(2)　BtoC EC市場の効果と課題 ……………………………………… 146

　4　BtoB EC市場の事例 …………………………………………………… 148
　　　(1)　アジェントリクス・エーピー …………………………………… 148
　　　(2)　BtoB EC市場の効果と課題 ……………………………………… 151

　5　おわりに ………………………………………………………………… 153

第10章　顧客満足マネジメント —154

- 1　顧客満足とは …………………………………………………… 154
- 2　顧客満足向上のメリット ……………………………………… 155
- 3　顧客満足を高めるには？ ……………………………………… 160
  - (1)　期待マネジメント ……………………………………… 160
  - (2)　真実の瞬間 ……………………………………………… 163

第11章　関係性マーケティング —165

- 1　関係性マーケティングの誕生 ………………………………… 165
- 2　関係性重視の背景とその意味 ………………………………… 166
  - (1)　「関係性」重視の背景 ………………………………… 166
  - (2)　パレートの法則 ………………………………………… 166
  - (3)　情報技術と関係性マーケティング …………………… 167
  - (4)　「関係」と「関係性」 ………………………………… 168
- 3　関係性マーケティングの定義 ………………………………… 169
  - (1)　関係性マーケティングの研究史 ……………………… 169
  - (2)　関係性マーケティングの定義 ………………………… 170
- 4　関係性マーケティングの研究領域 …………………………… 171
  - (1)　関係性マーケティングの4分野 ……………………… 171
  - (2)　サービスにおける関係性マーケティング …………… 172
  - (3)　消費財における関係性マーケティング ……………… 172
  - (4)　チャネルにおける関係性マーケティング …………… 173
  - (5)　産業財における関係性マーケティング ……………… 174
- 5　まとめ …………………………………………………………… 175

第12章　サービス・マーケティング —177

- 1　サービス産業は7割産業 ……………………………………… 177
- 2　サービスの特性 ………………………………………………… 177
  - (1)　サービスの分類 ………………………………………… 177

　　　　（2）サービスの本質と特性 ………………………………………………… 179
　　3　サービス・マーケティングの戦略 ……………………………………………… 182
　　　　（1）サービス・マーケティングの3つのタイプ ………………………… 182
　　　　（2）サービス・マーケティング・ミックス …………………………………… 183
　　4　おもてなしのサービス …………………………………………………………… 184
　　　　（1）おもてなしとは ……………………………………………………………… 184
　　　　（2）おもてなしのサービス・マーケティング実践 ………………………… 185
　　5　まとめ ……………………………………………………………………………… 187

第13章　コーズ・マーケティング ― 189

　　1　近江商人の「三方よし」 ………………………………………………………… 189
　　2　コーズ・マーケティング誕生の背景 …………………………………………… 190
　　3　「自由の女神」が生んだマーケティング ……………………………………… 193
　　4　消費者の欲求とコーズ ………………………………………………………… 195

補章①　文献の探し方 ― 197

　　研究＝山登り？ …………………………………………………………………… 197
　　「良い」研究とは？ ………………………………………………………………… 198
　　情報にも価値の優劣がある ……………………………………………………… 198
　　文献の探し方 ……………………………………………………………………… 199
　　文献を効率的に探す3つのステップ …………………………………………… 204
　　文献を効率的に集める3つのステップ ………………………………………… 204

補章②　論文・レポート執筆要綱 ― 208

序章
マーケティングを学ぶ前に

1 一般性と特殊性

　セミナーなどで話をしますと，参加者からいろいろな反応があります。声に出る場合もありますし，声には出ませんが顔には出る場合もあります。1つ目は「今日の話はパソコン業界の話だったから，われわれ食品業界には役に立たなかった」というものです。確かに業界が異なれば，置かれている環境も異なりますし，競合相手も戦略も異なります。このような反応は当然起こりえることです。2つ目は「自分はこの業界で30年働いているので，今日の話を聞かなくても何をすべきかわかっている」というものです。実務経験のない研究者の話など経験豊富な実務家には歯痒くて仕方ないというところでしょう。これもまた当然といえば当然の反応です。3つ目は「先進国アメリカではどのような戦略が採られているのか知りたかった」というものです。先進事例から学ぶことは多いので，もっと海外での事例を話して欲しいという要求は正当なものでしょう。
　ただ，これらの意見は間違っているとはいえませんが，注意が必要だと私は考えています。一言でいうならば「一般性」と「特殊性」を正しく認識しているかどうかによって，このような意見は正当であったり不当であったりするのです。一般性とは普遍性，共通性，一貫性とも言い換えることができます。業界や時代，国を超えて普遍的な本質を意味します。どのような話にもこの一般性が潜んでいるので，それを把握しなければ「つまらなかった」ということになります。一方，特殊性とは個別性，異質性，単発性とも言い換えることができます。それぞれの業界，時代，国に固有の特性ですね。具

体的な話をすればするほど，この特殊性がまとわりついてきます。

　実務家の中には「抽象的な話や一般的な話はいいから具体的な話をしてくれ」と要望される方も多いのですが，具体的な話にまとわりつく特殊性からより普遍的な一般性を導き出さなければ「面白かった」だけで終わってしまうことになります。それではセミナーの内容が自分の業務に結びつき，新たなブレイクスルー（突破）を引き起こすことにはなりません。このことはセミナーの話だけでなく，読書や友人との何気ない会話，あるいは取引先との緊張した交渉，大学・大学院での授業などすべてのことに当てはまります。そこで私はセミナーの冒頭にこの「一般性と特殊性」のお話しをすることがあります。この点をもう少し詳しくお話ししましょう。

（1）業界間の差異

　私があるパソコン業界の成功事例を話したとします。デルでも東芝でもレノボでもいいのですが，彼らの成功へ至るプロセスとその結果をお話しします。これに対する聴衆の反応で，2通りの誤ったものがあります。第1の反応は，「よい戦略を聞いたので，それをそのまま自分の業界（例：食品業界）に適用しよう」というもの。いまどきそんな素直な実務家はおられないと思いますが，当然その結果は失敗に終わります。パソコン業界と食品業界では環境条件や競合，戦略など特殊条件のすべてが大きく異なるからです。そこで「やはり大学の先生の話はダメだ」という結論に至ります。講演者に対する聴衆の評価は「F」ですね。

　第2の反応は，「パソコン業界の話は食品業界とは違い過ぎる。参考にもならない」という反応です。この反応は結構多くあります。パソコン業界の人はパソコン業界の他社の事例を聞きたがるし，食品業界の人はやはり食品業界の他社の事例を聞きたがります。これは当然といえば当然ですが，あまり大きな効果は得られません。ベンチマークを同業他社に限定しているようでは，大きなブレイクスルーは起こせないからです。そもそも同業のことは研究者に聞かなくてもご自身の方がよくご存じでしょう。かつてNTTドコモで「アイ・モード」の開発をリードした松永真理（リクルートで雑誌の編集長をしていました。明治大学文学部出身。以下，人名の敬称は省きます）は，

図表序-1　業界間の差異

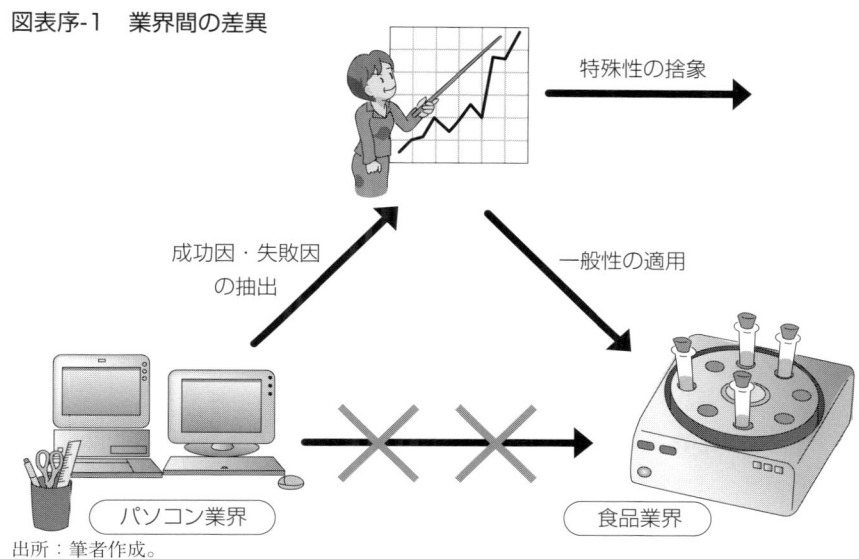

出所：筆者作成。

技術者にセブン-イレブンを徹底的に研究させました。「何を加えるかよりも何を省くか」を理解させるためです。

　以上，2通りの誤った反応から脱却するためには，パソコン業界の「成功因・失敗因の抽出」をしなければなりません。そしてそれら成功因・失敗因を一般性と特殊性にふるい分けるのです。ここに聴衆の「仕分け能力」が必要になります。「パソコン業界の成功因の1つである開発プロセスの見直しについては食品業界にも役立つな」とか「パソコン業界の成功因の1つであるネット販売は食品業界にとっては限定的だな」とかの仕分け能力です。前者の一般性を適用することができれば，食品業界の人にとってもパソコン業界の話は役に立つことでしょう。いやむしろ異業種だからこそ自分たちが気付かなかったことの発見があるかもしれません。一方，後者の特殊性を捨象・排除しなければ，パソコン業界の特殊性を食品業界にそのまま持ち込むことになり，多くは失敗することでしょう。だから「他業界の話は役に立たない」という評価になるのです。それは話の内容の問題ではなく聴衆の仕分け能力の問題だと考えています。

(2) 時代間の差異

　業界間と同様に時代間にも「一般性」と「特殊性」の仕分けが必要です。陥りやすい過ちに「30年働いているので何をすべきかわかっている」とか「5年前に成功したので対策は万全だ」とかの「経験に根ざした」考え方です。誤解なきよう念押ししておきますが，私は「経験が役に立たない」と申し上げているわけではありません。どのような仕事にも経験に勝る教師はおりません。問題は，時代あるいは環境が異なっているのに，以前成功した戦略・方法を現代にも適用してしまう弊害です。常に過去の成功体験を創造的に破壊し続けなければならないのに，逆に過去の成功体験にしがみついてしまうことです。過去に成功した人，キャリアの長い人こそ要注意ですね。

　時代間の差異に対する誤った反応は2通りあります。過去の成功体験をそのまま現代に適用するものと，過去と現代は環境が異なるからと過去の経験を完全に無視するものです。ダイエー創業者で流通業に革命を起こした中内㓛は小さなドラッグストアを小売日本一にまで成長させた優れた経営者でしたが，1980年代までの成功体験に囚われて1990年代以降の環境の変化に対

図表序-2　時代間の差異

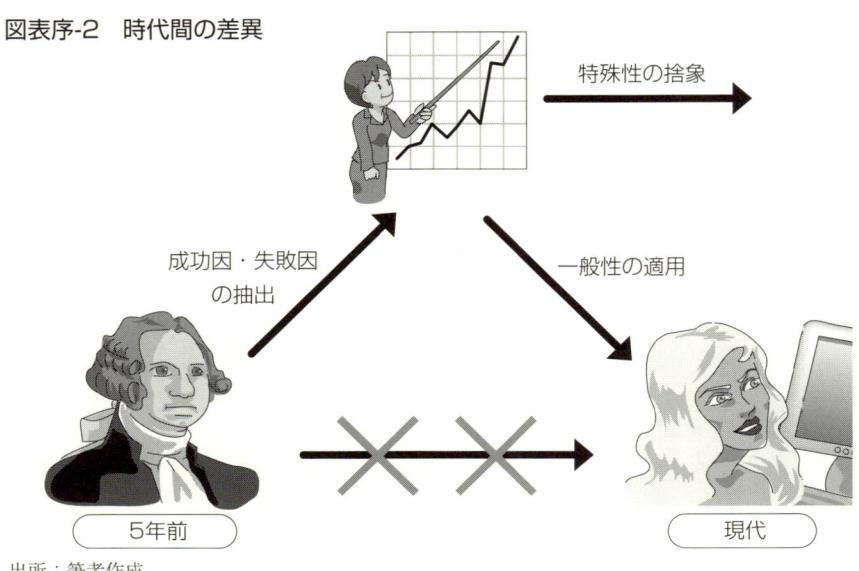

出所：筆者作成。

応できませんでした。戦略の変更を訴える側近を皆遠ざけてしまい，結果的にダイエーは消滅することになりました。

　他方，若者や外部から来た経営者にありがちなのが，過去の経験を完全に無視して自分が思う「現代の戦略」を強引に推し進めることです。過去の経験から何も学ばないこの方法も，たとえ一時的に成功したかに見えたとしても，持続的な成長に結びつけることはできません。1999年，日産のCOOになったカルロス・ゴーンは一見強引に日産を変革したように見えますが，日産の若手社員を糾合したCFT（Cross Functional Team）を作り，彼らに日産のリバイバルプランを起案させています。過去の成功体験に固執するのでもなく日産の経験を無視するのでもなく，何を残し何を変革すべきなのか，その仕分けを日産社員で構成するCFTにさせたのです。

　ここにも一般性の適用と特殊性の捨象という仕分け能力が働いています。

（3）国際間の差異

　ここまでお話ししてきましたので，国際間の一般性と特殊性についてもご理解いただけると思います。アメリカで成功した経営戦略をそのまま日本に導入しても成功する確率は低く，かといって「アメリカと日本は違う」とまったく参考にしないのも問題です。大事なことは一般性と特殊性を見極めることです。

　アメリカの有名な日用品メーカー・P&Gの日本市場における「失われた10年」は有名な逸話です。1977年からP&Gはアメリカで成功を収めた紙おむつ「パンパース」を日本に導入しました。当時は日本に競合品がなく，衛生的で，布おむつの洗濯という手間がかからないパンパースは爆発的にヒットし，一時は日本市場の9割のシェア（市場占有率）を有していました。しかしながら，日本のユニ・チャームや花王などが日本の赤ちゃんに適合した製品を次々に開発して発売するようになると，アメリカ赤ちゃん仕様のパンパースは徐々にシェアを落とし，1985年にはそのシェアは17％にまで落ち込んでしまいました。P&Gはその後マネジメントを一変し，アメリカ方式一辺倒を改め，1987年にようやく黒字化したのです。

　キヤノンの第6代社長に就任した御手洗冨士夫はアメリカで23年間働き，

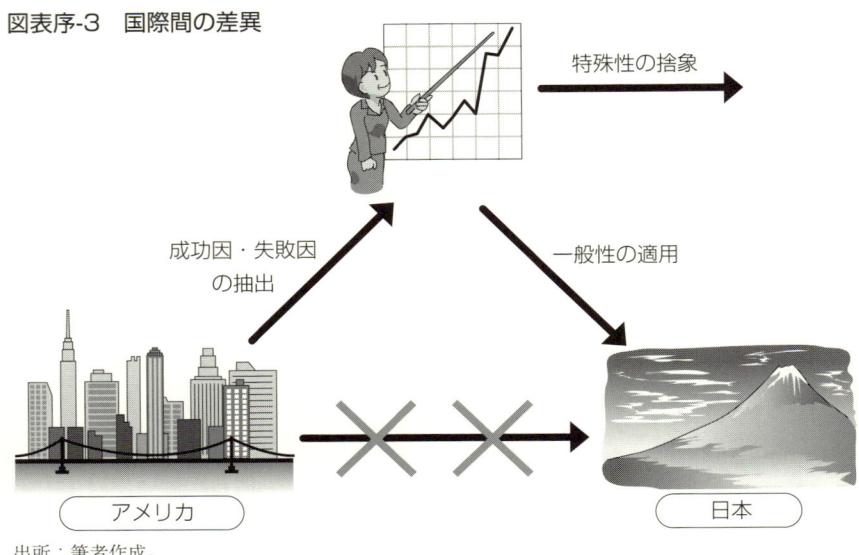

図表序-3　国際間の差異

出所：筆者作成。

　1979年からはキヤノンUSA社長も務めた方ですが，1995年，キヤノン社長に就任した際にはアメリカ型経営をそのまま導入することなく，自ら仕分けを行い「終身雇用の実力主義」を導入して危機に瀕していたキヤノンを復活させました。日本経済団体連合会会長を経て，2012年には2回目の社長にも就任しています。

　以上のことは，日系企業が海外に進出する場合にも当てはまります。日本の中で長くビジネスをしていると「日本の常識が世界の常識」と思い込んでしまいます。また日本で成功した経験やノウハウを海外に移転したくもなります。頭の中では「日本と海外は違う」とわかっていても，骨の髄までそのことを理解している人はそれほど多くはありません。一般性と特殊性は極めて今日的課題なのです。

　この原稿を書いているのはマニラのホテルです。学部ゼミ生と企業調査のためにフィリピンを訪れています。一昨夜，夕食をとったレストランで1人の学生の携帯がなくなりました。終了直前までテーブルの上に置いていたというのですが，30分ほど全員で探しても見つかりません。結局4名だけを残し，

その他の者はホテルに戻りましたが，1時間ほどして居残りの学生から「レストランの従業員が『あった』と持ってきました」との連絡がありました。なくした学生は携帯にロックをかけていたのですが，誰かがそのロックを外そうとした形跡が見られます。何度かパスワードの入力間違いをすると電源が切れる設定になっていたのですが，そのような状況で見つかりました。全学生には出発前「フィリピンは日本と違うのだから，日本の常識で行動しないこと」と釘を刺しておいたのですが，「携帯をテーブルの上に置いておく」という日本ではなんでもないようなことを海外でやってしまったのです。頭で理解することと身体で理解することは違います。学生全員にとって良い経験になったと思います。と，思ったら，翌朝の朝食時，女子学生がバッグを椅子の上に置いたまま料理を取りに行ってしまいましたぁ。ハア。

（4）総括

　最後に，「一般性の抽出や提示は，それこそ研究者の役割ではないか。特殊な事例を説明した後，一般性を示せばいいではないか」というご意見に対して，研究者の立場からお答えしておきます。確かに研究者の役割は「一般性の追求」にあります。特殊な個別事例を研究していても，目的は一般性を抽出することです。そして，抽出した一般性をわかりやすい形で他の研究者や実務家に示すことが研究者の重要な役割です。それを怠れば研究者の意義はないでしょう。しかしながら，そこで示される一般性は「正解」を示すものではありません。あくまで研究者の目を通した一般性に過ぎないのです。そこが社会科学と自然科学との決定的な違いだと考えています。実務家は研究者の示す一般性を参考にしながら，自分で一般性を見つけ出すことをしなければ自らの業務には役立ちません。やはり，最後は実務家が自分の仕分け能力を磨くしかないのです。

　私が主催する「グローバル・マーケティング研究会」は，2015年3月末時点で1350人を超える会員がいて，毎月の例会だけでも150～200人の参加者がいます。「60分の報告・60分の質疑応答」で行われるのですが，報告者の多くは実務家で，グローバル・マーケティングあるいはグローバル・ビジネスの第一線で苦労されている方々です。報告者には自らの業務をできるだ

け詳しく具体的に報告していただくようお願いしています。聴衆の多くもグローバルな業務に長年携わってきた方が多く，質疑応答はさながら闘犬場の様相を呈します（それだけ活発に議論しているという意味です）。タフな質疑応答が終わると，私が5〜10分程度の「コメント」をします。当日の具体的内容を一般的な表現で説明したり，他の事例との比較をして報告事例の特殊性を明らかにしたりするのです。このようなコメントは研究会の当初からやっていたわけではなく，2,3年前から始めました。ある時，ちょっとしたコメントを口頭でしたら「コメントも大変勉強になった」という意見が多く，その後パワーポイントで準備をして話すようにしました。報告者の報告を聞く前にコメントを作成するという無謀なことをやっているのですが，報告者からは配付資料を事前に頂戴しているので，それをチラ見してコメントを考えるのです。結果的に，報告者の具体的特殊性の説明と私の抽象的一般性の説明がほどよくバランスするようになりました。やはり，この辺の嗅覚は実務家の方が鋭いようですね。私自身も勉強になりました。

　われわれは，学問やビジネスの世界だけでなく，常に「一般性と特殊性」を意識し，本質を把握するように努めなければなりません。「本質の把握」については，次節で説明しましょう。

2　ソリューション・パス

　業務における目的は，課題の解決策（ソリューション）を考案し，実行し，ビジネス目的（例：売上高増や利益増）を達成することです。そのためには現在の課題を発見し，課題の本質（原因）を把握し，その課題本質を克服するソリューションを提示しなければなりません。学生時代の研究や企業での研修は主としてここに主眼があります。このプロセスは大変重要で，「大学時代の研究は役に立たない」といっている人は「役に立つ研究」をしてこなかっただけです。もし本当にそうなら，社会人になってから苦労してビジネススクールなどに通う意味がありません。ここではあえて「勉強＝勉め強いる」という言葉を使わずに「研究」という言葉を使っています。「好きなことをとことん究める」のが「研究」だからです。

ところが社会人は課題の本質を掴みソリューションを提示するだけでは済みません。「優れた提案」をすると「なら，お前がやってみろ」ということになります。提示した案を実行しなければ，優れた提案も「絵に描いた餅」に過ぎないわけですね。さらに，実行したことを自己評価したり，他の人に評価されたりすることが大切です。なぜならば，その反省を次回の糧にしなければならないからです。この「実行」というのは1人ではできないこともあるので，自分1人が努力するだけでなく，「他の人を動かす能力」も大切になってきます。人格や教養，交渉力，マネジメント力など，人としての総合力が試されるのです。

　さて，「課題の本質を掴む」ためには何をしなければならないのでしょうか。そう「現実から出発すること」です。すべては「現実の課題を解決するために」あるのですから，現実に目を背けていては何も始まりません。「現場・現物・現実」という「三現主義」が強調されるのもそのためですね。しかしながら，実は現実を2つの眼（まなこ）でじっくり見ていても課題の本質は見えないことが多いのです。本質を把握するためには別な努力が必要です。それは先人の業績に学ぶことです。われわれ凡人が疑問に思うことは，古今東西の先人が疑問に思い，研究していることが多いのです。中にはすでに解決している問題もあるかもしれません。「ユニークなアイディアを思いついた」とか「誰もが考えつかない課題を発見した」とか考える前に，謙虚に先人の知恵に思いを馳せた方がいいですね。過去の研究蓄積をしっかり学び「それでもこの点は研究されていない」ということになれば，それは本物の研究課題で，本質に近づいたことになります。研究とは富士山（過去の研究蓄積）の頂上に小石（自分の研究）を積む作業なのです。

　「三現主義」は大事な原則ですが，「三現主義」だけに拘泥するのはむしろ危険です。

　現実から学ぶことを「帰納（きのう）法」，先人から学ぶことを「演繹（えんえき）法」とここでは呼んでおきましょう。「帰納法」と「演繹法」が合わさったとき，課題の本質を把握できるのです。例えば，氷と水と水蒸気は同一のものだということは温度を変化させて観察すればある程度はわかります。しかし，石炭とダイヤモンドは穴が空くくらい眺めていてもそれが共通の炭素

でできていることは理解できません。先人の科学研究の成果をもって現実を分析しなければ，その本質を掴めないのです。本質を掴めなければ，人工ダイヤモンドは生成できず，研磨剤や切削工具，高周波電界効果トランジスタなどの産業界での応用も不可能だったでしょう。

　以上のことを図示すると，以下のようになります（図表序-4～9）。

（1）課題本質把握
①すべては現実から出発する：帰納法
　まずすべてのことは現実から出発すべきです。机上の空論を並べ立てて問題解決を図ろうとしても無駄なことです。『踊る大捜査線』のセリフではありませんが「事件は現場で起きている」のですから，まず現実に対する問題意識をしっかり持つことです。「三現主義」は基本的な考え方ですので，大いに尊重しなければなりません。

　でも，ビジネスの経験もないし社会的事象にも関心を向けてこなかった学生が「現実から出発する」といっても，その「現実」が「ない」わけです。「知らない」というのは「ない」のと同じです。「問題意識を持って」といわれても何を考えていいのかさえわからないのが実態だと思います。それ自体は学生の責任ではありません。誰もが最初は何も知らないのですから。ならば学生は新聞・雑誌などの経営・経済欄を読むとか，テレビの経営に関する番

図表序-4　ソリューション・パス（1）

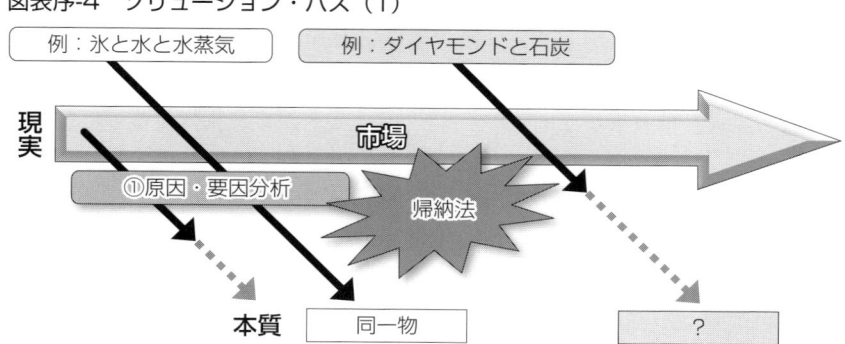

出所：筆者作成。

組を見るとかして,「現実の擬似体験」を意識的にする必要があります。アルバイトやインターンシップ,企業訪問なども「現実を知る」ことに役立つでしょう。とにかく,大学の教室にとどまることなく,意識的・積極的にビジネスの現実を知るように努めましょう。

　社会人は日々の業務から現実を知っています。真面目に仕事をしていれば,いろいろな困難に遭遇し,悩み,どのように解決したらいいか苦悶していることでしょう。このような課題は「現実から出発する」基礎となります。「生産管理を担当しているが,思うように品質も生産効率も上がらない」とか「商品企画をやっているが,どのような商品が売れるのか日々頭を悩ませている」とか,多くの人が課題を抱えています。したがって「現実から出発する」ということは社会人にとって難しいことではないかもしれません。「問題意識を持つ」ことは非常に大切ですので,社会人が少なくとも「身近な」問題意識を持っていることはすべての出発点になります。

②先人に学ぶ：演繹法

　「三現主義」は大切ですし,「現実から出発する」ことはすべての始まりですが,先述した通り,現実を見ているだけでは本質に迫れません。本質に迫れなければ,図表序-4の「①原因・要因分析」は浅いところで止まってしまいます。浅いところで止まれば,そこから導き出されるソリューションも中途半端なものになってしまいます。例えば,あるサークルや組織がうまくいかず十分な成果が出ないとき,「コミュニケーションが悪いからだ」と「飲みにケーション」にだけソリューションを求めても物事は解決しないわけです。サークルや組織の在り方やモチベーションの高め方そのものに踏み込まなければならないのです。

　では,本質に迫り,本質を把握するにはどうすればいいのでしょう。1つの方法は,近くにその道のベテランがいれば聞いたり,セミナーへ行ってヒントを入手したりすることです。すべてを自分で解決しようとするのではなく,他人の知恵を拝借することが必要です。ただ,他人の知恵を聞くだけでは「気付き」は得られても,まだ本質には迫れません。そこで,自分で過去の文献(本や論文など)・資料(記事や社史など)を探し,調べ,読み込む必要があ

図表序-5 ソリューション・パス（2）

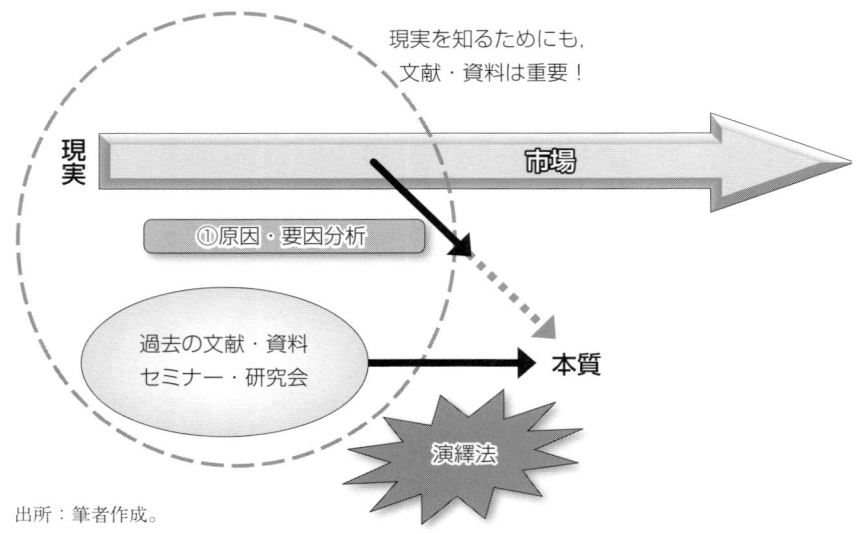

出所：筆者作成。

ります。よく学生が「どんな文献がありますか？」と尋ねてきますが，私は「自分で探しなさい」と回答します。「苦学」はあっても「楽学」はありません。自分で苦労して探したものでなければ価値がありませんし，探すプロセスを身に付けなければその後の役に立ちません。ただ，それだけでは余りに冷淡なので，本書の補章に書かれている「文献の探し方」を教えます。これらのツールを使って自分で探すことが大切なのです。

過去の文献・資料をよく読めば，自分が疑問に思ったことの多くが先人によって研究されていることを知るでしょう。そこからが出発です。「何が明らかになっていて，何が明らかになっていないのか」を知ることが研究の始まりです。また，自分が疑問に思ったことに直接答えている文献・資料がないにしても（「ない」と判断するためには相当の苦労が必要です。過去の文献・資料を他の誰よりも知っていなければ「ない」とは断言できません），関連する文献・資料，あるいは一見無関係に見える文献・資料も実は自分の研究にすごく有用なことがあります。人生に無駄はありません。文献・資料にも無駄はありません。もっとも，玉石混交ですので，どれを使い，どれを使わないかを判断するのは，その人の力量によります。これも経験で鍛えるしか

序章　マーケティングを学ぶ前に

ないでしょう。

(2) 解決策立案

「帰納法」と「演繹法」で自分なりに「課題の本質」を掴んだとします。すると次にその解決策（ソリューション）を立案しなければなりません。研究者としては「課題の本質」を究明するだけでも十分評価されますが，実務者としては「課題の本質」を議論するだけで解決策を立案しようとしない人は「批評家」と呼ばれ疎んじられます。「課題の本質は分かった。それで，どう解決しようというのかね」，「私は知りません」というのでは課題本質把握の功も吹っ飛んでしまいます。

私は学部学生の研究にも課題本質把握と解決策立案の両方を求めます。両者のバランスは課題によってさまざまですが，学部学生の多くが実務の世界に出て行くことを考えると，解決策立案の「癖」を付けておくことが必要と考えるからです。大学院生の研究でも，博士前期課程の院生の多くは海外からの留学生で博士後期課程には進学せず実務者になることから，課題本質把握と解決策立案の両方を求めます。彼らには「修士号」を取得したことが将来の糧になるよりも，大学院で学んだことが将来の糧になってもらいたいと

図表序-6　ソリューション・パス (3)

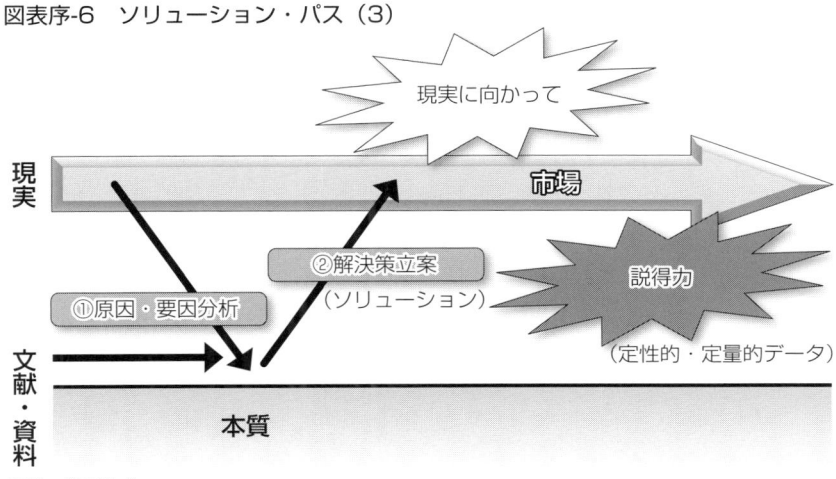

出所：筆者作成。

念願しているからです。博士後期課程の大学院生の研究においても，課題本質把握はもちろんのこと，「で，インプリケーション（含意）は？」と最後に質問します。学界あるいは実務界にどのような価値を提供できているのか，それが論文の価値でありオリジナリティ（独自性）と考えるからです。

　解決策立案は必ず現実に向かって進めなければなりません。ここでも現実は重要です。常に問題意識となった現実を頭に浮かべながら解決策を立案することが大切です。近年，ロジカルシンキング（論理的思考）が重視されていますが，論理的に考え論理的に話す（記述する）ことは極めて重要なことであっても，その方向が的外れでは意味がありません。しっかりと現実の課題に向かって論理的に解決策を立案していくのです。

　解決策立案の良し悪しは「説得力」で決まります。解決策を聞いたり見たりした人が納得するような「説得力」があれば，それは良い解決策でしょう。「説得力」は「論理とデータとプレゼン能力で決まる」というのが私の持論です。論理的に考え話す（記述する）こと，それらがデータ（文献や資料・事実など）に裏付けられていること，そして自分の考えていることをわかりやすく聞き手（読み手）に伝えられること，の3つが重要です。

(3) 実行

　本質を把握し解決策を立案できたならば，学生なら「優秀」と褒められますが，社会人は「実行」しなければ意味がありません。課題の本質を把握し解決策を立案したのも実行するためです。実行は自分1人でできないことも多いので，「人を動かす力」が必要になってきます。熱情とか執着力とか忍耐とか人に好かれる魅力とか，人間のパーソナリティ全体をフルに稼働しなければ実行できません。「説得力」は「論理・データ・プレゼン能力で決まる」と先述しましたが，「実行」に際しては「説得力」に加えて「人間性」が問われます。熱情などのパーソナリティ，幅広い教養，不慮の出来事にも動じない胆力，危機に直面したときの管理能力など，まさに「人間性」そのものが重要になります。

　大学では基本的に「説得力」を高める「論理・データ・プレゼン能力」を鍛えることを任務としているのですが，それらの鍛錬を通して「人間性」も

図表序-7　ソリューション・パス（4）

出所：筆者作成。

磨いていく必要があります。「勉強さえできれば後はどうでもいい」というのでは世の中通じません。一流のスポーツ選手が一流の「人間性」を備えているのと同様に，一流の学生も一流の実務家も一流の「人間性」を備えておく必要があるでしょう。

(4) 評価

　実行した成果は必ず評価されなければなりません。「自己評価」，「他者評価」，どちらも大切ですが，私は「自己評価」がより大切だと考えています。自分に厳しく，自律することが肝要です。もっとも「自己評価」は実行に際しての経過（プロセス）と成果（パフォーマンス）の双方に対してなされますが，「他者評価」は成果のみに対してなされることを理解しておくことも重要です。「私はこの1か月，睡眠時間も削りプライベートな時間も捧げて頑張ったんです」といくら主張しても，成果が芳しくなければ誰も評価してくれません。「他者評価」（ある意味「社会」）は厳しいのです。

　評価するためには「評価基準」がなければならず，これがなかったり事後

図表序-8 ソリューション・パス（5）

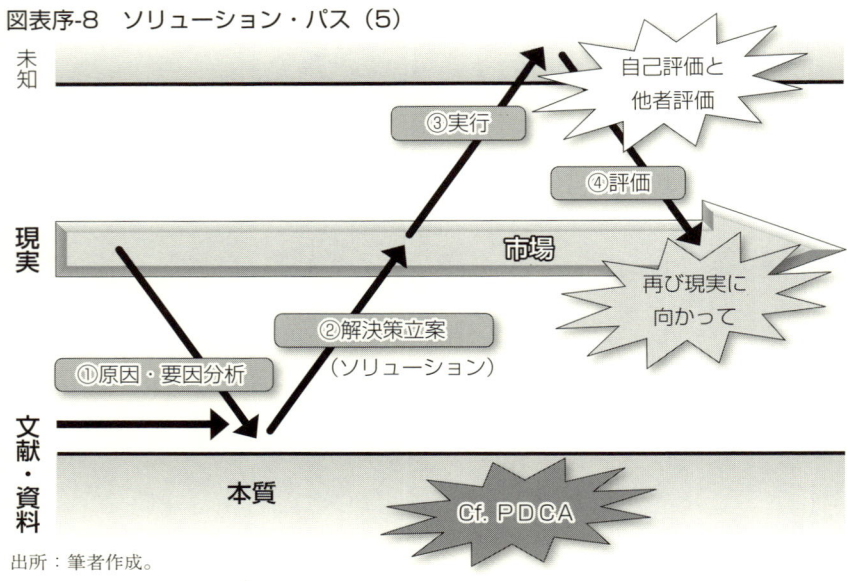

出所：筆者作成。

的に決まったりするようでは公正な評価は期待できません。「この課題に対して，どのような解決策を立案し，そしてどのような成果を挙げたら，どのように評価するか」，これは事前に決めておかねばなりません。教育においてもそうですが，経営においても基準・規則などの「透明性」は極めて重要です。と同時に，基準適用の「公平性」もまた重要です。経営において「成果主義」がうまく機能しないのは，この「透明性」と「公平性」に欠けているからではないかと考えています。

(5) フィードバック

最後に評価はフィードバックされ，次回のソリューション・パスに生かされることになります。自己評価は自分の成長のために必要ですし，他者評価は実行者の客観的評価です。他者評価は組織全体でその評価が共有されることになります。成果は良いことばかりでなく，悪いことも積極的にフィードバックするようにしないと成長できません。悪い成果を隠すような組織文化があると，個々人の経験が組織の中に生かされないのです。

図表序-9　ソリューション・パス（6）

（図中ラベル）
未知／現実／文献・資料
①原因・要因分析
帰納法
②解決策立案（ソリューション）
③実行
市場
④評価
⑤フィードバック（次のサイクル）
本質
演繹法

出所：筆者作成。

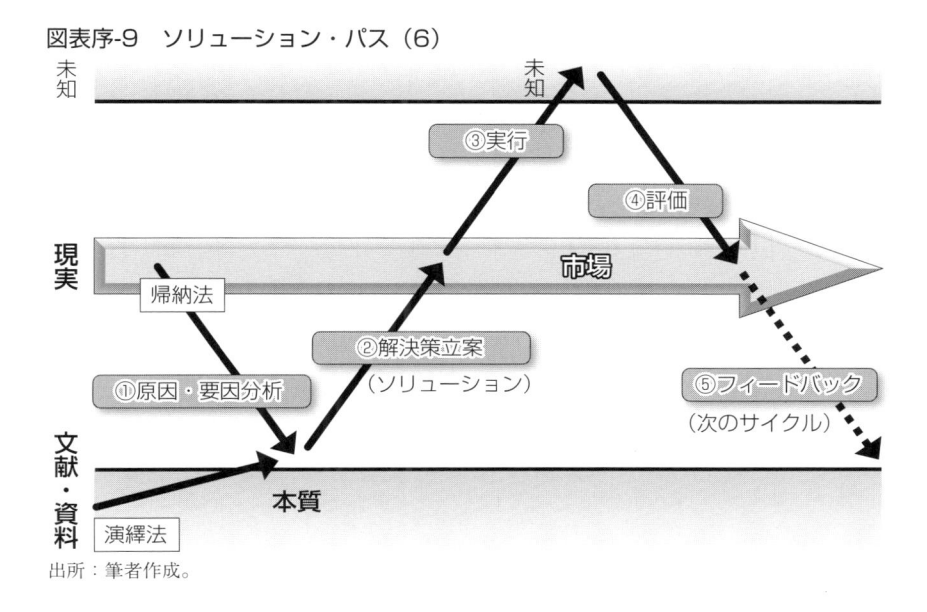

　2014年夏，シリコンバレー調査に行ったとき，現地企業の幹部からもっとも多く聞いた言葉が「failure」でした。「Failure is good.」というのが彼らの共通認識のようです。「大いにチャレンジして失敗しなさい。失敗した者が成功できる」という意味です。これは「リスクをとる」というチャレンジ精神を勧めているとともに，「チャレンジして失敗したことから学ぶ」ことを勧めているのです。悪い成果すなわち失敗を隠す組織文化とは真反対の組織文化といえるでしょう。

　これまで説明してきたソリューション・パスは，経営におけるPDCAサイクル，すなわちPlan, Do, Check, Actionを私流に詳しく説明したものともいえます。異なる点はPlan（計画＝解決策立案）の前に「課題本質把握」が置かれていることです。「課題本質把握」を疎かにするとソリューション・パス全体が回らなくなります。ソリューション・パスは経営だけでなく，いろいろな場面に利用可能です。皆さんの身の回りの問題を，ソリューション・パスの視点から是非見直してみてください。

3 本書の構成

　本書は「まえがき」にも書きましたように，「徹底的に初学者向けに書かれたテキスト」ですが，マーケティングの基本課題を「余すところなく」説明したものではありません。むしろ，われわれが「語りたい」と思うものを列挙したものです。「これも抜けている，あれもない」というご批判はごもっともで，そのような批判は甘んじて受けるしかありません。だいたい，この序章からして「え？　これがマーケティングのテキストなの？」と疑いの目で見られても仕方ないものです。それでも，われわれは，われわれが伝えたいもの，伝えるべきものを書きたいと思います。

　まず，第１章では大石芳裕が「マーケティングとは何か」を説明します。「定義の重要性」から入り，「マーケティングの定義」をしようと思います。というと極めて堅いイメージをもたれるかもしれませんが，堅いです。ここは大事なところだからです。堅いですが，柔らかいです。ここではマーケティングとは「誰に，何を，どのように販売するかにかかわる活動」と定義していますが，これだと誰でも覚えることができますね。その後「H型経営」でマーケティングの重要性を強調した後，最後にマーケティングの基本用語を説明します。

　第２章から第４章はブランドを取り扱います。4Pの「製品戦略」についてはあえて１つの章を設けず，ブランドの３つの章とマーケティング・リサーチの章に代えます。

　第２章では，原田将が「ブランドとは何か」を説明します。ブランドとは決してルイ・ヴィトンやロレックスのような高級商品ではないこと，ブランドとは単に「識別する手段」にすぎないこと，でも利益を生み出す源泉であり資産であること，マーケティングの究極の目的はブランド構築であること，などが語られます。ここでブランドのイロハと重要性を学んでください。

　第３章では，井上真里が「ブランディング」について説明します。ブランドは他の商品と「識別する手段」，具体的には「名前，用語，デザイン，シンボル」などでしかないのに，現代ではある「名前」が重要な意味を持つよ

うになっています。「関さば」はただの「さば」ではないのです。ここでは，どのようにしてブランディングしていくのかを「ライン拡張」や「カテゴリー拡張」を例に説明します。

　第4章では，古川裕康が「ブランド」の「見える化」をやります。ブランドは愛情と同じく見えないものですが，その価値を数字で表さなければ説明のしようがありません。まずはインターブランド社などのブランド価値ランキングを示し，ブランド価値が主としてディスカウント・キャッシュ・フロー（DCF）法で測定されていることを示します。さらに，企業名想起率ランキングやツイート分析，ブランド・イメージの測定などに言及します。

　第5章では，原木英一が「マーケティング・リサーチ」を説明します。マーケティング・リサーチには，広い視野とピンポイントで深掘りする技術が必要です。まずは，既存の資料である2次データを精査することを勧めています。1次データは自らが直接調査して収集するものですが，その方法には質問法や観察法，テキストマイニングなどさまざまな方法があります。いずれにしても「課題と仮説」を持って調査することが大切です。

　第6章では，太田壮哉が「価格戦略」を説明します。価格はどうして決まるのかという「価格メカニズム」をラーメン屋の事例を用いて，固定費と変動費から解き明かします。損益分岐点を超えて利益を生み出すためには，売上高を増やすかコストを削減する（あるいはその両方を達成する）しかないのですが，それをどのようにして成し遂げるのかを説明します。

　第7章では，唐沢龍也が「広告戦略」を説明します。広告はプロモーション戦略の最重要機能ですが，その主たる役割が消費者に商品の存在と特長を報知し，その購入を説得することと述べています。そして，広告がどのようにしてつくられるのかを広告業界の構図を示しながら明らかにしています。テレビCMは依然として広告費全体の3割を占めており影響は大きいのですが，近年，インターネット広告が急速に伸びていることに注意を喚起しています。

　第8章は，舟橋豊子が「チャネル戦略」を説明します。まず流通の社会的意義を「取引総数の節約」から説明した後，チャネル開拓の重要性に言及します。次にチャネルの形態をチャネルの長さ・幅から論じ，最寄品・買回品・専門品によってさまざまなチャネル形態が選択されることを解き明かします。

このような複雑なチャネルを管理する方法について述べ，物流の重要性で締めています。

　第9章は，川端庸子が前章の「チャネル戦略」を受けて，近年重要性の増している「eコマース」について解説します。B to C（企業対消費者），B to B（企業対企業），C to C（消費者対消費者）のeコマースのうち，前2者について，まずはその市場規模を明らかにしています。次にB to Cの事例としてアマゾン・ドット・コムを，B to Bの事例としてアジェントリクス・エーピーを取り上げ，eコマースの特徴とその効果，及び課題を説明しています。

　以上，第1章から第9章までが「基礎編」です。本書は，超初心者のためのテキストなのですから「基礎編」だけでもよさそうですが，マーケティングをいろいろな角度から見て理解することも大切です。続く第10章から第13章まではいわば「応用編」ですが，同じマーケティングという山を違った角度から見上げているにすぎません。そうすることによって，よりよくマーケティングを理解することができるのではないでしょうか。

　第10章は，再び太田壮哉が登場し，「顧客満足マネジメント」について語ります。顧客満足を追求するのがマーケティング。その通りで，顧客満足マネジメントはマーケティングの基礎中の基礎なのですが，意外とこれが難しい。顧客満足度を高め，顧客ロイヤルティを増強し，リピーターを増やし，そのブランドが好きになって，他人に推奨してくれるのが理想なのですが，それをどうするかがここでの課題です。

　第11章は，井上善美が「関係性マーケティング」を説明します。「関係性」とは顧客（取引先や消費者）との良好な関係を意味し，関係性マーケティングは顧客との良好な長期的・継続的取引を目指すものです。とりわけ「パレートの法則」で説明されるように少数の優良顧客が大きな利益をもたらすので，航空会社のFFPや小売業のFSPなどのように優良顧客との強固な関係性を構築し，維持・発展させることが重要になっています。

　第12章は，植木美知瑠が「サービス・マーケティング」を説明します。

従来の製品マーケティングとサービス・マーケティングとが異ならないという主張もありますが，サービスの特性を改めて考えてみると，製品マーケティングとは同一には論じられないこともまだ多くあります。それを説明しつつ，欧米流のホスピタリティと日本流のおもてなしを対比し，今後は両者を融合させた戦略がサービス・マーケティングには不可欠と結んでいます。

第13章は，再び古川裕康が登場し，「コーズ・マーケティング」について説明します。コーズ・マーケティングとは，消費者の「社会や環境に貢献したい」という潜在欲求を満たしながら自社の売上高や利益を増大させるマーケティングです。アメックスの「自由の女神修復プロジェクト」やボルヴィックの「1ℓ for 10ℓ」プロジェクトが有名ですが，日本には近江商人の「売り手よし，買い手よし，世間よし」という「三方よし」の考えがありました。マーケティングは売り手が儲けるだけでなく，買い手にも世間にも良くなければならないのです。

補章は2つのパートに分かれています。第1のパートは，再び原木英一が登場し，「文献の探し方」を解説しています。「先行研究をしっかり読みなさい」と指示すると，初心者はすぐに「文献がありません」と肩をすくめます。「文献がない」のではなく「探し方がわからない」のです。そのために，ここで「文献の探し方」を説明しています。ここではインターネットを介した「文献の探し方」を説明していますが，インターネットで分かるのはほんの一部です。インターネットで調べるとともに，図書館を利用されることを強くお勧めします。

補章の第2のパートは，大石が「論文・レポート執筆要綱」を作成し，公開しています。もともとは自分の学生や院生のために作成したもので，ゼミや演習のウェブサイトに載せていたり『経営学への扉』の初版から第3版までの補章に書いていたりしたため，広く利用されるようになりました。このようなものは公共財ですので，広く活用していただければ幸いです。近年，研究不正が蔓延し，政府も大学等の研究機関も大いに頭を悩ましています。「執筆要綱」は「知らなかった」では済まない，極めて重大な事項です。悪意であろうとなかろうと，「執筆要綱」を遵守しなかったために退学や懲戒免職になった例はたくさんあります。著作権は留保しますが，この「執筆要綱」

を遵守し，快適な研究生活をお送りください。

　なお，本書はテキストのため，やたら注を付けたり，参考文献を多くしたりしていません。その意味では自分で作った「論文・レポート執筆要綱」を守っていないのですが，テキストの場合にはこのような書き方もあることをご理解ください。

　最後に，本書全体を通して，大石が用語の統一や概念の整理をしています。例えば，有形財の「製品」と無形財の「サービス」を合わせて「商品」と呼ぶ，などです。さらに，ただの寄せ集めにならないよう全体をコーディネートしています。それでも，執筆者の個性が出て，いくらかの揺れはあると思います。その責任は編者である大石が負いますが，本書をきっかけとして，読者の皆さまがマーケティングに関心を持ち，さらに研究されることを願って止みません。

　大石研究室の次作は『グローバル・マーケティング零』を予定しています。

第1章
マーケティングとは何か

1 定義の重要性

「定義」と聞くと,「あ,また難しいことを最初に聞くのかなぁ」と尻込みする人もいるかもしれません。「『定義』って,なんか小難しそう」と直感的に考えてしまうのです。「そんな小理屈よりも実践的な話をしてくれ」という声も聞こえてきそうです。「定義」とか「理論」という言葉を聞くと,それだけで拒否反応が起こる人もいるようですね。実は私もその1人です。少なくとも,難しいいい回しは嫌いです。定義や理論はこれから述べるようにとても重要ですが,シンプルでなければならないと考えています。

なぜ「定義」が重要なのか？ それは「定義」を明らかにしておかないと会話していても話が噛み合わないからです。「音楽」の話をしていても,ある人は「音楽」とはロックを思い浮かべるのに,別の人は演歌を思い浮かべるのでは,同じ「音楽」という言葉を使っていても会話が成り立たないわけです。ビジネスにおける「利益」というのも,実は「営業利益」,「経常利益」,「最終（純）利益」といくつかあって,どれを指しているのか明確にしておかないと数値も異なります。ましてや,一般社会で使う「ためになること」や「利すること」の意味の「利益」とビジネス上の「利益」を区別しておかないと,まったくトンチンカンな会話になってしまいます。「失業率」の国際比較などマスコミでよく行われていますが,厳密にいうと「失業率」の定義は国によって異なり,完全に同じ基準で比較しているわけではありません。また,同じ国においても時代によって定義が異なるので,時系列的に比較する場合にも注意が必要です。

私は（この本の他の筆者も），経済学や経営学，マーケティングなどを学んできた，いわゆる「文系」の人間です。したがって「理系」のことはよくわかりませんが，理系の「客観性（個人の考えとは無関係に独立して存在すること）」や「再現性（誰がやっても同じことが再現できること）」を考えると，さまざまな用語の「定義」が一致していることは「原則として」常識のようですね。2014年，世間を騒がせた「STAP細胞問題」（ほ乳類の体細胞に外部から刺激を与えるだけで多能性を有するSTAP細胞ができると主張されたこと）では，世界中の研究者が提唱者の書いた方法で再現を試みましたがうまくいきませんでした。「STAP細胞」が存在するのかどうかは現時点では不明ですが，少なくとも今回は「再現性」が確認できなかったので，提唱者の主張は却下されました。

　「理系」はこのように厳しいルールで動いていますが，「文系」はそうはいきません。こんなことをいうと経済学や経営学，マーケティングを科学的に研究している人に怒られそうですが，現実のところ「定義」そのものが極めて多様です。「（文系の）研究者が10人いれば10の定義がある」とか「いや10人いれば12の定義がある」とかいわれるのも，「文系」の特徴かもしれません。しかも「文系」は「理系」で意味する「客観性」や「再現性」が困難です。客観的に同一な環境下で実験を行って同一の結果を得ることが非常に難しいわけです。

　例えば，ある商品の価格を上げたら売上高がどのように変わるのかを「実験」したとします。客観的な再現性が確保できれば売上高を上げる普遍的で正しいマーケティング戦略が発見できるのですが，実際は実験した時間や場所，対象商品や対象者などによって結果は異なります。「マーケティング科学」でできることは，せいぜい「正解に近い近似値を得ること」だと私は考えています。まったく同一な結果を得られなくても，何度もそのような実験を行って「正解により近い結果を得る」ようにしているのです。コンビニが「仮説・検証」を膨大なデータで日々繰り返していることはその良い例ですね。

　もう1つ，「文系」では「理系」のような実験がなんでもかんでもできるわけではないという特徴があります。価格と売上高の関係は「仮説・検証」を繰り返すことが可能ですが，「日本の人口を半分にしたら」とか「アニメ

放送を禁止したら」とかいうことを実験するわけにはいきません。それで，それぞれの識者が「もし〇〇したら，□□になるに違いない」と自分の見通しを語るわけです。それはあくまで個人の見通しなので，専門家の会議などでも喧喧諤諤（けんけんがくがく），議論が戦わされるわけです。国会中継のテレビなどを見ていて「なぜあんなに国会議員が激論しているのだろう」と不思議に思う人もいるかもしれませんが，それぞれの議員・党の考え方や見通しが異なるために口角泡を飛ばして議論しているのです。「理系」が想定する「客観性」や「再現性」は「文系」では困難なのです。

　もっとも「理系」でも「原子力発電の安全性」を巡って対立した意見がありますが，これなども「実験室では安全性が確保できたので」設置したけど実際には実験できないさまざまなことがあり（起こり）安全性に疑問が生じたということでしょう。「宇宙の始まり」や何億光年も離れた星の話なども「実験」は不可能なので，地上から観測されるデータにもっとも整合性の高い理論を「定説」としてきました。太陽（や他の星）が地球の周りを回っているとする「天動説」は長らく天文学の「定説」でしたが，やがて天体望遠鏡の発達もあり地球が太陽の周りを回っているとする「地動説」が「定説」となりました。このように「理系」でもすべてのことに完全に一致する「客観性」を求めることは難しいのですが，ましてや「文系」では厳密な意味での「客観性」は非常に困難であると私は考えています。

　「じゃあ文系はダメだ」とは思わないでください。それではわれわれ「文系の人間」は存在価値（この場合の「価値」は「役に立つ」という意味）がなくなります。「文系の研究者」の中にも「理系に限りなく近い客観性」を求めて日々苦労している人もいますし，その成果が国の政策や企業の経営に役立っていることも事実です。そうでなければ，何百年にわたって大学やさまざまな研究機関が「文系学問」を研究することを許されてきたはずがありません。あるいは「客観性」を直接求めないにしても，さまざまなケースを研究してその成功・失敗の原因を明らかにするような研究もなされています。それらは「正解」は教えないにしても「参考になるヒント」は与えてくれるでしょう。そのようなケースが数多く集まれば，ある程度の「法則性」も見えてくるかもしれません。法学における「判例集」などはその典型ですし，

失敗学会会長の畑村洋太郎氏は「失敗知識データベース」をWebにアップされています（http://sozogaku.com/fkd/）。

　経営における「組織の活性化方策」についても，何か唯一無二の「正解」があるわけではありませんが，研究が進むとある程度共通の要因がわかってくることでしょう。序章の「ソリューション・パス」で述べた「本質を把握する」というのがここでいう「共通の要因」に当たります。「組織を活性化」するためには，少なくともそれらの要因は満たしておかなければなりません。ただし，それだけでは他に抜きんでた成果を挙げることはできず，その上に自分なりの工夫をする必要があります。これについても序章の「一般性と特殊性」で説明してきました。「文系」は「理系」ほど厳密な意味での「客観性」を確保することはできませんが，それは「文系」が「人間の行為」を対象とし，「理系」が「自然の行為」を対象としている，と考えると，ある程度納得がいきます。「人間がやることだから，人によって違うさ」という開き直りが「文系」には必要なのかもしれません。

　ただし，「人によって違うさ」では最初に述べたように議論が噛み合いません。そこで，それぞれの人がそれぞれの用語を「これこれこういう意味で使います」と最初に宣言しておくわけです。これが「定義」です。定義とは英語で「definition」つまり「define（限定する，意味を明確にする，輪郭をはっきりさせる）」しているわけですね。論文やレポートを書く場合，したがってキーワードの定義は最初の方で書いておく必要があります。読者が「ああ，筆者は○○をこのような意味で用いているのだな」と理解しておかねば，その後ずっと誤解したまま読み進めていってしまいます。定義は「十人十色」だけに，「自分の使い方」を明示しておく必要があるわけです。

　もっとも，自分の「定義」が単なる思いつきでなされていると逆に混乱を生じます。そこで，通常取られる方法は，過去の定評ある定義を参照しながら（演繹法），そのうちの1つの定義を援用したり独自の定義を開発したりすることです。「研究は富士山の頂上に小石を積み重ねるようなもの」ですが，定義についても同様のことがいえます。

2 マーケティングの定義

　まず「過去の定評ある定義」を参照しましょう。マーケティングの定義について，世界でもっとも影響力を持っているのはAMA（アメリカ・マーケティング協会）の定義です。マーケティングというのがアメリカで生まれ発達したという経緯もありますが，現在ではこの学会は「アメリカ」と付いていながら世界的な学会となっています。AMAは1940年以降，何度もマーケティングの定義を書き直してきました。2015年3月時点でもっとも新しい定義は2013年7月になされた下記のものです。英文はAMAのウェブサイトをご覧ください。

　マーケティングとは，顧客やクライアント（≒取引先），パートナー及び社会全体にとって価値ある提供物（≒商品やサービス，あるいは考え方）を創造し，報知し，配送し，交換する活動，一連の制度及びプロセス（過程）のことである。

　括弧内は私が補足したものですが，AMAの過去の定義も参考にしました。専門家が見れば，用語のはしばしに著名なマーケティング研究者の影響を読み取ることができるでしょう。ただ，本書が対象とする読者には少し難しいかもしれません。
　そこで，世界でもっとも著名なマーケティング研究者であるフィリップ・コトラーの定義も参照しましょう。彼はかつて下記のような定義を述べています。AMAの定義よりも少し簡潔な表現になっていますね。

　マーケティングとは，製品と価値を生み出して他者と交換することによって，個人や団体が必要なものや欲しいものを手に入れるために利用する社会上・経営上のプロセスである。

　もっとも，コトラー自身，定義をいろいろと変更しています。最近では「マーケティング3.0」ということを提唱していますので，マーケティングの定義そのものも変更されています。「マーケティング3.0」というのは，製品中心

主義であった「マーケティング1.0」や顧客志向のマーケティングであった「マーケティング2.0」に加えて，価値駆動のマーケティングを補足するというものです。つまり，人々のよりよい生活のために，地球環境保全や社会的課題解決，さらには人間の精神的充足までも追求する役割をマーケティングに求めているわけです。

　日本では日本マーケティング協会が1990年に定めた定義があります。すでに25年経過しているのですが，いまだに変更されていません。当時にしては「グローバルな視野」とか「顧客との相互理解」とか「公正な競争」とか先駆的な文言が並んでいますね。現在でも改定の必要がないと判断されているのでしょう。

　マーケティングとは，企業及び他の組織がグローバルな視野に立ち，顧客との相互理解を得ながら，公正な競争を通じて行う市場創造のための総合的活動である。

　以上，「過去の定評ある定義」を見てきました。繰り返しいいますが，定義は「十人十色」いや「十人二十色」ですから，マーケティングの定義も山のようにあります。それぞれの個人や組織が自分なりの「意味内容の限定・輪郭付け」をしているわけです。

　私は，定義というものはできるだけシンプルで，人が簡単に記憶できて，他者に説明しやすいものがよい，と考えています。そのように考えると，AMAやコトラーあるいは日本マーケティング協会の定義は内容についてはまったく異論はないのですが，少し長く感じます。私自身，空でいえる自信はありません。この本のように，何かを書く際には彼らの文章を参照すれば書けるのですが，授業や講演で「AMAのマーケティング定義は何ですか？」と聞かれるとオタオタしそうです。そこで，自分なりの定義を考えてみました。それは下記のようなシンプルなものです。

　誰に，何を，どのように販売するかにかかわる活動

　超シンプルですねぇ。「誰に，何を，どのように」と語調を合わせて唱え

れば小学生でも覚えられます。AMAの定義などと比べると，内容的には抜け落ちたところもあるのですが，だいたいマーケティングが何であるかを説明しているのではないかと考えています。とにかく覚えやすいので，授業や講演でメモも見ることなくスラスラといえます。これが大事なのです。

3 H型経営

　10年ほど前でしょうか，ある企業で講演を依頼されたときのことです。「先生，講演タイトルを教えてください」といわれたので，しばらく考えて「Hな人間になろう」というタイトルを提案しました。すると担当スタッフ全員，困った顔をするのです。1人の年長者が「先生，私どもの会社は特に『堅い会社』です。そのタイトルはいささか刺激的過ぎるのではないでしょうか」と苦言を呈しました。私は「皆さんは経営のあり方を変えたいと思って私に依頼されているのでしょう。『堅い会社』だからこそ新しいアイディアが必要なのではないでしょうか。私のような外部の人間だからこそ大胆な発言ができるわけですし，講演を依頼されたということはそのような大胆な発言を期待されているのではないですか。もしそれがお気に召さないならば講演は止めましょう」と反論しました。もっとも反論するだけでは，担当スタッフは私と上司の間で苦悶することになりますから，1つの図を描いて説明しました。その後，その図は少しずつ改定しましたが，基本は変わっていません。実はマーケティングの定義もそのときに一緒に考えついたものです。名付けて「H型経営」，これを表したものが図表1-1です。

　少し説明が必要ですね。いくつか順序立てて説明しましょう。

(1) マーケティングは経営の基本

　経営を構成する要素には，人事・法務・経理・調達・生産・知財・情報・組織など数多くのものがあります。「経営は人なり」といわれるように，経営とは「人間の行為」である以上，それを担う人材の採用・育成・管理が極めて重要であることはいうまでもありません。あるいは「カネは経営の血液」といわれることから，カネを管理する経理・財務が経営にとって極めて重要

図表1-1 マーケティングの定義と「H型経営」

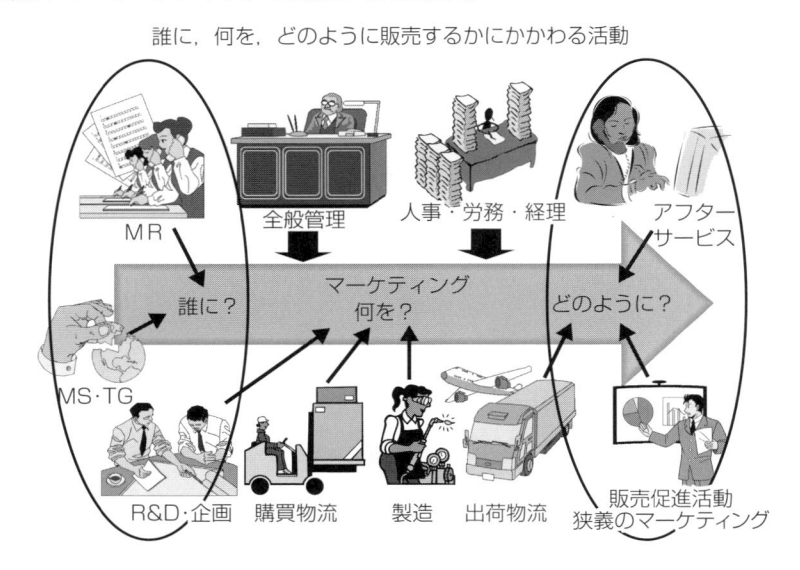

誰に，何を，どのように販売するかにかかわる活動

(図：MR、全般管理、人事・労務・経理、アフターサービス、MS・TG、R&D・企画、購買物流、製造、出荷物流、販売促進活動（狭義のマーケティング）を含む「誰に？」「マーケティング 何を？」「どのように？」の矢印図)

出所：筆者作成。初出は明治大学経営学研究会編『経営学への扉（初版）』白桃書房，1999年。本章は基本的に同書の大石芳裕「マーケティング」に基づいており，筆者作成の図表も活用している。同書は2015年3月に（第5版）も出版されている。

であることもいうまでもありません。その他の要素についても，それが1つ欠けても経営の健全性は保たれないでしょう。

　以上のことを理解した上で，それでも「マーケティングは経営の基本」と申し上げたいと思います。製造業であれサービス業であれ，「誰に，何を，どのように」販売するかが経営の基本中の基本です。これなくして企業の存在理由はありません。コトラーの「マーケティング3.0」も「誰に，何を，どのように」販売するかが以前とは異なったと考えると違和感がありません。かつては「誰に」が単純に「買い手」（顧客や消費者）であったのが，現在では地球環境や社会的利益も想定しなければならなくなったわけです。それに伴い「何を」も変化してきています。かつては「自動車は安全で快適に走る」ことで十分だったものが，現在では「地球環境を保全しながら基本機能を満たす」ことが求められています。「どのように」も単に「儲ければいい」という方法から，社会的公正性を配慮したものに変化していますし，インター

ネットの発達で具体的な販売方法も変化しています。

　マーケティングは企業のみならず公共機関やNPO（非営利組織）も実践していますが，彼らは確かに「販売」しているわけではありません。そこは「販売」を「提供」と読み替えれば，やはりマーケティングが基本中の基本となります。「誰に，何を，どのように」というのは企業のみならず他の多くの組織にも当てはまる「本質」なのです。少し取り扱い方法を変えれば，個人生活にも大いに役立ちます。私が学生と接するときにも「誰に，何を，どのように」提供するかは常に考えるところです。これは家族や友人との関係においても同様ですね。

　以上のことを一言でいえば，「マーケティングは経営の諸機能の1つであると同時に，経営の羅針盤である」ということです。マーケティングは経営の進むべき道を指し示す羅針盤であり，羅針盤なき航海が危険きわまりないのと同様，マーケティングなき経営は危険きわまりないのです。私が「Hな人間になろう」というタイトルで「H型経営」を語ろうとしたのは，「堅い会社」でマーケティングなどあまり関係のない事業をやっていた依頼主にマーケティングの重要性を認識していただきたかったからです。

（2）マーケティングは製造を挟んで両側にある

　マーケティングを専門に学んでいない人に「マーケティングとはどのようなものだと思いますか？」と質問すると，広告とか見本市とかイベントとかを思い浮かべるようです。あるいはコール・センターや顧客の苦情処理とかのアフターサービスを思い浮かべる人もいます。多くは「製造」を起点にして，「製造後」（これを川下＝かわしも，と呼びます）の顧客対応をマーケティングと理解しているようです。一般の人ばかりではありません。私は日本企業の多くが同様の理解をしているのではないかと疑っています。つまり，「マーケティングとは製造したものをいかに売るかにかかわる活動」である，という理解です。一般に，これは「生産志向」と呼ばれ，マーケティングのテキストでは「古い考え方」とされています。コトラーに従えば「マーケティング1.0」ですね。しかしながら，「安くて良いものを作る」ことで戦後の廃墟から復興した日本企業においては「ものづくり」が圧倒的優位を占めており，

マーケティングは1段下の業務と考えられているように思えてなりません。

　コトラーはその後「マーケティング2.0」では「作ったものを売る」のではなく顧客志向に沿って「売れるものを作る」のだとしています。これは「マーケティング3.0」の中でも脈々と受け継がれているものですが，もちろん日本企業も必死に取り組んでいます。そのために「製造前」（これを川上＝かわかみ，と呼びます）の市場調査（図表ではMR = Marketing Research）が重視されています。マーケティングの母国アメリカでは，1930年代から市場調査も盛んになりましたが，その後も市場調査の重要性は増すことはあっても減ることはありません。もっとも，周知のようにソニーの創業者の井深大（いぶかまさる）や盛田昭夫，及び彼らをこよなく尊敬していたアップル社のスティーブ・ジョブズは「市場調査など必要ない」と豪語していましたが，それは彼らが消費者以上に消費者が何を望んでいるのか把握していたためだと思われます。「技術革新が新市場を作る」ことは事実ですが，それは技術革新が消費者の意向に沿っているときに初めて達成されるのです。

　この図表で表現したいことは，マーケティングは「製造後」（川下）ばかりでなく「製造前」（川上）でも行われるのであって，川上活動の重要性を認識しましょう，ということです。市場調査（MR）に続いて，市場細分化（MS = Market Segmentation），対象市場設定（TG=Targeting）が続きます。図表にはありませんが，もう1つポジショニング（Positioning）というのがあって，市場細分化（Segmentation），対象市場設定（Targeting），ポジショニング（Positioning）の頭文字をとって「STP」と呼ばれています。これがマーケティングでは重要なのですが，特に「誰に」を決定する対象市場設定（Targeting）は極めて重要です（後述）。

　「誰に」が定まって初めて商品企画が始まるのですが，企業には独自の技術蓄積があります。図表で「R&D」というのは研究開発（Research and Development）のことで，一般にResearchは基礎研究，Developmentは応用研究を指すといわれています。これらの技術蓄積が新しい機能や新しい効能，新しい味を作り出す源泉になるのです。「何を」作るのかは，市場調査によって把握された消費者ニーズ（Needs：欲求）と企業が持つ技術の種（Seeds）が合わさって決まります。もっとも近年，研究開発の効率性の観点から研究

開発も顧客志向を強化しなければならないと風潮が強まっています。それも重要なことですが，やはり研究開発は新しいSeedsを生み出し続けることが肝要でしょう。

(3) 製造業もサービス業も同じ

いずれにしても，マーケティングは「製造後」(川下) も「製造前」(川上) も実施されるので，図表ではそれぞれを楕円で囲んでいます。それと「誰に，何を，どのように」の基本横線とを眺めていると「H」の文字のように見えます。そこで，この考え方を「H型経営」と名付けました。講演タイトルの「Hな人間になろう」というのは，この「マーケティングの特徴を理解した人間になろう」というメッセージだったわけです。

ところで，「誰に，何を，どのように販売するかにかかわる活動」というのは製造業にもサービス業にも当てはまると前述しましたが，「サービス業には製造なんてないのでは？」という疑問もあるでしょう。確かに，サービス業においては製造業に見られるように工場を設けて「ものづくりに励む」という光景は見られません。教育サービスならば授業をしたり論文指導をしたりすることですし，小売業ならば他企業から買ったものを並べて消費者に販売するだけです。医者は患者を診察・治療し，弁護士は顧客の問題解決を図ります。コンサルタントは顧客企業の経営課題を分析し解決策を提示しますが，自ら「ものづくり」をやるわけではありません。政府機関は生活者に行政サービスを提供し，NPOは自らの目的に合ったサービスを提供します。

「やはり製造なんてないじゃん」といいたくなるのはごもっともですが，ちょっと待ってください。サービス業にも製造はちゃんとあるのです。教師が授業でしゃべったり黒板に書いたりするのがサービスの製造であり，小売業の販売，医者の診察・治療，弁護士の問題解決，コンサルタントの企業分析・解決策提示，政府機関の行政サービス，NPOの労務提供など，すべてが製造なのです。サービスの特徴は，この製造と消費が同時に起こることです（不可分性）。製造業ならば工場で商品を作り，どこかで在庫として持ち，必要なときに顧客に販売します。顧客は購入した後，しばらく留めておいてから消費することができます。製造と消費の間には時間差があるわけです。

しかしながら，サービス業においては，原則として，製造されたものは同時に消費されます。教育サービスを例に挙げると，教師がしゃべったり黒板に書いたりしたとき，顧客である学生はそれを聞いたり読んだりします。つまり，教師の製造と学生の消費が同時に起こっているわけです。サービス業は「H型経営」の左右の縦棒がくっついた形になります。「ならばI型では？」とケチを付けたくなるかもしれませんが，サービス業にも「製造」という概念があることを理解するためにはやはり「H型」でなければならないのです。

　2000年代半ばから，ここで述べたことと少し違った観点から「サービスと製品は同じ」という「サービス・ドミナント・ロジック（SDロジック）」が主張されています。説明しようとした課題は異なりますが，結論は一緒です。製造業もサービス業もマーケティングの視点から見ると同じなのです。ただし，実際の事業はかなり異なるので注意が必要です。例えば，サービスは在庫できないので，ホテルの空き部屋とか航空機の空き座席を翌日以降に売ることはできないのです。「生産と消費の不可分性」というサービスの特性が「消滅性」とか「無形性」とか「変動性」とかの他のサービス特性を生み出しているのです（もっともSDロジックではこれらの特性も多かれ少なかれ製品にも妥当すると主張しています）。

4 STP・4P・PLC

　マーケティングは「経営の羅針盤」ではありますが，人事や経理や生産などの他要素と同様に特徴的な機能も有しています。その根幹をなすのがSTPと4P，それにPLCです。最後に，この点を説明しておきましょう。これでマーケティング機能のすべてを語っているわけでもありませんし，それぞれについて余すところなく説明しているわけでもありません。本書の趣旨「零からの出発」に沿った，最低限の説明にとどめています。そのうちのいくつかは後の章で述べられますが，読者の皆さんは他の本などを参照して少しずつ学んでください。なにごとにも安直な道はありません。1冊の本で「すべてが分かる」なんてこともありません。

第1章　マーケティングとは何か

(1) STP

市場細分化（Segmentation），対象市場設定（Targeting），ポジショニング（Positioning）の頭文字をとって「STP」と呼ばれていることは先述しました。

①市場細分化

市場細分化とは，市場全体を小さなセグメントに分けることです（図表1-2参照）。例えば日本市場という市場全体を性別とか年齢とか地域とか所得によって分けることです。モノが不足している時代であれば，食べ物とかテレビとか，とりあえず最低限のNeedsを満たすもので事足りていたのですが，モノが溢れてくるとそう単純にはいかなくなりました。そこで，対象市場を絞るために市場細分化が必要になってきたのです。

市場細分化をどのような基準で分けるかといえば，一般に①地理的変数（地域・気候・人口密度など），②人口統計学的変数（性別・年齢・所得・職業など），③心理的変数（価値観・ライフスタイルなど），④行動的変数（使用頻度・ロイヤルティなど）の4つが挙げられます。ロイヤルティというのは，ある商品・サービスに対する顧客の忠誠度のことです。このような基準を適

図表1-2　市場細分化

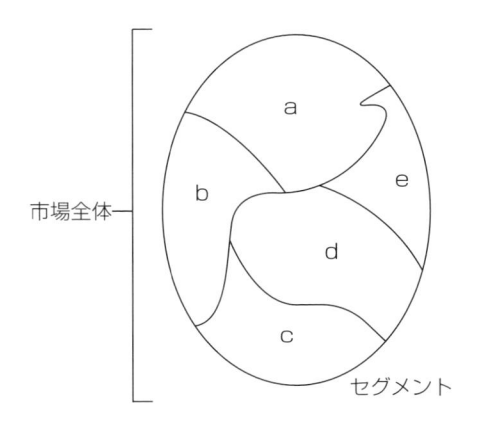

出所：筆者作成。

35

宜組み合わせて市場細分化を実施しています。もっとも，市場細分化をどこまでやれば効果的であるかについては，よく検討する必要があります。あまりに小さく細分化してしまうと適切なマーケティング戦略がとれずに手間ばかりがかかって利益も出ないという結果になってしまいます。

②対象市場設定

　市場細分化はそのこと自体が目的ではなく，対象市場設定のための準備段階です。対象市場設定は，市場細分化したセグメントのどこを対象にするのか検討することです。対象市場設定は「誰に，何を，どのように」の「誰に」に当たるところで，マーケティングの出発点であります。市場調査に基づいて市場細分化されたセグメントに対し，再度詳細な市場調査を施して自らの事業の対象となりうるかどうかを決定します。

　市場細分化基準の中でももっとも典型的に用いられるのは性別・年齢・所得などですので，例えばレクサスという高級車は「男性で，40代から50代の，1000万円以上の所得がある人」などと対象市場設定するわけです。森永製菓は2015年3月にシニア専用ブランドである「森永ゴールドクラス」を立ち上げました。お菓子といえば，通常，子どもや女性を対象とする中，新しいセグメントを対象市場設定して差別化を図ろうというものです。しかしながら，対象市場設定は1つのセグメントだけを狙うとは限りません。すべてのセグメントにそれぞれのマーケティング戦略を適用したり，セグメントに分けられることはわかっていてもあえて全体市場を狙ったりします。

　経営学の巨人マイケル・ポーターの基本戦略は「コストリーダーシップ戦略」，「差別化戦略」，「集中戦略」ですが，これなども市場細分化とそれに基づく対象市場設定で説明ができますね（図表1-3参照）。「コストリーダーシップ戦略」はセグメントに関係なく全体市場を対象市場に設定した戦略で，「規模の経済」（生産などの規模が大きくなると単位当たりのコストが下がること）を生かしてコストリーダーシップを狙う戦略です。「差別化戦略」はaという市場にはAというマーケティング戦略を，bという市場にはBというマーケティング戦略を，というようにそれぞれのセグメントに応じたマーケティング戦略を採るもので，主に市場を先導するリーダー企業が採りやすい戦略

図表1-3　対象市場設定

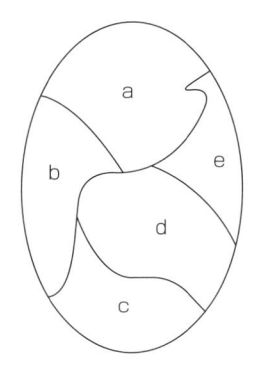

1. コストリーダーシップ戦略
   a～e＝Z
   a～eのセグメントに関係なくZという戦略を採る。
2. 差別化戦略
   a-A，b-B，…，e-E
   各セグメントに異なった戦略を採る。
3. 集中戦略
   d-D
   dというセグメントだけにDという戦略を採る。

出所：Porter, M.E.(1980)，訳書(1985)，16ページ。

出所：筆者作成。

です。最後の「集中戦略」はdという特定セグメントだけに経営資源を集中しDというマーケティング戦略で生き残りを図ります。経営資源に限りのある中小企業が採りやすい戦略です。

近年では巨大国内市場を有する中国企業が「コストリーダーシップ戦略」を採ることが多いですね。パソコンのレノボとかスマホの北京小米とかが典型でしょう。先進国のリーダー企業、例えばネスレ（スイス）やP&G（アメリカ），ユニリーバ（イギリス／オランダ）などは「差別化戦略」を採用します。日本でなら花王や資生堂，トヨタなどがその例です。「集中戦略」はインスタグラムなどのベンチャー企業や熊野筆の晃祐堂などの中小企業，あるいはユニ・チャームや良品計画といった特定のこだわりを持った企業が採用しています。

③ポジショニング

ポジショニングとは「自分の座るべき位置（ポジション）を得る」戦略です。もっとわかりやすくいうと，他社や他製品と比較して自社や自製品にどのような違いがあるのかを定めることです。「自分の特長」といっていいかもしれません。

ポジショニングは他社や他製品と比較しての判断なので，よく2次元マト

リックスが用いられます。縦軸と横軸を交差させ4つの象限を描き，縦軸と横軸にはそれぞれ基準となる対立する要素を配置します。自社や自製品がこの4つの象限のどこに位置するかを見ることで，一目でポジションを明らかにしようというものです。

図表1-4は日本市場におけるシャンプーのポジショニングを説明したものです。縦軸には「西洋的」と「日本的」という対立する要素を採り，横軸には「高級感」と「大衆感」というやはり対立する要素を採っています。この軸の採り方（基準）は自分で決めることができるので，例えば縦軸に「動態的」と「静態的」，横軸に「個性的」と「家族的」という要素を採ることもできます。シャンプーのポジショニングを表すのにもっとも相応しい要素を自ら決定することが大切です。

図表1-4の円の大きさは売上高規模（推定）を表しています。これは資生堂がTSUBAKIというブランドを投入したときの様子を表したもので，当時はユニリーバのラックスが最大のシェア（市場占拠率）を持っていました。これに対抗して，花王が「アジアンビューティ」を唱えてアジエンスを発売

図表1-4　ポジショニング

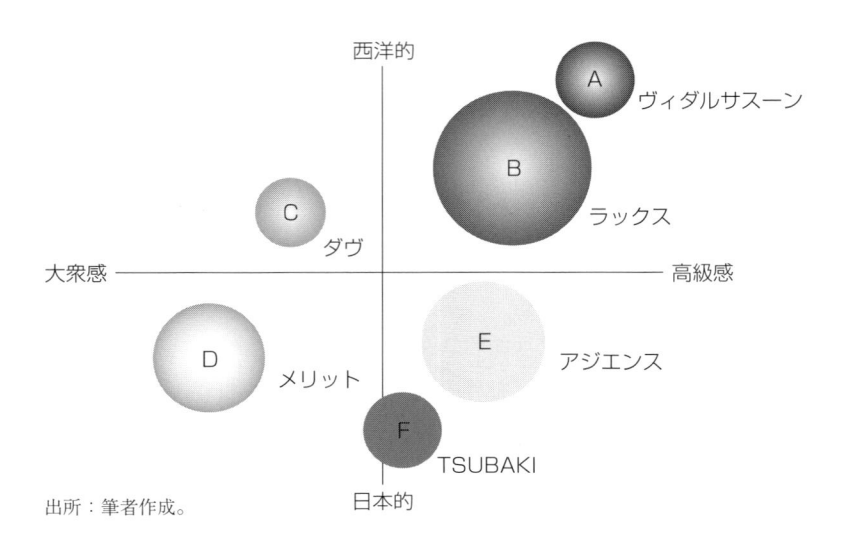

出所：筆者作成。

して若い女性に高い評価を得ていました。遅れて参入した資生堂は,「ラックス＝西洋的」,「アジエンス＝アジア的」に対抗するポジショニングをする必要があったので「日本的」に標的を定めたのです。「高級感／大衆感」の横軸でTSUBAKIがラックスやアジエンスよりも「高級感」で劣るかどうか異論もあるところですが,資生堂は投入時,莫大なマーケティング費用をかけて売上高を急拡大させる戦略を採りました。それによって,シャンプーの分野ではほとんど目立った商品がなかった資生堂がTSUBAKIで一時的にではあれトップシェアに立ったのです。

(2) 4P

ようやく4Pにたどり着きました。というのは,「マーケティングといえば4P」といわれるくらい,マーケティングの定番だからです。「マーケティングのど素人でも,この本を読んで4Pくらいは覚えておくようにしましょう」といいたくなるくらい,マーケティングの機能を表す典型的な表現です。

4PとはProduct（製品戦略）, Price（価格戦略）, Promotion（販売促進戦略）, Place（チャネル戦略／流通戦略）の頭文字をとったものです。「なぜPlace（場）がチャネル／流通なのだ？」という疑問はもっともですが,これはかつてエドモンド・マッカーシーが語呂合わせで4Pにした方が人々の記憶に残るというので考案したものです。その後,コトラーなどが大量のテキストに用いて一躍有名になりました。4Pは「マーケティング・ミックス」とも「マーケティング・プログラム」とも呼ばれています。ちなみに,チャネル（Channel）とはテレビのチャンネルと同じ用語で,「（商品や電波が）流れる道筋」を表しています。「商品が流れる道筋」が流通（卸売業や小売業）なので,Placeはチャネル戦略や流通戦略を意味しているわけです。

ここで4Pについて詳しく述べるのはわれわれの趣旨に合いません。後の章で言及はしますが,詳細は別の専門書にお任せします。図表1-5は4Pについて網羅的に具体的プログラムを挙げていますが,その中のいくつかにだけ触れておきましょう。

製品戦略の冒頭にある「コンセプト設定」は重要です。学生が就職活動するとき,企業から「グループで新製品開発を行ってください」というお題が

図表1-5　4P

4P	具体的プログラム
Product （製品戦略）	コンセプト設定 市場調査，消費者行動分析，市場細分化 対象市場設定，ポジショニング，新製品開発 製品ライン多角化，ブランド，包装，ラベル，保証 〈PLC＝Product Life Cycle〉
Price （価格戦略）	新製品価格設定（上澄み価格政策／浸透価格政策） 価格設定（端数価格・名声価格・差別価格など） 価格維持（チャネル関係性管理・ブランドなど） 価格調整（割引き・リベート・ポイント・アローワンスなど） 〈需要の価格弾力性〉
Promotion （プロモーション戦略）	広告（放送・印刷・インターネットなど） 人的販売（営業員管理・販売管理・顧客管理など） 販売促進活動（ちらし，POP，展示会，見本市など） プロモーション・ミックス（いろいろな販促の組み合わせ） 〈コミュニケーション，PR，IR，パブリシティ〉
Place （チャネル戦略）	チャネル開拓（新規チャネル開拓，新規市場開発） チャネル管理（既存チャネル管理，チャネル撤退） チャネル・ミックス（いろいろなチャネルの組み合わせ） 〈商流，物流，情報流，貨幣流〉，〈ロジスティクス〉 〈卸売業，小売業，無店舗販売，ネット通販〉

出所：筆者作成。

出されることがあります。ここでマーケティングを学んだ学生は，やおら「では最初にコンセプトを定めましょう」なんて宣言するわけです。何のことかわからない学生はキョトンとしますが，くだんの学生は意気揚々と「え～，コンセプトというのはですね～，商品の目指すところと申しますか，際だった特徴と申しますか，例えばゲームでいえば『若者がワクワクドキドキして，1日中夢中になるウットリするゲーム』のようなものですね」と得意気に説明するわけです。この学生は「これで一歩リード」と鼻をピクピクさせるかもしれませんが，実務においてもコンセプトの設定は極めて重要です。ちなみに，コンセプトを「概念」とかの日本語には訳さないのが一般的です。

(3) PLC

　PLC（Product Life Cycle）についても言及しておかないといけませんね。PLCというのは製品寿命周期，すなわち，ある製品の新発売から発売終了に至るまでの周期（製品寿命）を表します。一般に，図表1-6に示されているように「導入期」，「成長期」，「成熟期」，「衰退期」の4つの期（stage）で表現しますが，論者によっては成長期を「成長前期」と「成長後期」に分けたりしています。大事なことはいくつの期に分かれるかではなく，それぞれの期で採るべきマーケティング戦略が異なることを理解することです。図表1-6は売上高のS字曲線と利益のS字曲線が異なることを表現しています。さらにいえば，産業（製品）によってこのS字曲線の形は大きく異なりますし，長寿製品のように成熟期が長く続くものもあります。あるいは，このような綺麗なS字曲線を描くことなく，導入期で終わってしまう場合が現実には圧倒的に多いのです。図表1-6は説明のための概念図と考えてください。

　価格戦略，プロモーション戦略の中の広告戦略，チャネル戦略については後の章で取り扱っていますので，そちらを参照ください。「なぜ製品戦略を1つの章で取り扱わないの？」と疑問に思う方もいるでしょうが，製品戦略

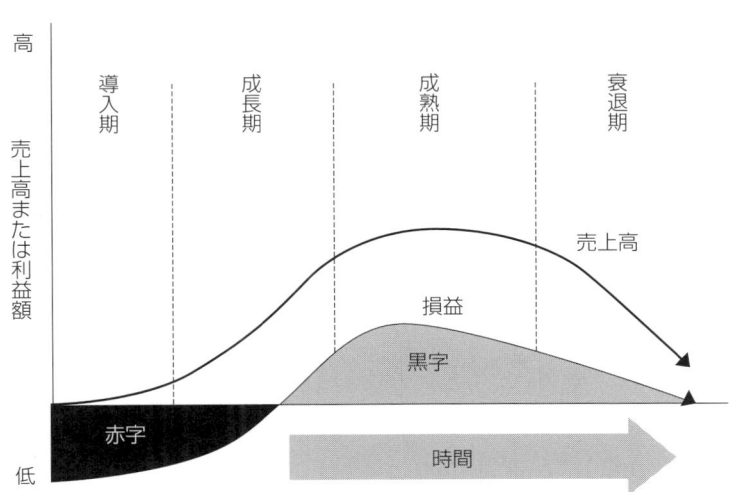

図表1-6　PLC（Product Life Cycle）

出所：筆者作成。

はマーケティングの基本中の基本なので，至るところの章で出てきます。しかも，本書ではブランドに3つの章を当てていますので，そこでも製品戦略の内容に触れることになります。加えて，市場調査や消費者行動，新製品開発などの単元だけでも1冊の本では足らないくらいの問題で，それは本書の枠を超えています。マーケティング・リサーチだけは初心者にも重要なので，別の章で取り扱います。

　以上，STPと4P，PLCについて説明してきましたが，賢い読者はお気付きでしょう。マーケティングの定義「誰に，何を，どのように販売するかにかかわる活動」がSTPや4P，PLCに連動しているのです。「誰に」という部分がSTPですね。とりわけ対象市場設定がまさに「誰に」を問題にしているわけです。次に製品戦略と価格戦略は「何を」に関連しています。実は4Pの中でも製品戦略と価格戦略は分かちがたく結びついており，価格なき製品もなければ製品戦略なき価格戦略もありません。両者はコインの裏表のように，切り離して考えることはできません。マーケティングのテキストは説明上，両者を分けているだけで，実際には重なっている部分が多いのです。最後にプロモーション戦略とチャネル戦略は「どのように」という部分と関連しています。対象市場を設定しコンセプトを定めて企画・製造された商品やサービスを，「どのように」顧客に伝達するのかが最後のプロセスです。PLCは，以上のことについて時間軸を入れて考えたものです。それぞれの期で「誰に」も異なれば，「何を」も異なります。当然，「どのように」も変化するわけです。

5　3C分析とSWOT分析

　用語の説明が長くなりました。このような基本中の基本の説明では，事例も示されないし，魅力的でもないので，飽きるところです。面白くはないのですが，これ以降のマーケティングを学ぶためには極めて基礎的な部分なので，ある程度我慢して付き合っていただくしかないですね。いよいよ最後です，3C分析とSWOT分析。あくまで本書での「最後」であって，これで学ぶも

のが最後という意味ではありません。繰り返しますが，より深く研究したい人は別な本を参考にしてください。というか，何かを学ぶときには「最低でも３冊の本（あるいは３本の論文）」を読むことをお勧めします。私はこれを「鼎（かなえ）の法則」と呼んでいます。「鼎」とは，古代中国で使われていた２つの手と３本の足を持つ青銅器のことです。つまり，「足が１本や２本では器は立たないが，３本ならば立つ」というのが「鼎の法則」です。１冊の本を読んだだけでは分かったようで本当はわかっていません。３冊の本を読んで初めて自分の頭で考えるし，自分の考えができるのです。是非，この本をきっかけに多くの本を読んでみてください。

（1）3C分析

　マーケティングの3C分析とは，マーケティングを実施するために最低限知っておかなければならない３つのＣを分析することです。３つのＣとはCustomer（顧客），Competitor（競合），それにCompany（自社）で，顧客と競合は外部環境，自社は内部環境ですね。

　「言うは易く行うは難し」。「顧客を分析する」といったって簡単ではありません。よく，マーケティングの教科書に「作ったものを売る（プロダクト・アウト）ではなく，売れるものを作れ（マーケット・イン）」と書いてありますが，「売れるもの」が分かれば企業は苦労しません。「顧客分析」を行って「顧客のニーズを把握し」，「顧客のニーズに沿った商品を作り，提供する」。パチパチパチ，パーフェクトです。これで売上高は増大し，利益は増加し，シェアは拡大します。「なんだ，マーケティングなんて簡単じゃん」。そういけばねぇ，簡単なのですが，そうはいきません。第１に，顧客に聞いたって顧客が自分のニーズを明示的に知っているわけでもありませんし，第２に，アンケートか何かで顧客の多くが「これがいい」というものはたいてい売れません。調査が大好きな花王でさえ，「アンケートやエコーシステム（顧客の声を集める花王独自のシステム）では新製品は作れない」といっています。それでも，顧客分析は大切です。顧客の潜在的ニーズを探るさまざまな手法も開発されています。後の「マーケティング・リサーチ」の章を参考にしてください。

　競合分析だって，簡単ではないですね。産業スパイでも雇わない限り（そ

れは違法です），競合のことを深く知ることはできません。競合が次にどのような手を打ってくるのか，それを完璧に知ることなどできないのです。ここでも，だからといって競合分析をやらないでいいわけはなく，知り得る限り競合を分析しなければなりません。

　競合分析に比べれば，自社分析は比較的簡単ですね。まさに自社のことを調べるのですから，知ろうと思えば何でも知り得るわけです。むしろ，わざわざ自社分析しなくても自社のことはよくわかっている，と判断されるかもしれません。しかしながら，おうおうにして「灯台下暗し」，「木を見て森を見ず」，「わかっているつもり」が多いのかもしれません。改めて自社の強み・弱みを分析する必要があります。

（2）SWOT分析

　「あれあれ，3C分析はなにかSWOT分析に似ているぞぉ」と考えた人は，初心者から1歩抜け出た人たちですね。ご名答。3C分析はSWOT分析と交差しています。

　でも，本書の多くの読者の人たちは「マーケティングって，やたらカタカナや略字が多いのねぇ」と少しウンザリしているかもしれません。この章だけでもAMA，R&D，STP，4P，PLC，3Cと出てきました。「え，さらにSWOT？」，「SWOTって，何よ？」というのが普通の反応でしょう。そうなんです，マーケティングはやたらカタカナや略字が多いのです。だいたい「マーケティング」という用語自体，カタカナですものねぇ。先輩研究者の名誉のためにいっておきますが，先輩研究者はマーケティングをなんとか日本語に訳そうと努力されてきたのです。「販売」とか「配給」とか「市場開拓」とか，いろいろ当てはめてみたのですが，どれもアメリカ発のマーケティングとは少し意味合いが異なったので仕方なくそのまま使うことにしました。これは日本だけでなく，海外の多くの国でも同様です。「マーケティング」という用語はほぼ世界共通と考えていいでしょう。

　SWOTという略字は，Strength（強み），Weakness（弱み），Opportunity（機会），Threat（脅威）を表しており，「スウォット」と発音します。アメリカで凶悪犯罪などの時に登場する特殊火器戦術部隊はSWAT（スワット）

ですから注意しましょう。とにかく、この「強み・弱み・機会・脅威」という4つのことを日本語で並べ連ねるよりも、「SWOT」と言った方が頭に残りやすいですね。多くの略字を覚えることは大変ですが、実務の世界でも当たり前のように使われている用語ですので、理解しておいてください。

　さて、本題に戻り、どうして3C分析とSWOT分析が交差しているのでしょう。3C分析の1つは自社分析（Company）でしたが、それは主に自社の強み・弱みを分析することですね。つまり、SWOT分析のSとWに当たります。3C分析の顧客分析（Customer）は顧客のニーズを探ることですが、それは自社の商品が売れる機会（O）を探ることとほぼ同じです。最後に3C分析の競合分析（Competitor）は、主に脅威（T）を明らかにすることを意味します。このように3C分析とSWOT分析はかなり近いものといえるでしょう。要するに、自社の内部（自社分析あるいは強みと弱み）と自社の外部（顧客分析や競合分析あるいは機会と脅威）をよく理解しましょう、という提言なのです。あれ、これは古代中国の『孫子』の兵法に出てくる「彼（敵）を知り己を知れば百戦殆（危）うからず」と同じことをいっているのではないですか？　ご名答。古今東西、考えることはあまり変わりありません。なのに、なぜやたら新しい用語がビジネスの世界に生まれるのかといえば、それはコンサルティング会社や研究者が「私のいっていることは他の会社（人）がいっていることと違いますよ」と主張するために、つぎつぎと新しい用語を生み出すからです。SWOT分析だって、「いや順番が違う、TOWS分析が正しい」という主張もあります。「新しい酒は新しい革袋に入れろ」という古いことわざがありますように、新しい考え方や概念・分析方法が生まれたら、それを新しい用語に当てはめるというのは正当なのですが、「過ぎたるは及ばざるがごとし」ということもあります。われわれはここでも「本質を把握する」という「仕分け能力」が必要なようです。

　SWOT分析について、1つだけ注意しておきます。SWOT分析を図で表すと、図表1-7のように書くことが多いのですが、これはSWOTの1つ1つを分析するためには有効でも、解決策（ソリューション）を考え出すためには有効ではありません。図表1-7は、SWOTの内容を具体的に説明したものです。これに対し、図表1-8はSWOT分析を使って解決策を考えるよ

うに促しています。例えば，自社の強みと機会が交差する枠では「わが社は素材とデザインに強みを持つファッション企業ですが，eコマースの発展という市場機会にどのように対応したらいいですか？」と問いかけているわけですね。実際のマーケティング戦略を考える場合には，図表1-7でSWOTの内容を検討し，図表1-8で具体的戦略を考えるようにしたらいいでしょう。

図表1-7　SWOT分析（A）

強み（Strength）
- 優位な経営資源
  （ヒト・モノ・カネ・技術・情報）
- 商品の特異性と模倣困難性
- ビジネス・モデルのユニークさ
- 先発優位性など

機会（Opportunity）
- 市場規模や実現可能性（FS）
- 政治経済の見通しと機会
- 過去の成功体験や教訓
- 新しいビジネス・モデル
- 技術・システムの発展動向

弱み（Weakness）
- ヒト‥人材，人事制度
- モノ‥平準化，NBからPBへ
- カネ‥自己資金，外部資金
- 技術‥仕組み，SCM
- 情報‥入手・移動・活用・鮮度

脅威（Threat）
- 代替品ないし類似モデル
- 競合企業の戦略
- 法制度や各種規制
- 経済動向や国際関係
- 失敗した場合のリスク

出所：筆者作成。

図表1-8　SWOT分析（B）

外部環境 内部環境	❽ 機会	❾ 脅威
❺ 自社（商品）の強み	自社の強みが市場機会に触れて，どのように活かされるのか？	自社の強みが脅威に直面して，どのように克服していくことができるのか？
❻ 自社（商品）の弱み	自社の弱みが市場機会に触れて，どのような問題を生じるのか？	自社の弱みが脅威に直面して，どのような問題を生じるのか？　そのリスク・マネジメントは？

出所：筆者作成。

6 まとめ

　日本企業においては,「どのように」にかかわるプロモーション戦略やチャネル戦略をマーケティングそのものだと矮小化する傾向があることは前述しました。これらはマーケティングの重要な機能ですが「それだけでは不十分」というのが「H型経営」を強調した意図です。CMO（Chief Marketing Officer＝マーケティングを統括する上級管理者）も置いておらず，それに代わる役職もないことが多い日本企業が，マーケティングの定義を矮小化して，マーケティングを研究開発や生産などに比べて軽視することにわれわれは重大な懸念を抱いています。世界的に見ても利益率の低い日本企業が，世界のライバルと競争していくためには「ものづくり」に加えてマーケティングが決定的に重要なのです。そのことを念頭に，本書を学んでいただければ幸いです。

● 参考文献

大石芳裕（2015）「マーケティング」明治大学経営学研究会編『経営学への扉（第5版）』白桃書房。
黒岩健一郎／水越康介（2012）『マーケティングをつかむ』有斐閣。
コトラー, P.（2002）『マーケティング・マネジメント』ピアソン・エデュケーション。
コトラー／カルタジャヤ／イワンセティアワン（2010）『コトラーのマーケティング3.0』朝日新聞出版。
ポーター, M. E.（1985）『競争の戦略』ダイヤモンド社。

第2章
ブランドとは何か

1 「ブランド＝高級商品」は間違い

　ブランドは，現代のマーケティング戦略を考える上で，重要なキーワードです。本屋にはブランドをタイトルにしたビジネス本や研究書がたくさんあります。また，多くの企業が，ブランドのマネジメントを専門に担当するブランド・マネジャーやブランド・マネジメント組織を設置しています。

　それでは，ブランドとは何なのでしょうか？　みなさんも日常会話の中で「ブランド」という言葉を使うと思います。私は，大学での講義の時に「ブランドって何？」と受講生に聞きます。さまざまな答えが返ってきますが，多くの回答は「ブランド＝高級商品」です。学生たちは，ルイ・ヴィトンのバックやロレックスの時計といった欧米の高級商品を念頭に，「ブランド＝高級商品」と考えているようです。いわゆる「ブランド品」とか「ブランド財布」という使い方は，この考え方の典型です。

　しかしながら，みなさんが思っているブランド概念とマーケティング研究におけるブランド概念は少々違います。ブランドは，何も高級品だけを示す言葉ではありません。ブランド研究の大家であるケビン・ケラーによれば，ブランドの語源は，「焼印を付けること」を意味する古ノルド語の"brandr"になります。ブランドは，家畜の所有者が自分の家畜を識別するために付けた印のことでした。また，ブランドは，古代の陶工や石工のマークとしても用いられました。陶器や陶製ランプは生産地から遠く離れた場所で販売されることもあり，買い手は品質の指標として信頼できる陶芸家のマークを探し求めました。つまり，ブランドとは，高級であるかどうかは関係なく，商品

を識別させる手段なのです。AMA（アメリカ・マーケティング協会）によれば、ブランドは「ある売り手の財やサービスを他の売り手のそれとは異なるものと識別させるための名前、用語、デザイン、シンボル、及びその他の特徴」と定義されています。150円のコカ・コーラも、1000万円を超えるメルセデス・ベンツも、どちらもブランドなのです。このように考えると、われわれの生活は、ブランドで溢れています。もし、ブランドがなければ、どれがコカ・コーラなのかわからないので、私たちは買い物ができなくなりますね。

　近年、ブランドが、利益を生み出す源泉、すなわち資産であるという考え方が広まっています。そこで本章では、なぜ、ブランドが資産と考えられているのか、そして、ブランドがマーケティング戦略においてどのような役割を果たしているのか、について説明します。

2 ブランド要素とブランド階層

　本題に入る前に、ブランドの種類について整理をしたいと思います。ブランドは識別手段であるといいましたが、具体的にはどのようなものがあるのでしょうか。まず思い浮かべるのが「ブランド・ネーム」でしょう。これはアップルやグーグルといった文字通りブランドの名前のことです。他にもブランド・ネームを図案化・装飾化した「ロゴ」、非言語的な図案や記号の「シンボル」、「シンボル」の中でも人物や動物を題材にした「キャラクター」、ブランドのコンセプトや特徴を伝達する短いフレーズの「スローガン」、製品の容器や包装の「パッケージ」、などがあります。こうした具体的な識別手段を「ブランド要素」と呼び、図表2-1で各要素の代表例を示しています。ブランド・マネジャーは、何か1つのブランド要素だけを使うのではなく、複数のブランド要素を組み合わせて使います

　また、ブランドは、その識別対象によって、「企業ブランド」、「事業ブランド」、「商品ブランド」に分類され、それを「ブランド階層」と呼びます。ブランド・マネジャーは、これらを組み合わせてブランディングすることになります。ここでは、企業ブランドと商品ブランドの組み合わせパターンをもとに

図表2-1　ブランド要素とその具体例

	具体例
ネーム	アップル，グーグル，コカ・コーラ
ロゴ	「iPhone」の書体，コカ・コーラの筆記体の書体
シンボル	アップルのリンゴのマーク，トヨタの3つの楕円を組み合わせたマーク
キャラクター	ミシュランの「ミシュランマン」，キユーピーの「キユーピー」
スローガン	ナイキの「JUST DO IT」，アップルの「Think different」
パッケージ	「午後の紅茶」の切子風ペットボトル，「カップヌードル」の独特の容器

出所：筆者作成。

ブランド階層を説明しましょう。

　図表2-2は，ブランド階層の代表的3パターンを示しています。それらは，①企業ブランド＋商品一般名称，②企業ブランド＋商品ブランド，③商品ブランドのみ，です。企業ブランドを強調したい場合，もしくは企業ブランドが広く認識されている場合，企業ブランド＋商品一般名称が効果的とされています。「キユーピー・マヨネーズ」は，この代表例です。一方，商品ブランドを強調したい場合，商品ブランドのみが提示されます。P&Gの「ファブリーズ」がこのパターンです。企業ブランドも商品ブランドも強調したい場合，企業ブランド＋商品ブランドが採用され，「トヨタ・カローラ」がこの典型になります。企業ブランド＋商品ブランドの組み合わせは，多くの日本企業が採用している方法です。

図表2-2　ブランド階層の構造

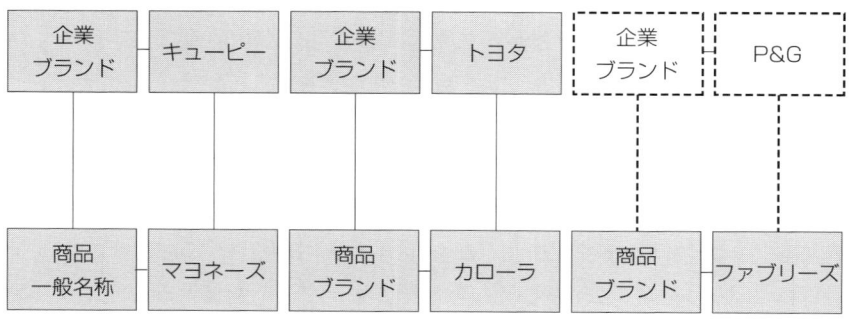

企業ブランド — キユーピー	企業ブランド — トヨタ	企業ブランド — P&G
商品一般名称 — マヨネーズ	商品ブランド — カローラ	商品ブランド — ファブリーズ

出所：筆者作成。

3 同じ製品でもブランドによって認識が異なる？

　ブランドは資産であると述べましたが，ブランドにはどれぐらいの価値があるのでしょうか？　それを確認できるものに，ブランド価値ランキングがあります。コンサルティング企業のインターブランド社が，毎年公表しているランキングによると，2014年，もっとも価値のあるブランドは，コンピューターやスマートフォンを製造・販売しているアップルでした。なんと，そのブランド価値額は，1188億ドルにもなります。この金額を2014年の年間平均為替相場レート（1ドル＝105円）で換算した場合，アップルのブランド価値は，12兆3900億円です。なぜ，ネームやシンボルといった識別手段であるブランドにこのような価値があるのでしょうか？　言い換えれば，アップルのリンゴのマークが，どのようにして12兆円もの価値を生み出すと考えられているのでしょうか？　これはブランドの機能と関係しています。ケラーは，ブランドの特筆すべき機能として，同一の製品であったとしても，ブランドによって消費者の評価が異なることを指摘しています。一体，どういうことなのでしょうか。

　ここで2つの興味深い研究を紹介したいと思います。1つは，ザイコウスキーとシンプソンによるコカ・コーラ（Coca-Cola）を使った実験です。彼らは，後発の模倣ブランド（Brand Imitator）のポジティブな経験とネガティブな経験が先発のオリジナル・ブランド（Original Brand）の評価に与える影響について実験しました。ローラ・コーラ（Lora Cola）という架空の模倣ブランドを設定し，ポジティブな経験をするグループには中身はコカ・コーラでラベルはローラ・コーラの飲み物を与え，ネガティブな経験をするグループには中身はファウンテン・フレッシュ（Fountain Fresh，ブラインドのプレテストでまずいと評価された飲み物）でラベルはローラ・コーラの飲み物を与えました。そして，その経験がコカ・コーラ（オリジナル・ブランド）の評価をどう変化させるのかを検証しました。評価は，「美味しい・美味しくない」，「好き・嫌い」などの6つの項目をそれぞれ7点尺度で測定しました。彼らの研究の主旨とは全く異なりますが，この実験で興味深いことは，コカ・

コーラ（オリジナル・ブランド）の評価と中身はコカ・コーラ，ラベルはローラ・コーラの評価が異なることです。プレテストにおいて，被験者に対してコカ・コーラ（オリジナル・ブランド）を評価してもらいました。ポジティブな経験をするグループのコカ・コーラ（オリジナル・ブランド）の評価は5.67でした。その後，ポジティブな経験をするグループは，中身はコカ・コーラ，ラベルはローラ・コーラの飲み物を評価するのですが，そのスコアが5.18とコカ・コーラ（オリジナル・ブランド）の評価と異なったのです。この両スコアについて統計的に差を確認しているわけではないので，明確に異なるとは言い切れませんが，もし消費者が正しく味を評価できるのであれば，中身が同じなので両スコアは近似していなければなりません。しかし，中身は同じコカ・コーラなのに，ラベルがコカ・コーラとローラ・コーラでは評価が異なったのです。

　もう1つは，メアリー・サリバンによる双子自動車（Twin Automobile）の中古車価格に関する実証研究です。双子自動車とは，同じ商品であるのにブランドが異なる自動車のことです。これらは，通常，同一工場で生産されますので，品質もほぼ同じになります。双子自動車の例として，トヨタ自動車の「トヨタ86」と富士重工業の「スバルBRZ」，日産自動車の「日産デイズ」と三菱自動車の「三菱eKワゴン」，などがあります。図表2-4で示されているトヨタ86とスバルBRZの自動車そのものは，ほとんど同じです。製品の企画・デザインはトヨタ自動車が，開発・生産は富士重工業が担当し，トヨタ86もスバルBRZも富士重工業の群馬製作所本工場で生産されています。

図表2-3　双子自動車の例：トヨタ86（左）とスバルBRZ（右）

出所：トヨタ自動車のウェブサイト，http://toyota.jp/86/style/（2015年3月27日アクセス），スバルのウェブサイト，http://www.subaru.jp/brz/brz/gallery/（2015年3月27日アクセス）。

サリバンは，機能，デザイン，品質などがほぼ同じである双子自動車が，なぜ中古車市場で価格が異なるのかということに着目し，その要因を検証しました。その結果，①品質の推測はブランドに依存していること，②中古車価格の差はそのブランドに対する評判の差であること，がわかりました。

　この2つの研究が示していることは，同じような商品であっても，ブランドによって消費者の評価が異なるということです。つまり，消費者個人が持つブランドに対する認識の差が，品質評価や中古車価格の差を生じさせているのです。コーラの実験の場合，どちらも中身は同じコカ・コーラであるのにもかかわらず，ブランド表示の違いによって品質評価が異なりました。双子自動車に関する研究の場合，ほぼ同じ自動車であるのにもかかわらず中古車価格が異なりました。そして，その理由がブランドから推測される価値の差だったのです。

　このように考えると，ブランドは単なる識別機能を超えた差別化の手段といえます。ブランド・マネジャーは，ブランドに対する認知を高め，強く好ましいイメージを持ってもらうために，優れた商品を開発し，広告やSNSなどを通じてその特徴を伝えます。また，売り場の雰囲気や陳列方法などもブランドを構築していく上で重要なポイントになります。こうしたさまざまなマーケティング戦略の結果，消費者はブランドそれぞれに特定の認識を持つようになります。この認識が品質評価や価格，購入決定に大きな影響を与えるのです。そして，同じような商品でも，差を付けて評価するようになるのです。みなさんが買い物をするときを考えてみてください。ブランドに対する思いやイメージなどが買い物の決定に大きな影響を与えていることがありませんか？

　こうした消費者が抱くブランドに対する思いや認識を上手にマネジメントできている企業は，高い利益を生み出すことができています。しかしながら，このブランド・マネジメントに失敗している企業は苦戦しています。ブランドは厳格に管理しなければならない資産なのです。

4 ブランドは貴重な資産

　ブランドは，資産だと述べましたが，ただの資産ではありません。ブランドは，貴重な資産です。なぜなら，ブランドの構築には２つの困難を伴うからです。１つは，ブランド構築には多くの時間とコストが必要だということです。例えば，1994年から1995年にかけて，IBM，インテル，マイクロソフトは，ブランド構築のためにテレビ・キャンペーンだけで約１億ドルも費やしました。ブランド構築のために多くの費用を投下した例は枚挙にいとまがありません。多額の投資を継続的に行うには，それだけの企業体力も必要ですし，他の部署を説得する忍耐強さなども求められます。こうしたことは，そう簡単なことではありません。

　もう１つは，構築されたブランドは模倣が難しいということです。経営戦略論のスター教授であるジェイ・バーニーは，差別化の中で，商品に対する評判，すなわちブランドがもっとも模倣困難であることを指摘しています。バーニーは，差別化の源泉として，商品機能や品揃えなど12項目を示し，その中で評判の複製コストがもっとも高いことを指摘しています。つまり，ブランドは，創るのも真似をするのも難しいので，貴重な資産と考えられているのです。

　1980年代のブランド取得を目的としたM&A（Mergers and Acquisitions：合併と買収）は，ブランドが貴重な資産であることを示す象徴的な出来事でした。フィリップ・モリスによるクラフト・フーズ買収やネスレによるラウントリー買収は，その代表的ケースです（どちらも1988年）。両ケースとも大型買収で有名なM&Aですが，ここで驚いたことは買収総額の内訳でした。例えば，食品企業であるスイスのネスレは，チョコレートのグローバル・ブランド「キット・カット」や「アフター・エイト」を求めて製菓企業であるイギリスのラウントリーを買収しました。買収ですから，ネスレは，ラウントリーの工場や建物などの有形資産も購入しています。ただ，買収総額の内訳を見ると，その８割以上はブランドへの対価として支払われました。このことからも，ブランドがどれだけ重要な資産であるのかが分かると思います。

ブランドは，適切にマネジメントできれば競合企業との差別化を可能にします。しかも，競合企業は，なかなか模倣することができません。ブランド構築に成功すれば，いわゆる「ワン・アンド・オンリー」の状態になり，大きな利益を得ることができます。こうしたことから，ブランドは，厳格にマネジメントしなければならない重要な資産であり，現代のマーケティング戦略のキーワードになっているわけです。

5 ブランド構築はマーケティング戦略の目的

ここまでの説明でお気付きの読者もいると思いますが，ブランドは，マーケティング戦略によって形づくられます。資産となるブランドを形づくるために，マーケティング戦略は実施されるといっても過言ではないでしょう。マーケティング戦略の結果，消費者はブランドに対して特定の思いや認識を抱くようになり，これが購入行動に大きな影響を与えるのです。

こうしたブランドとマーケティング戦略の関係を示しているのが，図表2-4になります。ブランドを展開するときの理念だとかビジョンは，「ブランド・アイデンティティ」と呼ばれます。ブランド・アイデンティティ概念の提唱者の1人であるデイビット・アーカーは，近年，ブランド・アイデンティティをブランド・ビジョンと言い換えていますが，ここでは一般的だと思わ

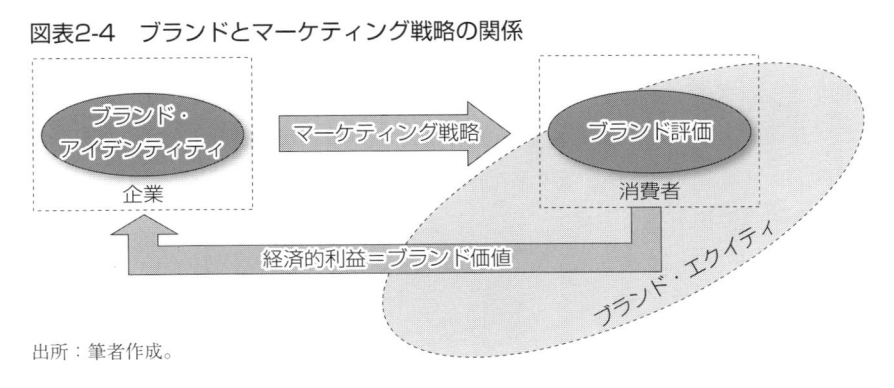

図表2-4　ブランドとマーケティング戦略の関係

出所：筆者作成。

れるブランド・アイデンティティを用います。ブランド・アイデンティティはブランドの理念やビジョンを示していますから，マーケティング戦略を構成する4Pそれぞれは，ブランド・アイデンティティに基づいて決定されなければなりません。例えば，トヨタ自動車の高級車ブランド「レクサス」は，レクサスのブランド・アイデンティティを示している「レクサス・ファンダメンタル・ロー」を制定しています。「レクサス・ファンダメンタル・ロー」に基づいて，自動車の開発要件を示した「レクサス・マスト」，デザインの要件を示した「エル・フィネス」，販売サービスの要件を示した「レクサス契約」が制定されています。こうしたブランド・アイデンティティを明文化したものは，通常，「ブランド・ブック」と呼ばれ，マーケティング戦略の指針として活用されています。レクサスの事例のように，ブランド構築のためには，各マーケティング戦略がブランド・アイデンティティに基づいて決定されなければなりません。したがって，ブランドを構築するためには，各マーケティング戦略は，ばらばらに決定されてはいけないのです。

　消費者が持つブランドに対する思いや認識のことを，ここでは「ブランド評価」と呼びます。「ブランド評価」は，ブランド認知やブランド・イメージなどさまざまな項目から測定されます。高いブランド評価は，消費者の購入決定にプラスの影響を与え，企業の利益増大に貢献します。ブランド評価の影響でもたらされた利益を算出したものが「ブランド価値」になります。「ブランド評価」と「ブランド価値」は，ともに「ブランド・エクイティ」と呼ばれることがあります。ここでは読者にわかりやすくするため，あえて使い分けて説明しています。

　日本のブランド研究の第一人者である青木幸弘は，マーケティング戦略の起点としてブランド・アイデンティティを，マーケティング戦略の結果としてブランド・エクイティを指摘しました。この指摘は，図表2-5に示されているブランドとマーケティング戦略の関係になります。ブランドとマーケティング戦略の関係を見てみると，マーケティング戦略の目的は，ブランド構築ということになります。

　ここまでの説明で，ブランドがなぜ重要であるのかがわかったと思います。ブランドへの理解を一層深めるためには，以下の2つのことを学ばなければ

なりません。1つは，ブランド・アイデンティティがどのように決定されるのか，そしてブランド・アイデンティティがどのようにしてマーケティング戦略に反映されるのかというブランディングの問題です。もう1つは，ブランディングがどのような結果をもたらしているのかというブランド評価やブランド価値の問題です。これらは，それぞれ別の章で説明されます。

●参考文献

青木幸弘／電通ブランドプロジェクトチーム（1999）『ブランド・ビルディングの時代』電通。
ケラー, K. L.（2000）『戦略的ブランド・マネジメント』東急エージェンシー。
バーニー, J. B.（2003）『企業戦略論（上・中・下）』ダイヤモンド社。
Sullivan, M. W. (1998), "How Brand Names Affect the Demand for Twin Automobiles," *Journal of Marketing Research*, Vol. 35, No. 2, pp.154-165.
Zaichkowsky, J. L. and Simpson, R. N. (1996), "The Effect of Experience with a Brand Imitator on the Original Brand," *Marketing Letters*, Vol. 17, No. 1, pp.31-39.

第3章 ブランディング

1 ブランディングとは

　前章では，ブランドとは何なのか，またブランドは社会的にいかなる役割を果たすのかを説明しました。ブランドと聞けば，ルイ・ヴィトンやロレックスといった高級なものを想像しがちですが，実は皆さんの身の回りに溢れている飲み物やお菓子，シャンプーや文房具といった日用品にも名前やロゴ，キャラクターなどが付いており，それらが付いていないときよりも感じるイメージはより豊かになります。

　例えば，大分県佐賀関町漁協の組合員が1本釣りで釣ったサバは「関さば」というブランドが付けられ，市場では高級魚として特別扱いされています。また，水は水でも南アルプスで採れたものは「南アルプスの天然水」と呼ばれて重宝されています。まさに「たかが名前，されど名前」であり，名前やロゴなどを付けたりそれらが少し違ったりするだけで商品や企業の存在がより大きく感じるのです。

　そこで本章では，ブランドを生み出し，それを高めるための技術である「ブランディング」について説明します。

2 名前が持つ力

　皆さんは，お寿司の食材の中で何が1番好きですか。「コハダやアジが何よりも好き！」という通な方もいらっしゃると思いますが，多くの方々はまず「トロ」を思い浮かべるのではないでしょうか。マグロの中でも特に高級

な食材として現在はとても人気がありますが，時をさかのぼって江戸時代，今でいうトロは「アブ」と呼ばれて敬遠される部位でした。文字通り，脂っぽいからアブです。また，猫も食べないということで「猫またぎ」とも呼ばれていました。それでは，なぜ現在は評価が正反対なのでしょうか。そこには，ある寿司屋と商社マンが考え出した知恵がありました。

東京の日本橋に「吉野鮨」という寿司屋があります。大正時代，吉野鮨の板前はアブの活用方法にとても悩んでいました。食べればおいしいのに，昔からのイメージが邪魔して客がなかなか食べてくれなかったのです。あるとき，近所に本社がある常連の商社マンが板前との会話の中で「アブという名前だから悪いイメージのままなのではないか。脂っぽいからアブではなくて，トロッとしているからトロという名前に変えてみてはどうか」と提案しました。その板前はポンと膝を打ち，その提案を実践したところ，すぐさま効果があったわけではありませんが，徐々に他の寿司屋にも広がって今では誰もが求める人気食材になったというわけです。食材としては昔も今も同じなのに，名前が違うだけで評価がここまで変わる例は世界的に見ても珍しいですが，ブランディングの1つとして名前の付け方がいかに大切かを如実に示しています。

名前の読みやすさや長さも，われわれが感じるイメージに大きな影響を与えます。名前が長く難しいものは発音や文字を間違うことがあり，ブランドとしてはふさわしくないですね。例えば，1951年からドイツのバイヤスドルフ社が生産・販売し，日本では提携先の花王が担当している制汗剤「8×4（エイトフォー）」は，その有効成分「Hexachlordihydroxydiphenylmethan（ヘキサクロルジヒドロキシジフェニルメタン）」の文字数が32文字であり，また発売前の開発番号が「B32」であったことから，それにちなんで「32＝8×4」となりました。もし成分名のままだったら誰も覚えられなかったでしょうし，市場で生き残ったとはとうてい考えられません。また，32になるならば「4×8（フォーエイト）」や「2×16（ツーシックスティーン）」でもよかったのかもしれませんが，エイトフォーという言葉の語呂や響き，シンプルさにはかなわないですね。

商品や企業の名前をアピールする場がどこかによっても，その名前の響き

やシンプルさが大きな影響を与えます。ライズ親子による2000年の研究では，当時，一般的な消費者が触れる広告媒体のうち約90％はテレビやラジオであり，新聞や雑誌といった活字媒体は約10％に過ぎませんでした。テレビやラジオを通じた聴覚的な刺激は活字媒体を通じた視覚的な刺激よりも消費者の想像をかき立て，感情的な影響を与えやすいと考えられているため，シンプルでもインパクトがある名前，またポジティブなイメージを与える名前はとても重要なのです。

3 見た目も重要

　同じ商品でも，名前が違えば評価が大きく変わる場合があることがおわかりになったかと思います。ただ，評価が変わる可能性があるのは名前だけではありません。近年は，消費者の目に触れるロゴやパッケージといった他のブランド要素も大変重要になっています。

　わかりやすい例として日本酒の「新政（あらまさ）」における近年の試みについて説明します。このテキストをご覧になっている方には未成年もいらっしゃるでしょうから，日本酒のことを書かれてもピンとこないかもしれません。ただ，ここでは昔からの伝統を受け継ぎつつ，現代的なイメージを付け加えることに成功した例としてあえて取り上げることにします。

　日本酒にはいくつかの分類がありますが，大きくは米と麹による発酵の過程で醸造アルコールを添加するもの（普通酒，本醸造酒，特別本醸造酒，吟醸酒，大吟醸酒）と純粋に米と麹のみで発酵を促すもの（純米酒，特別純米酒，純米吟醸酒，純米大吟醸酒）に分けられます。一般に，アルコールを添加しない後者の方が発酵のコントロールが難しいため，より高度な醸造技術を求められますし，価格も少し高めなのですが，米本来のうまみを十分に生かした酒質になっています。

　皆さんは日本酒に対してどのようなイメージをお持ちでしょうか。純米の酒を飲んだことがあれば「フルーティー」や「フレッシュ」といったいいイメージをお持ちだろうと思います。一方，居酒屋で行われるゼミやサークルなどの懇親会でガブ飲みした経験のある方は「悪酔いする」とか「次の日が

つらい」といった，必ずしもよいとはいえないイメージをお持ちかもしれません。また，ワインやカクテルといった飲み物が好きな方は日本酒に対して「伝統があっていいとは思うけど…」とお感じになっているかもしれません。

秋田県大町にある新政酒造の8代目・佐藤祐輔社長（以下，8代目）は，日本酒を取り巻くこのようなイメージに悩み，それをいかに取り払うかということに日夜取り組んでいます。新政の原型となる酒は江戸時代から作られるようになりました。佐藤卯兵衛という米問屋が始め，当時は「うへえの酒」と呼ばれたり，屋号から「やまうの酒」と呼ばれたりして地元の人々に親しまれていました。

ご存じのとおり，明治維新が起こると日本は倒幕側と佐幕派に分かれて争うわけですが，現在の秋田県である佐竹藩は東北地方で唯一倒幕側に立ちました。西郷隆盛の「新政厚徳（厚い徳をもって新たな政を行うべし）」という言葉に感銘を受け，卯兵衛は自身の日本酒に「新政（しんせい）」という名前を付けました。これが転じて，現在は「あらまさ」と呼ばれています。

崇高な理念を冠し，名前としてとても素晴らしいとは思いますが，時を経た現在，日本酒を取り巻く状況は昔と比較できないほど難しくなっており，名前のよさだけでは消費者にうまく伝わらない時代になっています。ビールやワイン，焼酎といった日本酒以外の飲み物が溢れている中で真っ先に日本酒を手に取る人の割合は以前よりも低くなっているといわざるを得ませんし，そもそも日本だけで売ろうとしても人口自体が減少しているわけです。また，全国には他の卓越した銘酒も多くあり，競争がますます激しくなっています。

現在の新政酒造では，「新政の伝統を生かしつつ，日本酒以外の酒に負けない洗練されたイメージを消費者に与えるためにはどうしたらよいか」，また「市場を点ではなく面で捉え，日本以外の国々でも親しんでもらうにはどうしたらよいか」という2つの大きな課題に直面しています。そこで，8代目が取り組んだ方策の1つは「ロゴの変更」です。図表3-1の左のように日本的なデザインのロゴも味があってよいと思いますが，そう思わない人々もいることを8代目は鋭敏に捉え，図表3-1の右のように大きく「6」をあしらった西洋的な趣にし，「ナンバーシックス（醸造前の精米歩合によって特別純米酒のR-type，純米吟醸酒のS-type，純米大吟醸酒のX-typeがあります）」

と名付けました。なぜ6かというと，新政は同酒造発祥の「きょうかい6号酵母」を使った，日本でも珍しい日本酒だからです。伝統的な新政の特徴を大胆に表現しつつおしゃれな雰囲気を与えることで，味と見た目との整合性がずれないように工夫したのです。また，日本酒を初めて飲む，あるいは飲み始めたばかりの外国人の記憶に残りやすいロゴであり，他の日本酒と区別することが容易になるという効果も合わせ持つようになりました。

　もう1つの方策は「パッケージの変更」です。日本酒でいうパッケージとは瓶ですが，一般的な日本酒では一升瓶（1.8リットル）が主流です。ところが，新政では一升瓶での販売を廃止して四合瓶（720ミリリットル）のみにしました。一升瓶は四合瓶と比べて価格的に若干お得なのですが，大きいために持ち運びがしづらく，また人によってはあまりに日本的すぎて「古臭い」と感じる原因になっていたようです。ワインの瓶が750ミリリットルですから，それに近い四合瓶で販売することによって，これまで日本酒を買わなかった消費者も手に取りやすくなりました。

　四合瓶にした効果はそれだけではありません。現在，世界では日本酒ブームともいえる現象が起きており，フランス料理やイタリア料理のレストラン

図表3-1　新政の伝統的なロゴ（左）と新しいロゴ（右）

出所：筆者撮影。

では食前酒として日本酒を取り揃えるところが増えています。ソムリエが日本酒を提供するときに一升瓶ではどうしても違和感が生じてしまいますが，四合瓶にすると海外のライフスタイルにも合わせやすくなります。

また，日本酒は酵母や微生物を不活化させるための「火入れ」を行っているか否かで鮮度の変化がかなり異なります。新政のナンバーシックスは火入れをしない生酒なので，鮮度を海外でも日本と同様に維持することは容易ではありません。栓を開けた瞬間から品質の劣化が始まり，時間が経ちすぎると最初とはまったく違う味になってしまいます。新政に限らず，以前から海外のレストランで日本酒を飲むことはできますが，筆者自身，飲んだ瞬間に「あれ？」と思うことがたびたびあります。その店の冷蔵庫をちらりと見ると，抜栓後の一升瓶が長らく保存されていることは一目瞭然です。このように，一升瓶だと新鮮なうちに飲み切ることが難しいのですが，四合瓶ならばそれが可能です。

近年における新政の世界的な成功がそのフルーティーな味に基づいていることはいうまでもありませんが，おしゃれなロゴや使いやすいパッケージ（瓶）でイメージの統一感を持たせていることも一因といえるでしょう。

4 変えられるもの，変えられないもの

名前やロゴ，パッケージのみならず，スローガンやキャラクター，テレビ広告やラジオ広告で流れるジングルなど，ブランドを構成する要素はいろいろありますが，それらをバラバラで考えていては「ブランドを構築する」，すなわちブランディングといえません。それぞれのブランド要素を高いレベルで生み出すこと自体が実際には難しいことなのですが，ブランディングにおいてはそれらの統合性を高めるというさらに難しいことが要求されるのです。だからこそ，現代的な課題として重要視されているといっても過言ではありません。

それでは，それぞれのブランド要素はいったい何に基づいて統一が図られるのでしょうか。次はこの点について考えてみましょう。例えば，以前いっていたことと今いっていることが180度違う人がいるとします。皆さんはど

う思いますか。その人に何らかの事情があるのかもしれませんが，ほとんどの方は「ブレている人だな」とネガティブな感情を抱くのではないでしょうか。一方，何年，何十年と自分の目標に向かって変わらず努力する人に対しては多くの方が尊敬の念を抱くでしょう。人と同じように，ブランドもある種の信念のもとで一本筋をビシッと通すことが重要だと考えられています。ブランド研究の第一人者であるデイビッド・アーカーは，ある企業が消費者に伝えたいと思う，当該ブランドのさまざまな要素に共通する理念を「ブランド・アイデンティティ（brand identity）」と呼びました。

　前節における新政の事例は，ブランド・アイデンティティを理解する上でも役立ちます。新政酒造は，「秋田県産米ならびに水を原料とし，これを麹菌，乳酸菌そして当蔵発祥の6号酵母を用いて醸す」ことを醸造方針としていますが，これは昔からそうであり，また今後，新政ファンがさらに増えて出荷量が急増したとしても変わることはないでしょう。また，海外の需要がますます増えたとしても，その特徴的なフルーティーさを守るためにあえて火入れは行わないでしょう。アーカーは，ブランド・アイデンティティのうち時間が経っても場所が違っても簡単に変えられない部分を「コア・アイデンティティ」と名付けました。

　ただし，時間が経ったり場所が違ったりすれば変えた方がよい部分があることもまたおわかりになったかと思います。昔よりも今の方が日本酒のライバルははるかに多いので，旧態依然としたままでは競争に取り残されてしまいます。また，日本の日本酒市場は縮小傾向にありますが，海外市場には文化上の障壁があるもののますますチャンスが広がっていることから，新政酒造は伝統に埋没せず「自社にとって望ましいイメージ」を各国の消費者に定着させていく必要があります。アーカーは，ブランド・アイデンティティのうち変えられる部分を「拡張アイデンティティ」と名付けました。

　信念を持って物事に邁進する人は確かに素晴らしいです。ただし，あまり信念にこだわりすぎると「融通が利かない」，「頑固」と思われる可能性があるわけで，周りの状況によって臨機応変にふるまうこともまたうまく生きていくために必要なことです。変えられるものと変えられないものとのバランスをうまくとることはブランドでも同じなのではないでしょうか。

5 ブランドを拡張する

これまで説明してきたように，ブランドを構成する名前やロゴなどの諸要素をいかに付けるか，またそれらをブランド・アイデンティティのもとでいかに一貫させるかがブランディングの基本です。そして，その延長線上にあるのは，すでに確立されているブランドが持つよいイメージを他の商品にもうまく波及させることです。これを専門的にはブランド拡張（brand extension）と呼びます。ブランド拡張はその方向性によって，ライン拡張（line extension），カテゴリー拡張（category extension），ブランド伸張（brand line stretch）の3つに分けられます。それぞれについて例を挙げて説明しましょう。

まず，ライン拡張とは図表3-2のように，あるブランドを同じ商品カテゴリー内の異なる商品に適用することです。例えば，コカ・コーラ社は2015年現在，機能性飲料の主力ブランドであるアクエリアスを「ゼロ」や「ビタミン」に拡張させています。一般的なアクエリアスは運動後の水分・栄養（ミネラル，

図表3-2　ライン拡張のイメージ

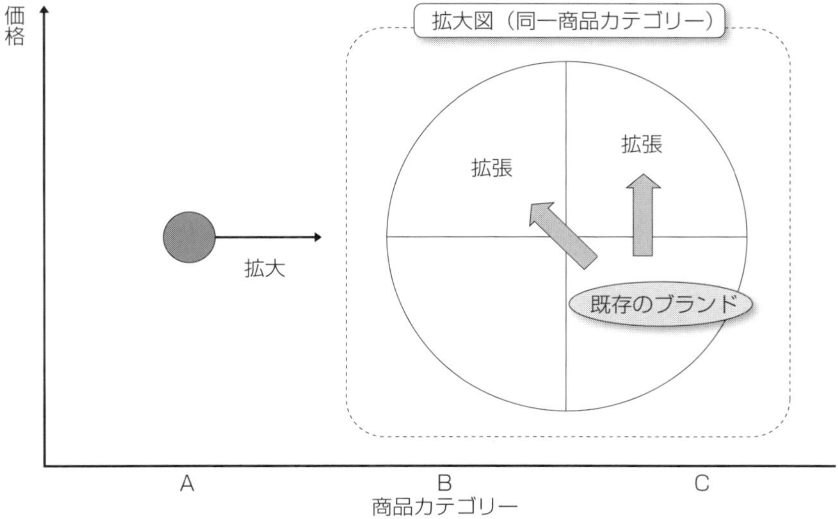

出所：筆者作成。

クエン酸，アミノ酸）・エネルギー補給を目的としており，運動時に失われた糖質を補うため若干のカロリーがあります。そこで，「アクエリアスの味が好きだけど，運動していないときに飲むのはちょっと…」という人向けにアクエリアス・ゼロを発売しています。また，水分補給とともにビタミンも補給したいという人のためにアクエリアス・ビタミンを展開しています。このように，アクエリアスというブランドは機能性飲料という商品カテゴリーの中で複数の商品に付けられています。

続いて，カテゴリー拡張とは図表3-3のように，あるブランドを異なる商品カテゴリーに適用することです。例えば，花王は1998年にアメリカのボシュロム社からスキンケアのプレミアムブランド「キュレル」を買収しましたが，花王はキュレルを「乾燥性敏感肌」向けブランドに位置づけ直し，シャンプーやボディウォッシュ，入浴剤，化粧品（化粧水や乳液，メイク落としなど），タオルといった多岐にわたる商品カテゴリーに拡張させています。また，大正製薬はその主力ブランドであるパブロンを風邪薬だけでなく，「パブロン365」シリーズとしてマスクやハンドソープにも拡張させています。

ジャン＝ノエル・カフェレールは図表3-4のように，あるブランドがカテ

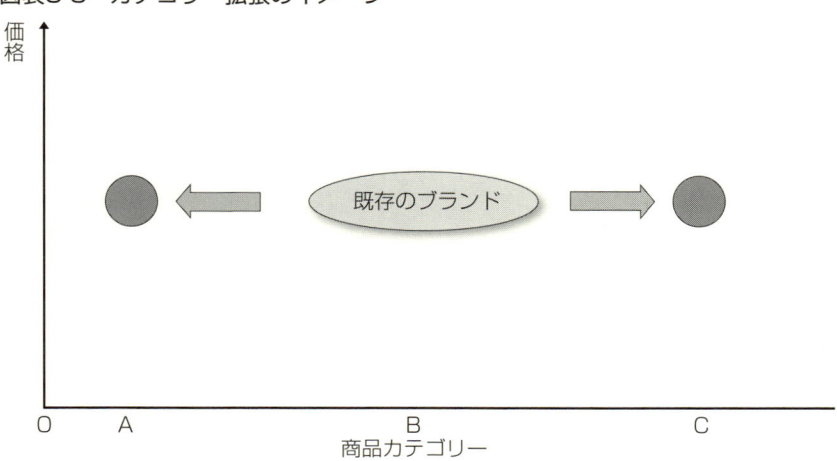

図表3-3　カテゴリー拡張のイメージ

出所：筆者作成。

図表3-4　商品ブランドのカテゴリー拡張とブランド・アイデンティティとの関係

[縦軸：ブランドの類型（下から：製品呼称、製法、ノウハウ、関心・こだわり、理念・哲学）、横軸：拡張先商品の非類似性（A, B, C, D, E）]

出所：Kapferer（1992），p.93.

ゴリー拡張によって，類似度の異なる商品カテゴリーに展開されればされるほど，全体の統一を図るためには名前自体や製法といった具体的な次元を超えてより抽象的な次元で結びつける必要があると述べました。これを再び新政の例で説明すると，新政酒造は醸造後，酒ともろみを分離する過程で出る酒粕も販売しており，それらは類似度が比較的高いため，コア・アイデンティティとなる商品の具体的な名前や製法を訴求することで統一感を出すことが可能です。一方，あくまで仮定の話ですが，新政ブランドを家具や家電にも展開したとすればあまりに商品カテゴリーが離れすぎているため，より抽象的な要素でしか全体を結びつけることができず，ブランド・アイデンティティ自体の根本的な再考が必要になると考えられます。

　最後に，ブランド伸張とは図表3-5のように，あるブランドを異なる価格帯の商品に適用することです。例えば，1856年から続くイギリスのアパレル生産者であるバーバリー社は，1999年からより高価格でイタリア生産の「バーバリー・プロ―サム」を展開しています。プロ―サムとはラテン語で「前進」を意味し，バーバリーの伝統に現代性を加えたスタイルを目指しているという点で，以前からある「バーバリー・ロンドン」よりも上位に位置づけられています。

図表3-5　ブランド伸張のイメージ

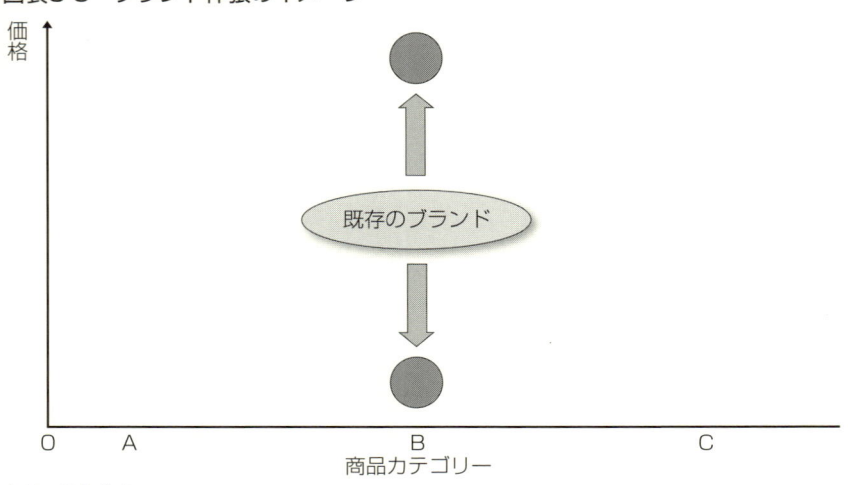

(縦軸：価格、横軸：商品カテゴリー、O・A・B・C、既存のブランドから上下に伸張するイメージ図)

出所：筆者作成。

　また，アメリカのアパレル生産者であるギャップ社は，ギャップよりも高価格な「バナナ・リパブリック」とより低価格な「オールドネイビー・クロージング」を展開していますが，ギャップというブランドをどちらにも使っていません。バナナ・リパブリックはもともと独立した企業でしたが，1983年にギャップ社が買収し，そのイメージを現在も活用しています。一方，オールドネイビーは主にアメリカ西海岸・南部のヒスパニック（ラテン系アメリカ人）をターゲットとしており，価格を下げるために生地や縫製，検品のレベルをギャップよりもやや落としています。そのため，ギャップのブランド伸張として展開すると，もし何らかの問題が起こった場合にギャップ自体もダメージを受けることになるため，あえて別々のブランドにしています。

　前述のバーバリーでもオールドネイビーと同じような問題が起こりました。日本でのバーバリー・ロンドンの販売は1965年から三陽商会が行ってきました。バーバリーというブランド自体が日本で浸透したのは同社の貢献が大きいことから，バーバリー社はライセンシングによって三陽商会が1996年から「バーバリー・ブルーレーベル」を，1998年から「バーバリー・ブラックレーベル」を独自に企画・生産・販売することを認めました。バーバリー・ロンドンと

比べればどちらも低価格帯です。ところが，バーバリー社は高級路線の徹底と同社の世界的な影響力強化を目的として，2014年に三陽商会とのライセンシング終了を通告しました。2015年7月以降，バーバリーを冠したこれら2つのブランドは完全になくなります。このように，低価格帯へのブランド伸張を行う際には難しい判断が求められる場合もあります。

6 まとめ

　本章では，ブランディングについて事例をもとに説明してきました。現在，卓越したブランドは，そのよいイメージを「手段」としてさまざまな商品に拡張されています。行きつけのコンビニエンス・ストアやスーパーマーケットで商品が陳列されている棚をご覧になればそれを実感することができるでしょう。シンプルでインパクトのある名前やロゴを生み出すだけでも大変なことですが，ブランディングの担当者には，その目標を達成するためにいくつかのブランド要素を戦略的にミックスさせ，それらが互いに強化しあうようマッチングさせることが非常に重要です。

　また，仰々しくブランディングという用語を使いましたが，誤解を恐れずいうと，ブランディングを行うことは通常のマーケティング戦略をより精緻に行うことと同じです。ある企業がマーケティング戦略を立案・実行する際には，その企業における内部の諸要因（人材や組織体制，資本，情報など）と外部の諸要因（経済状況やライバルの状況，取引企業や消費者の状況など）を全般的に判断して意思決定することから，統合性はすでに考慮されているといってもよいでしょう。ただ，このテキストで3章分にわたりなぜことさら統合性の問題を取り上げるかというと，現在の企業において統合性を高めようとしても思わぬ障害があるからです。企業内では，職位によるブランドへの認識の違いや事業部間の力関係などで意見が分かれがちであり，同じ企業でも決して一枚岩ではありません。それでも，迫りくるさまざまな脅威に対応するため，企業全体がブランド・アイデンティティのもとでいかに団結できるかということがまさにブランド構築という「結果」として問われているのです。

●参考文献

アーカー，D. A.（1997）『ブランド優位の戦略』ダイヤモンド社。
久保田進彦（2002）「ブランド・エクイティにおけるブランド要素」恩蔵直人／亀井昭宏編『ブランド要素の戦略論理』早稲田大学出版部，第1章。
ライズ／ライズ（1999）『ブランディング22の法則』東急エージェンシー。
Kapferer, Jean-Noel (1992), *Strategic Brand Management*, 1st Edition, Kogan Page.

●参考ウェブサイト

新政酒造，http://www.aramasa.jp/history.html（2015年3月31日アクセス）。

第4章
ブランドの「見える化」

1 ブランドは愛情と同じ

　愛情には形がありません。両親や子ども，恋人やペット，そして人によってはモノに対しても愛情を抱くことがあるでしょう。愛情には形が無く，目にも見えないし，匂いも無いけれど，それが確かに存在していることを私たちは知っています。ブランドも，形が無く，目に見えないし，匂いも無いという点においては同様です。形の無い存在であるけれど，確かに現実に存在しているのです。愛情の場合「私の方があなたより○○に愛情を持っている」といったように，その大きさや量などを他の人と比べることはあまりしません（する人もいるかもしれませんが）。ただしブランドに関しては別です。経営活動の一環として，競合他社よりどのくらい優れているだとか，どの点が劣っているだとかを随時確認して，次に繋げていかなければならないのです。そのためにはブランドという目に見えない存在を何らかのデータにすることで「見える化」する必要があります。

　これまでも述べてきたとおり，ブランドは企業の戦略上，大変重要な存在で管理しなければならないものです。本章ではブランドといった目に見えない存在をどのようにデータへ落とし込み「見える化」できるのかを紹介しましょう。ブランドをデータにするといっても，主に企業の側から見たデータなのか，消費者の側から見たデータなのかで内容が異なります。どういうことなのかについては図表4-1を見てください。企業側から見たものであれば，それはブランドを「企業の財産としてどれほどの価値があるのか」といった観点からのデータになります。消費者側から見たものであれば，「ブランド

図表4-1　企業側と消費者側からのブランドの見える化

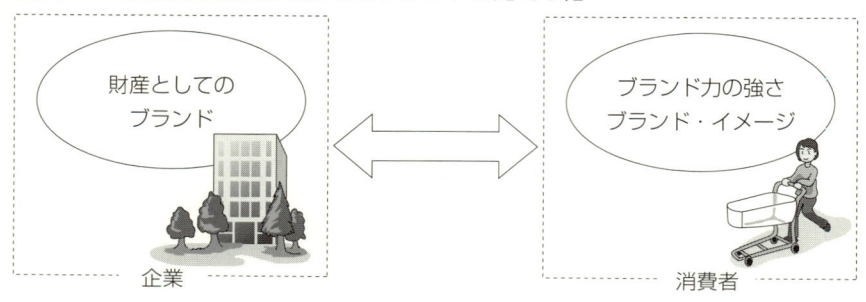

```
┌─────────────────────────┐      ┌─────────────────────────┐
│    財産としての         │      │    ブランド力の強さ      │
│    ブランド             │ ←──→ │    ブランド・イメージ    │
│                         │      │                         │
│         企業            │      │         消費者          │
└─────────────────────────┘      └─────────────────────────┘
```

出所：筆者作成。

がどれほどの力を持っているのか」，また「ブランドに対しどのようなイメージを持っているのか」といった視点からのデータになります。それではそれぞれをもう少しわかりやすく説明していきましょう。

2 ブランド価値の測定

　まずは企業側から見たブランドの「見える化」について紹介します。図表4-2を見てください。皆さんも知っているブランドが多数あるのではないでしょうか。1番左の欄を見るとアップルやグーグル，コカ・コーラ，マイクロソフト，メルセデスベンツ，そして日本ブランドではトヨタがあります。このランキングは世界で活躍していて，企業の財産として価値が高いブランドをランキング形式で示したものです。ちなみに範囲を上位50にまで広げれば，他にもホンダ，キヤノンといった日本ブランドが顔を出します。このようなランキングは，アメリカのインターブランド，ミルウォードブラウン，そしてイギリスのブランドファイナンスといった代表的なブランド調査会社によって作成されています。図表4-2の中では，ブランド価値は具体的な金額として示されています。ブランド価値を測定することにより，企業はブランドが財産としてどれほどの価値を持っているか，また過去と比べてその価値はどう変化しているかを確認できるようになります。そうすることで，これまで実施してきたマーケティングの課題等を確認することが可能となるのです。同時に，「ブランドにこれだけの価値があるのだ」と示すことができるので，

図表4-2　ブランド価値ランキング（2014年版）

	インターブランド		ミルウォードブラウン		ブランドファイナンス	
	ベストグローバルブランド2014	ブランド価値(単位:百万米ドル)	ブランドZ 2014	ブランド価値(単位:百万米ドル)	グローバル500 2014	ブランド価値(単位:百万米ドル)
1	アップル	118,863	グーグル	158,843	アップル	104,680
2	グーグル	107,439	アップル	147,880	サムスン	78,752
3	コカ・コーラ	81,563	アイ・ビー・エム	107,541	グーグル	68,620
4	アイ・ビー・エム	72,244	マイクロソフト	90,185	マイクロソフト	62,783
5	マイクロソフト	61,154	マクドナルド	85,706	ベライゾン	53,466
6	ジーイー	45,480	コカ・コーラ	80,683	ジーイー	52,533
7	サムスン	45,462	ビザ	79,197	エーティー&ティ	45,410
8	トヨタ	42,392	エーティー&ティ	77,883	アマゾン・ドット・コム	45,147
9	マクドナルド	42,254	マルボロ	67,341	ウォルマート	44,779
10	メルセデスベンツ	34,338	アマゾン・ドット・コム	64,255	アイ・ビー・エム	41,513

出所：インターブランド，ミルウォードブラウン，ブランドファイナンスの資料により筆者作成。

マーケティングにかけられる予算を増やすための社内における説得材料にもなったり，買収する際の買収金額の目安になったりもします。目に見えないブランド価値をこのようにデータにすることで，企業戦略としてブランドを長期的に展開することが可能になってきました。それぞれの調査会社によってブランド価値の測定方法は異なりますが，本章ではその中の代表的な考え方を簡単に説明することとします。

　突然ですが，100万円の宝くじが当選したとしましょう。ただしこの宝くじは少し特殊で，いますぐに100万円もらうか，10年後に105万円もらうのか選択することができるものです。あなたならどちらを選択しますか。単純に金額だけで考えれば105万円の方が高いですが，もらえるのは10年後。いま100万円もらってどこかへ投資をしたら，10年後には110万円になっている可能性だってあります。実は現在ある100万円の価値と，10年後の105万円の価値は「単純に」比較することができないのです。でも比較する方法はあります。ある計算を使えば10年後の105万円の価値が，現在の価値ではいくらになるのかを計算することができるのです。本書は初歩の初歩を対象にしたテキストなので，計算方法を説明するつもりはありません。ただしここ

で理解しておいて欲しいのは，将来得られる金額が，現在の価値ではいくらになるのかを推測する方法があるということです。この考え方をベースに作られた推測方法がディスカウント・キャッシュ・フロー（DCF）法というものです。

　ブランド価値は，このDCF法を使って推測されています。ブランド価値を測定する場合は，まずそのブランドが将来どれほどの収益をあげることができるのかを予想します。これまでの収益など，さまざまな条件をよく考慮して，「将来は○○くらいの収益が得られるだろう」といった具合に予想するわけです。そしてこの予想した収益が，現在の価値ではどれほどになるのかをDCF法を使って計算します（図表4-3）。次に計算によって予想した収益の何％がブランドによるもので，何％がそうでないのかを専門家の間で話し合います。仮に予想した収益の35％がブランドによるもので，残りの65％は別のものと判断されれば，その35％がブランド価値となるわけです。

　ここまで，企業側から見たブランドの「見える化」について紹介してきました。ブランド価値が高くなるほど，ブランドそれ自体が強い差別化のポイントとなり，そして長期的な競争優位の源となります。みなさんがブランドを作り上げようとするときにまず目標とすべきなのは，このブランド価値をマーケティングによって作り上げることです。そしてブランド価値を少しでも作り上げたなら，それを積極的に活用することで，ブランドはより強固なものに

図表4-3　ブランド価値の測定

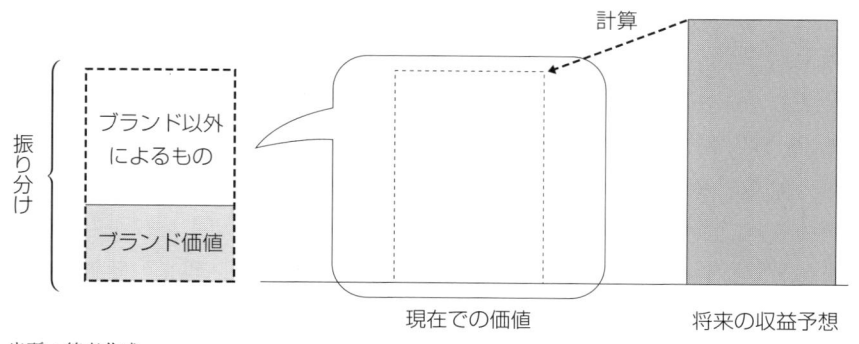

出所：筆者作成。

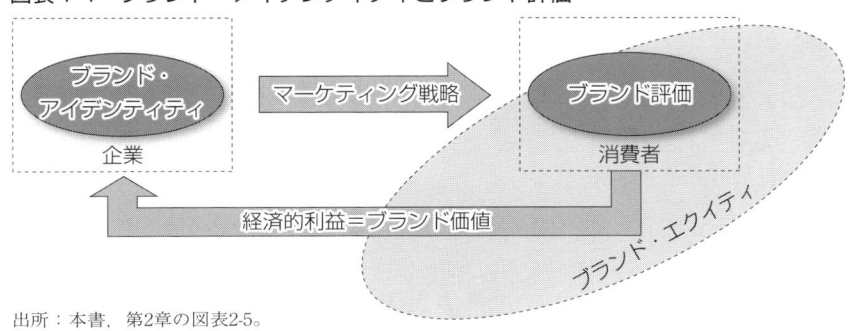

図表4-4　ブランド・アイデンティティとブランド評価

```
┌─────────────┐        ┌─────────────┐
│  ブランド・  │ マーケティング戦略 │  ブランド評価  │
│ アイデンティティ │ ──────→ │              │
│    企業     │        │    消費者    │
└─────────────┘        └─────────────┘
       ↑  経済的利益＝ブランド価値
                              ブランド・エクイティ
```

出所：本書，第2章の図表2-5。

なっていきます。「そんなこと言ったって，ブランド価値を作り上げるにはどうしたらいいの？」という人もご心配なく。ブランドは大きく消費者による「ブランドの認知」，「ブランドの想起」，「ブランド・ロイヤルティ」，そして「ブランド・イメージ」によって支えられています。これら消費者のブランド評価をしっかりと管理することでブランド価値は少しずつ作られていくのです。これまでの章で紹介した図表をもう1度おさらいしてみましょう（図表4-4）。企業はブランド・アイデンティティをマーケティング活動によって展開し，消費者のブランド評価を高める努力をします。そしてそれに成功すれば，ブランド価値は次第に高まり，ブランドは企業に利益を産む存在となっていくのです。次からはブランド評価に関する簡単な説明を兼ねて，消費者側から見たブランドの「見える化」について紹介しましょう。

3 ブランド力の測定

　消費者側から見たブランドの測定として，まず「ブランド力」について説明します。ブランド力とは，文字通りブランドの持っているパワーを意味します。消費者の何％がそのブランドを知っているか（認知率），思い出せるかどうか（想起率）といった点について，高いか低いか，また強いか弱いかによって表現されるものです。図表4-5は日経BPコンサルティングによる企業メッセージ調査の結果を示しています。これはブランドのメッセージを

図表4-5　企業名想起率ランキング（2013年版）

順位	メッセージ	企業名	想起率（%）
1	お口の恋人	ロッテ	78.7
2	あなたと，コンビに，ファミリーマート	ファミリーマート	67.7
3	「お，ねだん以上。」ニトリ	ニトリ	65.0
4	ココロも満タンに	コスモ石油	55.1
5	カラダにピース　CALPIS	カルピス	47.3
6	新製品が安い	ケーズホールディングス	38.5
7	I'm lovin' it.	日本マクドナルドホールディングス	36.1
8	Inspire the Next	日立製作所	34.5
9	マチのほっとステーション	ローソン	33.7
10	ZOOM-ZOOM（ズーム・ズーム）	マツダ	33.2

出所：日経BPコンサルティングのウェブサイト（2015年3月5日アクセス）。

知らされて，そのメッセージだけで，それがどのブランド（企業）のものかを答えられるかといった調査です。

　皆さんも良く聞いたことのあるメッセージを見つけたのではないでしょうか。1位の「お口の恋人」には，メッセージに企業名（企業ブランド）が入っていないにもかかわらず，78.7％もの人が「ロッテ」と回答しています。また4位の「ココロも満タンに」というメッセージだけで，55.1％が「コスモ石油」と回答しています。

　ブランド力を測定するものについて認知，想起を挙げましたが，それ以外にもブランド力を表す指標は沢山あります。例えば，ブランドが好きか嫌いかを示す評価です。ただし評価といっても，それは商品を購入する前の評価であるのか（購入前評価），または商品を購入した後の評価であるのか（購入後評価）に分けることができます。購入前評価が高ければ，私たちがお店に行ったときに，そのブランドを購入する可能性が高まります。しかし購入前評価が低ければ，そもそもお店で選択肢の中に入らないことでしょう。この選択肢のことを想起集合と呼びます。お店で想起集合に入っているか，そうでないかを調査することもブランド力の測定に用いられます。

　購入後評価については，顧客満足とほぼ同じ意味です。何かを購入した後

第4章　ブランドの「見える化」

に，そのブランドについて非常に満足したら，次回もまた同じブランドを買うといった経験は誰にでもあることでしょう。購入後評価が高ければ，その消費者はリピーター（繰り返し購入者）となる可能性が高まります。何度も同じブランドを購入し，使うことによって，ブランドの熱狂的なファンになる場合もあります。この熱狂度合いのことを「ブランド・ロイヤルティ」といいます。ブランド・ロイヤルティの測定もブランド力を表す指標の1つです。

　ここまでブランド力を示すものについて，認知，想起，評価，ブランド・ロイヤルティについて紹介してきました。ブランド力は基本的に消費者調査によって明らかになります。具体的にはアンケートを使ってブランド力を明らかにしようとする場合がほとんどです。ただし最近ではツイッターをはじめとしたソーシャル・ネットワーキング・サービスに出てくる言葉の分析から，ブランド力を測定しようとする試みが実施されています。図表4-6は2015年2月3日から3月4日までの約1か月の間に，自動車ブランドであるトヨ

図表4-6　ツイート分析

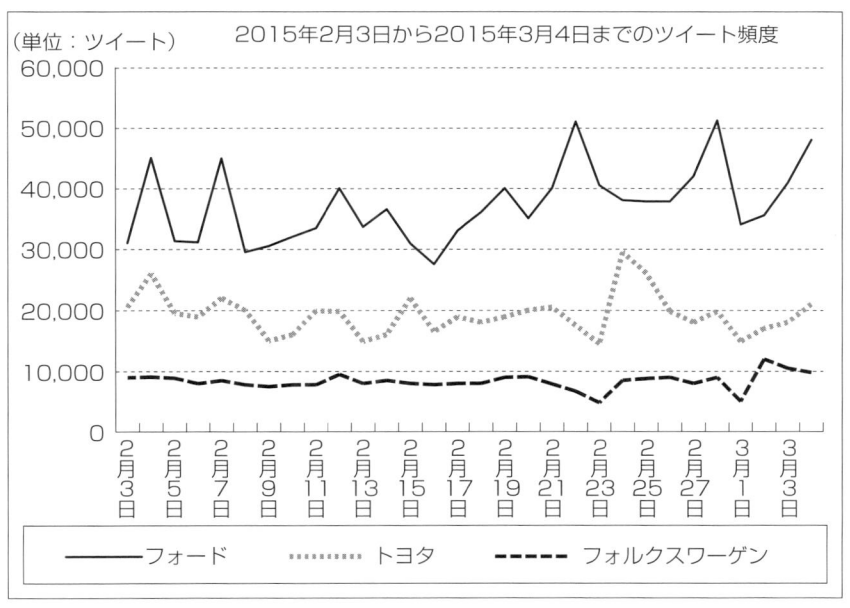

出所：トプシイに基づき筆者作成。

77

タ，フォード，フォルクスワーゲンに関するツイッター上の全世界における「つぶやき頻度」を分析したものです。図表4-6を見てみると，これらの3ブランドの中ではフォードが世界でもっとも話題に挙げられていることがわかります。そして次にトヨタ，最後にフォルクスワーゲンという順序になっています。このように，どれほどの頻度でブランドが話題になっているのかといった分析も最近実施されるようになってきています。

4 ブランド・イメージの測定

　最後に消費者側から見たブランド評価として「ブランド・イメージ」について説明しましょう。ブランド・イメージとは，消費者がブランドに対して抱く具体的な連想や内容のことをさします。ブランド・イメージといっても，その中にはさまざまなものが含まれます。ここではその中でも原産国，ブランド・パーソナリティ，ブランド・ベネフィットについて紹介しましょう。

　2011年3月11日に発生した東日本大震災。その後の数年，日本の農産物やその他一部の商品が海外でほとんど売れなくなりました。その原因は「悪い噂」です。「風評被害」とも呼ばれています。海外の消費者は，福島第一原発から流出した放射性物質が農産物や一部の商品に付着しているのではないかと考えたわけです。原発から遠く離れた九州地方で作られた商品でさえ，一時期，海外からはそのように思われていたことがあったほどです。当時，海外の消費者は，日本という国で作られた商品に対して，健康を害するというイメージを持ったことになります。このように「ブランドの発祥国」に対して抱くイメージを原産国イメージといいます。ブランドがどの国で発祥したものなのか。これだけでも良い悪いにかかわらずさまざまなイメージがブランドに付きます。まったく同じモノであったとしても，そこに記載されている発祥国が異なるだけで，私たちが抱くイメージは異なってくるのです。

　原産国イメージを測定している代表的な機関として，アメリカのフューチャーブランドがあります。この機関では毎年，私たちが各国に対して抱くイメージを測定しています。図表4-7が2014年に実施された調査結果の一部です。この調査は17か国で計2530名へのアンケートにより作成されたも

第4章　ブランドの「見える化」

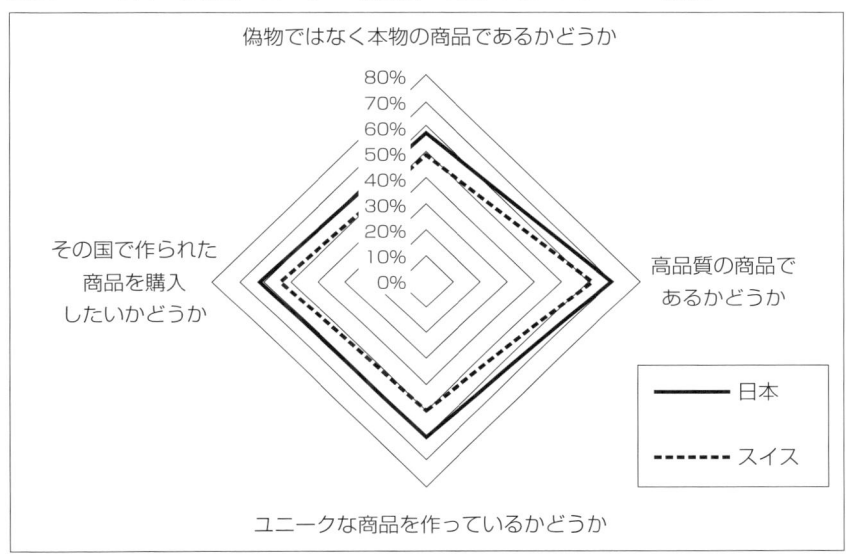

図表4-7　日本（実線）とスイス（点線）の国に対するイメージ比較

出所：フューチャーブランド，「カントリー・ブランド・インデックス2014」，14ページならびに17ページより一部抜粋。

のです。図表4-7では，日本（実線）そしてスイス（点線）の結果を示しています。ダイヤモンドの頂点が「偽物ではなく本物の商品であるかどうか」，右側が「高品質の商品であるかどうか」，左側が「その国で作られた商品を購入したいかどうか」，そして下が「ユニークな商品を作っているかどうか」を示しています。この結果を見ると，17か国の人々が考える日本に対するイメージは，スイスに比べるとすべての点で突出していることがわかります。「高品質」という点においては，世界でも突出しています。一方でスイスは日本のように特に突出したスコアがありませんが，すべての点においてバランスの良いスコアを示しています。このように原産国イメージは，ブランド・イメージを測定する1つの方法です。

次にブランド・パーソナリティ，そしてブランド・ベネフィットの測定について紹介しましょう。ブランド・パーソナリティとは，「ブランドを人に例えたら，一体どのような人になるか」といったことを表現するものです。あなたの周りにはどのような人がいるでしょうか。何ごとにも真面目な人が

79

いれば，勉強なんてそっちのけで遊ぶのが大好きな人もいるでしょう。このように人の特徴をすべて挙げてしまうとキリがないので，ブランド・パーソナリティを測定する場合は一般的に次の5つに分類します。それらは「誠実かどうか」,「刺激的かどうか」,「能力が高いかどうか」,「洗練されているかどうか」,「素朴かどうか」です。

　ブランド・パーソナリティとは別の観点から，ブランド・イメージを測定することができるのがブランド・ベネフィットです。ブランド・ベネフィットとは，ブランドが消費者に対してもたらすメリットのことを意味しています。例えば，高品質といったこともそうですし，デザインがおしゃれといったこともブランド・ベネフィットに含まれます。ブランド・ベネフィットの考え方は，ブランドのより具体的な特徴を測定することができるのがポイントです。その内容については，さまざまな企業や研究者がそれぞれの要素を考えていますが，そこには共通点があります。その共通点をよりわかりやすく，測定しやすいように分類すると次の7つになります。それらは「低価格かどうか」,「高品質かどうか」,「新しさを提供してくれるかどうか」,「流行しているかどうか」,「ステータスとなるブランドかどうか」,「感情に訴えるものかどうか」,「社会貢献しているかどうか」といったものです。このような点からブランド・イメージを測定するのです。

　ブランド・パーソナリティやブランド・ベネフィットについても，消費者に対するアンケートによって測定するのが基本です。ただし最近では，ウェブサイト上のテキストを分析すること等でこれらが測定されることもあります。ブランド・パーソナリティやブランド・ベネフィットを測定することで，自分の展開しているブランドが他社のブランドに比べてどういう特徴があるのかを知ることができます。

5 まとめ

　ここまでブランドといった存在をどのようにデータへ落とし込むことができるのかについて説明してきました。ブランドといった目に見えない存在を具体的なデータに落とし込む目的は，マーケティングの改善にあります。ブ

ランド価値を測定することは，企業内でマーケティング予算を多く獲得するための説得材料になります。またブランド力やブランド・イメージを測定することで，現在，私たちのブランドは消費者にどのように評価されているのか，マーケティングはうまくいっているのか，そしてどのようなポイントを改善していかなければならないのかといったことを明らかにすることができるのです。

●参考ウェブサイト

ブランドファイナンス，http://www.brandfinance.com/（2015年3月5日アクセス）。
フューチャーブランド，http://www.futurebrand.com/（2015年3月5日アクセス）。
インターブランド，http://www.interbrand.com/（2015年3月5日アクセス）。
ミルウォードブラウン，http://www.millwardbrown.com/（2015年3月5日アクセス）。
トプシイ，http://topsy.com/（2015年3月5日アクセス）。
日経BPコンサルティング，http://consult.nikkeibp.co.jp/report/cm/#tab2（2015年3月5日アクセス）。

第5章 マーケティング・リサーチ

1 マーケティング・リサーチは不可欠

「マーケティング・リサーチ」と聞くと，なにやら難しそうだなというイメージを抱くかもしれません。確かに統計ソフトを用いなければ分析できないような複雑なリサーチもありますが，インタビューを行ったり，グループを作ってあるテーマでディスカッションを行ったり，消費者が何を基準に購入を決定するのか観察したりとさまざまな手法があります。リサーチは外部のさまざまな情報を収集するものですから，新商品の開発に必要なだけではなく，すべてのマーケティング活動を行う上で欠かせない活動なのです。この章では，マーケティング・リサーチについて皆さんと学んでいきたいと思います。

2 「マーケティング・リサーチ」と「マーケット・リサーチ」

「マーケティング・リサーチ」と「マーケット・リサーチ」，似たような言葉が並んでいますね。それでもこの2つの用語では少々異なる意味合いが含まれています。マーケティング・リサーチとは，マーケティングを含むさまざまな意思決定を行う上で重要な外部環境のリサーチのことを指します。ここには消費者だけではなく，競争相手や，取引相手，政治，経済，社会，文化，技術などが含まれています。これらの分析にはマイケル・ポーターの有名な「ファイブフォース分析」やフィリップ・コトラーの「PEST分析」などを活用します。

ファイブフォース分析は，企業の収益に影響を与える5つの要因（売

り手の交渉力，買い手の交渉力，競争企業間の敵対関係，新規参入の脅威，代替品の脅威）を分析して業界全体の収益性を評価するフレームワークです。また，PEST分析は政治的要因（Political Factors），経済的要因（Economic Factors），社会的要因（Social Factors），技術的要因（Technological Factors）の4つの視点から，企業の動向を洗い出すフレームワークです。いずれも，企業にとっての機会（Opportunities）や脅威（Threats）といったマクロ要因を評価する手法ですね。

一方，マーケット・リサーチとは当該市場のみを対象とした「消費者調査」のことを指します。「消費者がどのようなきっかけで商品を購入するのか」や「ブランドが消費者にどの程度影響を与えるのか」といった調査もマーケット・リサーチに含まれています。消費者のニーズを汲み取ることで消費者とリサーチを実施する組織の架け橋になる重要な役割を担っているのです。「ファイブフォース分析」や「PEST分析」などの分析は経営戦略論の領域に入るため，本書では紙面の都合上マーケット・リサーチに絞ってお話を進めていきたいと思います。

図表5-1 「マーケティング・リサーチ」と「マーケット・リサーチ」の対応関係

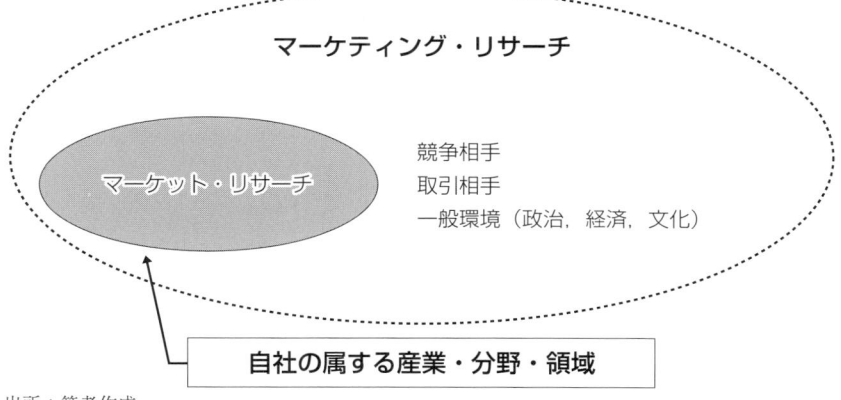

出所：筆者作成。

3 データの種類

　マーケット・リサーチの具体的な手法に入る前にデータの種類について整理しておきたいと思います。一言で「データ」といってもさまざまな種類があります。ここではマーケット・リサーチで使用するデータについて「1次／2次」，「内部／外部」，「質的／量的」という3つの軸から整理していきたいと思います。

(1) 1次データと2次データ

　1次データとは，ある目的のために新しく収集されるデータのことです。例えば，飲料メーカーが自社ブランドを購入している人たちの生活状態を知りたいと，消費者調査を実施して得られたデータ（年齢，性別，職業，家族構成，趣味など）は1次データに区分されます。一方，2次データとは，すでに他の目的のために存在している情報源から得られるデータです。例えば，総務省統計局が実施している国勢調査や業界誌，新聞・雑誌の記事，調査会社が行った自主調査など，すでに存在しているデータは2次データに含まれます。

　2次データを活用することによって同じような調査の重複を避けることができれば，予算の節約になります。また，2次データを先に取得して精査することでより具体的で内容の深い1次調査設計が可能になるかもしれません。後のリサーチの手順のところでも触れますが，収集するデータにも優先順位を付けると比較的安く意義深い調査ができるようになります。

(2) 内部データと外部データ

　2次データは，さらに内部データと外部データの2つに区分することができます。内部データとはリサーチを検討している組織内にすでに存在しているデータのことです。例えばコンビニがリサーチを検討しているとして，レジから取得した売上データ（POSデータ）はもっともわかりやすい内部データです。内部データの最大の長所は，入手のしやすさとコストの低さです。

　一方，外部データは組織の外部に存在するデータのことで，先に示した国

勢調査などが当てはまります。内部データと比較すると入手しづらく，コストも高いですが，自前で調査を行うよりもはるかに低コストで入手することができます。自社製品の評価などの調査は2次データとして入手できないかもしれませんが，特定地域の年齢別人口や男女比といった基本的なデータは入手することができますし，海外進出に際して市場を選択するための各国市場の概況などは調査会社の自主調査などで入手することができるかもしれません。これらのデータを活用して予算内で有意義な調査をしましょう。

（3）質的データと量的データ

　こちらは上記2つの分類とは異なり，収集のための分類というよりは，分析をするための分類です。実際にデータを収集・分析するためには，各サンプルの状態を何らかの方法で測定しなければなりません。そのために用いられる分類（測定尺度）が，質的データ（名義尺度，順序尺度）と量的データ（間隔尺度，比例尺度）です。

　名義尺度は，対象を識別する際に使用される尺度です。例えば，「男性を1，女性を2とする」というように数値そのものには意味が無いため，四則演算ができません。また，順序尺度は，単なるカテゴリーの識別ではなく，数値の大小関係を表す尺度です。例えば，ランキングでの順位などが当てはまります。人気投票で「1位1230票，2位1225票，3位820票」といった状態でも，尺度となる順位（1，2，3）は数値としての間隔は同じ「1」となる特徴があります。

　間隔尺度は，数値の違いに数値間の間隔という量的な情報が備わっている尺度です。2と5の差と9と12の差は同じ「3」で等しいといった具合に，対象間の違いの程度を理解することができます。ただし，間隔尺度の特性として加減の計算はできても乗除の計算ができないというものがあります。温度は間隔尺度の代表的な例ですが，「20℃と30℃の中間が25℃だ」とか「20℃より5℃高くなると25℃になる」ということはできますが，「30℃が10℃の3倍温かい」とはいえません。これは原点が任意であるためで，比率を求めることができないからです。この点，比例尺度は感覚尺度の特性に合わせ，絶対的なゼロを伴った乗除の計算ができる尺度という性質があります。例え

85

ば，体重80キロの人は40キロの人と比べ，40キロの差があると同時に2倍の重さがあることがいえます。

これら尺度の種類によって使用することのできる統計分析の手法が異なるため，最終的に明らかにしたいことを見据えながら調査設計する必要があります。

4　1次データの収集方法

さて，ここからは具体的な調査の方法に入って行きたいと思います。一般的に1次データの収集方法は，(1) 質問法，(2) 観察法，(3) 実験法という3つに分類することができます。前者2つは実態をありのままに把握しようとする方法で，後者は条件を操作することによって特定の要因がもたらす影響を測定する方法です。また，技術や他領域の科学の発展によって新たな手法が注目されています。それぞれ詳しく見ていきましょう。

(1) 質問法

質問法は，①面接調査，②電話調査，③郵送調査，④留置（とめおき）調査，⑤インターネット調査の5つに分けて捉えることができます。①面接調査はインタビュアーが被験者と直接対面することで情報を得る方法です。少人数（6～8名程度）のグループを作ってあるテーマについて意見や感想をそれぞれ述べ合うグループ・インタビューがその典型例です。この方法の長所は，調査員が柔軟に対応することによってテーマの深掘りがしやすいという点と主旨や質問の意図を説明することで回答率を上げることができる点で，短所はコストがかさむ点といえます。②電話調査はその名の通り電話を用いて行う調査です。他の方法に比べて実査準備の手間がかからないため，期間を短くすることができ，その結果コストを抑えられるという長所がある一方，拘束時間の関係で質問ボリュームが限られ，比較的簡単な調査にしか向かないという短所もあります。

③郵送調査は調査票を郵送し，回答も郵送で回収する調査方法です。比較的少ないコストでさまざまな被験者にアプローチでき，被験者の匿名が保て

るので本音の情報が入手しやすいという長所があります。これに対して見込み回答者のリストが入手しづらい，返却された回答が調査設計段階に想定していた母集団を代表していない可能性があるなどの短所もあります。④留置調査は，あらかじめ調査票を回答者のところに配布しておき（留置），後日調査員が回収するという調査方法です。国勢調査がこの手法を導入しています。郵送調査に比べて回収率が高い，記入漏れや無回答が点検できる，時間をかけられるため結果の信頼性が高いなどのメリットがあります。デメリットとしては，回収時の調査員によるバイアスが生じやすいことです。⑤インターネット調査は，被験者にインターネット上のフォームに記入してもらい，情報を収集する方法です。インターネット調査の長所は何といってもそのコストの低さです。最近ではサンプル数に制限（100サンプル程度）はありますが，会員制インターネット調査会社が無料でサービスを提供してくれる場合もあります。自分自身で調査設計からアンケート配布，集計・分析まで取り組むのであればGoogleフォームなどの無料サービスを活用することもできます。反対にデメリットは，会員制の調査会社を活用するなどでなければサンプルに偏りが出る可能性があることです。

(2) 観察法

　観察法とは，その名の通り現場で対象者の行動などを観察することによって情報収集する方法です。「小売店の来客数はどれくらいか」をカウントしたり「ある商品の小売価格はいくらか」を見て回ったりします。「小売店内で消費者がどのような経路で売り場を歩いているか」などは「トラッキング調査」で後追いして調べるのです。最近では，これらの手法と合わせて，人間の視線の動きを追跡・分析する「アイトラッキング調査」も実施されることがあります。消費者が商品を手に取る前に何を見ていたのかを分析することで，パッケージやラベル，陳列する棚の位置などの施策に生かしていくというものです。

　また，調査員がある集団に参加することで観察する「参与観察」という手法もあります。韓国のサムスン電子が採った「地域専門家制度」もある意味観察法といっていいかもしれません。サムスンは「地域専門家」となる社員

を希望する国に1年間派遣し，業務から完全に切り離して生活させます。その間，社員にはその地域に根を下ろしてネットワークを広げ，その土地の文化や商慣習などを理解することが求められます。実際にその土地の集団に同化していくことによって，その集団に属する人々の価値観などを深く理解することができるようになるのです。ただし，この手法はコストと時間が非常にかかってしまうというデメリットもあります。

(3) 実験法

実験法は，マーケティングに関するさまざまな要因を実験的に操作することで，消費者の購入行動がどのように変化するかを調べる手法です。心理的な要因を調査する際によく用いられます。例えば，「ブランドを隠した場合とブランドを隠さない場合とでその評価が変わるか」といった調査もここに含まれます。また，「ある商品の広告Aを見せたグループと広告Bを見せたグループのどちらでその商品の評価が高くなるか」という実験もあります。このようにある条件以外はすべて同じ条件にコントロールできるため，正確な違いが測定できます。

(4) その他，最新のデータ収集方法

近年，他領域の科学の発展やIT技術の向上などに伴って，新たな手法が発達してきました。その1つに「ニューロマーケティング」という手法があります。ニューロマーケティングは脳科学に依拠した研究分野でfMRI（磁気共鳴画像装置），EEG/SST（脳波測定），MEG（脳磁図計測）などの機器を使用して脳が活性した部位の情報を取得します。活性した部位によって，その時，消費者がどのようなことを考えているのかを潜在的なものも含めて解明していこうという調査です。例えば，安物のワインでも高級ワインだと教えられて飲むと，安いワインだと教えられて飲む時より，脳の前頭葉が活発化したそうです。これは「高級ワインはおいしい」との無意識の思い込みが影響していると考えられています（MBC総研調べ）。ニューロマーケティングはこうした潜在意識への影響度合いを測定できるのではないかと期待されています。

また，近年「ビッグデータ」という言葉を耳にする機会が増えました。ビッグデータとは，インターネットの普及とIT技術の進化によって生まれた，より大容量かつ多様なデータを扱う新たな仕組みを表すものです。例えばTwitterなどのソーシャルメディア上に蓄積されているテキストデータを発信した人の位置情報やその人がよく使う言葉などとの関連の中で分析していくこともできるようになってきました。ある企業のウェブサイト上で使用されているテキストデータを収集し，「テキストマイニング（文字データの出現頻度や出現傾向，時系列などを解析する手法）」を行って企業が消費者に訴求したいイメージを分析する研究も出てくるようになりました。

これらの手法にはそれぞれ長所と短所があり，どのような分析をするかによって最適な手法が決まってきます。それぞれの特性をよく理解して，適切な手法を選択できるようになりましょう。

5 リサーチの手順

1次データを取得する方法について概要を見てきました。この節では実際のリサーチの手順を見ていきたいと思います。

(1) 問題の把握と課題の明確化

企業が「マーケティング・リサーチを行いたい」というときは何らかの明確な目的があるはずです。「製品Aの売上が伸び悩んでいる原因を知りたい」，「消費者が描いている製品Bのブランド・イメージは自分たちの狙いと一致しているのかを知りたい」など，まずは漠然とした目的があると思います。ここから調査設計に落とし込むために検証可能な形にまでブレイクダウンしていきます。「製品Aの売上が伸び悩んでいるのは，自社の弱みを考慮すると，認知度の低さか，パッケージデザインの悪さか，陳列している棚の悪さか，そのどれか，あるいは全部に原因がありそうだ」と具体化していくのです。

はっきりと目的が決まっていれば手段も自ずと決まってきます。正確に問題を把握し，課題を明確にしましょう。

(2) 既存データ（2次資料）の収集

　1次資料を収集するのは，金銭的にも時間的にもコストがかかるので，まず関連する2次資料を収集します。特に同じような調査は無いか調べることが肝要です。もし同じような調査が2次資料として入手できるのであれば，それに越したことはありません。また，2次資料を見ることによって，調査課題がより明確になる可能性もあります。

　2次資料には総務省統計局の国勢調査をはじめ，経済産業省の『通商白書』，業界資料，本・論文，雑誌・新聞記事などがあります。これらの文献は，図書館で調べることが一般的ですが，それは補章の「文献の探し方」で詳しくご紹介します。ここではより手っ取り早く着手できるインターネット上の情報源を少しご紹介します。

① 帝国データバンク（http://www.tdb.co.jp/）
② 博報堂の生活総研ONLINE（http://seikatsusoken.jp/）
③ マーケティング・データ・バンク（http://www2.mdb-net.com/）
④ JMR生活総合研究所（http://www.jmrlsi.co.jp/）
⑤ 経済レポート（http://www3.keizaireport.com/）
⑥ JETRO（http://www.jetro.go.jp/indexj.html）
⑦ 日経NEEDS（http://www.nikkei.co.jp/needs/）※
⑧ Mergent Online（http://www.mergentonline.com/）※
⑨ その他，国際連合や国際金融公社（IFC），経済協力開発機構（OECD）などの国際機関のウェブサイトでもデータ収集が可能です。

※は有料データベース。

(3) 調査企画・設計

　(1)で明確にした課題を(2)で調べた資料をもとにその課題で明らかになっていないことが分かったら，次はいよいよ1次データの収集に移行します。データ収集のためには，その手法の選択をはじめとしてサンプルをどれくらいとるか，どういった人たちを対象に調査するかなど，調査の企画・設計を行う必要があります。ここでのポイントは，①統計処理を見据えて課題を仮説に

落とし込む，②母集団に合うサンプルを選別する，の2点です。

まず，①の「統計処理を見据えて課題を仮説に落とし込む」についてです。ここでは（1）で設定した課題をどのようにしたら統計分析を用いて検証できるかを考えます。この時，仮説を持つことが重要になります。技術的には探索的に関係しそうな要因を探ることができますが，それをつぶさに行っていては被験者が回答する質問項目が膨大な量になってしまい，被験者の疲労から回答が適当になって有用な情報を得られない可能性があるばかりでなく，コストもかさんでしまいます。

また，統計処理を見据えてこの仮説を立てることも重要です。単純に集計して，「ブランドに対する好感度が平均○○ポイントありました」としてもそれがきちんと売上などに繋がっているか証明できません。統計分析を行うことで，ブランドに対する好感度が売上に貢献しているのか科学的に確認することが可能になるのです。

次に②「母集団に合うサンプルを選別する」について説明します。調査の対象となる集団は，母集団と呼ばれます。母集団が特定のエリアに住んでいる人など非常に限定されているのであれば，全員に調査をすることが可能ですが，母集団が非常に大きい場合，全員調査することが非常に難しくなります。そこで，母集団から一定数を選び出して調査を実施することがあります。それをサンプリング（標本抽出）といいます。サンプリングの際に，気をつけなければならないのは「そのサンプルが母集団を代表しているかどうか」と

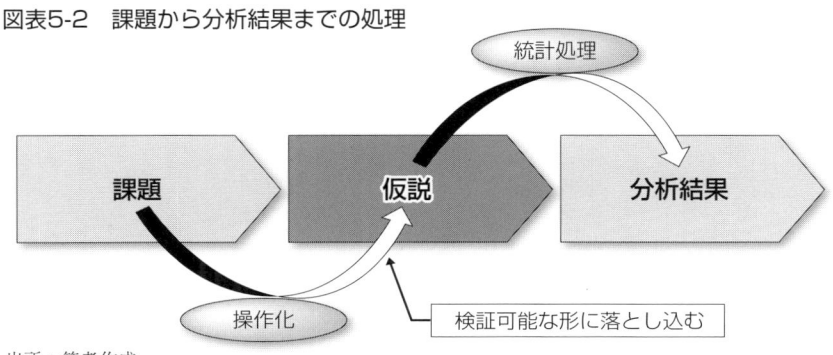

図表5-2 課題から分析結果までの処理

出所：筆者作成。

いう点です。例えば20代人口が10万人，30代人口が20万人，40代人口が25万人となる都市を調査の母集団として選んだとします。すべての世代で100人ずつに調査を実施したら，母集団全体からの割合で少ない20代の意見が現実よりも強く反映されてしまいます。世代ごとに意見の相違が大きく出なければ影響はありませんが，そうでない場合は調査が実態を表さない結果となるため，非常に大きな問題となります。サンプリングでは，条件を変えないためにも母集団の数に合わせた「縮図」を作ることに留意しなければなりません。

また，調査設計に際して「どのくらいの人数にアンケートへの協力依頼を出すか」ということも重要な決定事項となります。例えば，働くお母さんをターゲットとしてお惣菜を販売する会社が「18歳未満の子どもがいる働く女性」を対象に調査を行うとして，「18歳未満の子どもがいる」という条件と「働いている」という条件を併せ持つ女性がその調査の回答をしなければ意味をなしません。この条件に見合った対象者に絞り込む作業をスクリーニングといい，事前調査として行われることがあります。実際にスクリーニングを行い，本調査で検証に十分だと思われる人数の被験者に回答してもらうためには，スクリーニング調査の配信数をいくつにすればよいでしょうか？　まず

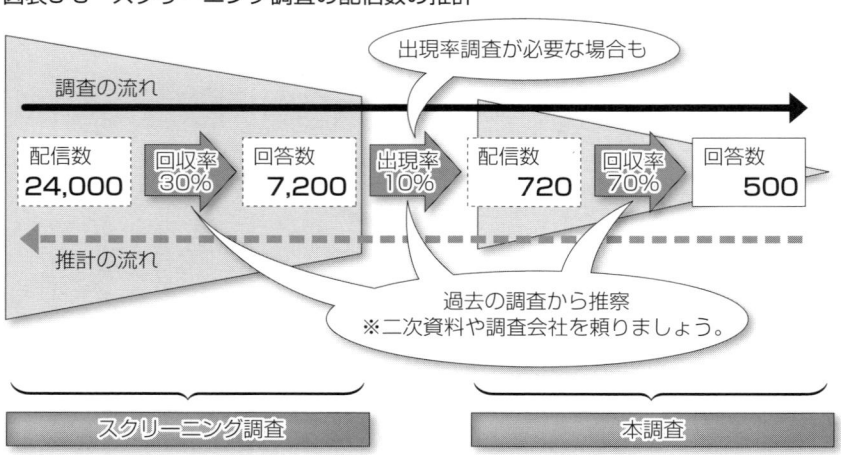

図表5-3　スクリーニング調査の配信数の推計

調査の流れ

配信数 24,000 → 回収率 30% → 回答数 7,200 → 出現率 10% → 配信数 720 → 回収率 70% → 回答数 500

出現率調査が必要な場合も

推計の流れ

過去の調査から推察
※二次資料や調査会社を頼りましょう。

スクリーニング調査　　本調査

出所：筆者作成。

は，最終的に集めるサンプル数を設定します（ここでは「500人」）。次に過去の調査をもとに回収率を設定し，本調査での配信数を推計します（回収率70％で約720人に配信する）。過去の調査，あるいは出現率調査をもとにある集団の中から調査条件を満たす人が現れる確率（出現率）を割り出し，スクリーニング調査での必要回答数を算出します（出現率10％として7200の回答が必要）。そして，スクリーニング調査での回答率を勘案して最終的なスクリーニング調査での配信数を計算するのです。

　この段階では，(2)で調べた2次資料が役に立つことがあります。同じようなことを検証しようとしている調査があれば，「どのような質問項目を立てているのか」，「スクリーニングに際して出現率がどの程度になっているのか」など非常に参考になる情報が含まれている可能性があります。2次資料の結果だけを見るのではなく，どのように検証しているのかそのプロセスも確認しておくと調査設計時に労力の節約になります。

　最後に，調査では「再現性」が重要になります。例えばある一定の環境のもとで，ある調査パネルに対して同じ調査手順をくり返したとき，大きく異なる結果になったとしたら，統計上その調査パネルの信頼が疑われることになってしまいます。調査パネルの質を保っていくには，ある質問に対する回答傾向が，一定の期間をおいて同じ質問を行ったときに異なっていないかを検証する必要があります。こうした再現性を重視した検証作業を通過しているかどうかが，高い品質が保証された調査パネルであることの証明になるのです。

(4) 調査の実施

　明確な課題を見つけ，それに合わせた調査設計ができたら，いよいよ調査を実施します。実査には「事前調査」，「本調査」，「事後調査」の3段階あります。①事前調査では，予備調査を行います。それが少人数のグループディスカッションであったり，少数サンプルによるアンケート調査であったりとさまざまな形態をとりますが，(3)で作成した調査企画・設計に問題がないか検討し，あるのであれば企画・設計を修正します。それから本調査を実施します。調査票に基づいたリサーチが行われ，そこから得られたデータが回収されます。そして，事後調査では，データ回収率を上げるために督促を行っ

たり，サンプルが母集団を代表しているか確認したりします。

(5) 調査結果の集計と分析

　集計には単純集計（GT：Grand Total）とクロス集計（BD：Breakdown）とがあります。GT（単純集計）は，男女別や年齢別といった分類を一切しない，全体の集計です。例えば化粧品に関する調査で，「資生堂を使用したことがありますか？」という質問に対して「回答者〇〇％の人が使用したことがある」という1対1対応の回答を集めたものです。一方，BD（クロス集計）は1つの質問に対して分析の視点を並べたもので，先程の質問に対して「20代では××％，30代では△△％…」のような区分（ここでは年代別）をすることです。まずGTで全体像を掴み，大まかなストーリーを捉えます。ここで注目すべき数字があれば次の段階で細かく見ていきます。その段階こそがBDです。

　しかし，これらの単純な分析だけでは全体の傾向を見ることはできても「その傾向が正しい」，「科学的に証明できた」とはいえません。統計分析を用いて科学的に検討することは，大きな意義があります。統計分析でもっとも特徴的な部分は，行った統計分析の「確からしさ」を確認する点です。有意確率（p値）が前もって定められた有意水準（α）を下回るとき，「その検定は確からしい」ということができます。マーケティングのような社会科学で統計分析を行う際には，有意水準が5％未満であれば「95％以上は確からしい」と認められることが多いです。

　統計分析の手法にはさまざまありますが，特によく使われる手法として①2つのグループ間の平均に有意に差があるかを検証する「t検定」（3グループ以上では「分散分析」）と②説明したい変数（従属変数または目的変数）とその変数を説明する変数（独立変数または説明変数）との間の関係を表す式を推計する「回帰分析」があります。また，消費者行動分析のような心理に関係する分野では，「因子分析」や「主成分分析」，「共分散構造分析」，「コレスポンデンス分析」などもよく用いられます。紙面の都合上，本書では個別に触れることはできませんが，多くの参考図書がありますので，章末の参考文献を読み，それぞれの手法について理解を深めて下さい。

(6) 調査結果報告書の作成

　分析結果が出たら，調査報告書を作成します。定性調査であれば発言録，議事録，記録などをもとに，定量であれば，GT，BD，数票，統計結果などをもとにして解釈をした報告書を作成することになるでしょう。報告書の最終的な着地点はその調査の目的や課題によって異なります。しかし，その目的や課題に一貫した形で調査が行われているのであれば，有用な情報を獲得できているに違いありません。

　また，言葉にして初めてクリアになるということもあります。業務としてリサーチを行えば報告書などを作成するのは当然ですが，自身の思考の中に留めておくのではなく，ささいな事であっても言葉にしておくと，それを土台にさらなる展望が見えてくるかもしれません。そうした意味でも報告書の作成は重要なのです。

6 まとめ

　本章ではこれまで，2つの「リサーチ」の概念に始まり，データの種類，1次データの収集方法，リサーチの手順と多岐にわたって見てきました。いずれの手法を用いるにしても重要なのは，リサーチの目的や課題をきちんと明確化してそれに一貫した形で調査を企画・設計することです。限りある予算を無駄にしないためにも，本章で学んだことを活かしてもらえればと思います。

　また，本章の大部分を割いて説明したマーケット・リサーチは，企業と消費者の架け橋となるものです。手間と資金は惜しまず，調査会社への丸投げはやめましょう。

● 参考文献

石村貞夫／石村光資郎（2007）『入門はじめての多変量解析』東京図書。
上田拓治（2010）『マーケティングリサーチの論理と技法（第4版）』日本評論社。
小塩真司（2011）『SPSSとAmosによる心理・調査データ解析（第2版）』東京図書。
西内啓（2013）『統計学が最強の学問である―データ社会を生き抜くための武器と教養―』
　ダイヤモンド社。

第6章 価格戦略

1 価格の重要性

　皆さんは,「価格.com（カカク・コム）」というサイトをご存知でしょうか。カカク・コムとは,パソコン,家電,ゲーム等といった多くのカテゴリーの商品情報が掲載されている総合情報ウェブサイトで,その名前の通り1つの商品の価格の比較を簡単に行うことができます。カカク・コムによれば,2014年12月時点で当該ウェブサイトの月間利用者数は5225万人,月間総ページビュー（特定のウェブサイトのページが開かれた回数）は9億8700万回にも及ぶそうです。私たちは,インターネットのおかげで価格の情報を容易に手に入れることができるようになりました。それと同時に,価格は商品を選択する際の重要な判断基準となっています。それではその価格というものはどのように設定されるのでしょうか。

2 価格のメカニズム

（1）コストと利益には2種類ある？

　価格は,商品の生産または調達に必要とされるコストを回収でき,利益が出るように設定するのが一般的です。コストは,大きく分けて「固定費」と「変動費」という2つの種類に分けることができます。固定費とは,売上の増減にかかわらず常に発生する費用のことをいいます。売上が上がろうが下がろうが,その費用は常に一定です。変動費とは,売上の増減に応じて,発生する費用のことをいいます。固定費とは異なり,売上が上下すると,その費用

は変動するという特徴を持っています。おそらく、この説明だけではうまくイメージができないと思いますので架空のラーメン屋さんを例に説明しましょう。

　想像してみてください。皆さんは1杯当たりの材料費が200円かかる1種類のラーメン『春ラーメン』を1000円の価格で売っているラーメン屋さん『春香』を経営しています。従業員はAさんとBさんの2人でともに正規の従業員であり、あなたを含めた3人揃わないと技術的に春ラーメンを作ることができません。従業員AさんとBさんの月給はともに20万円、あなたの月給は30万円、お店の賃料は月10万円です。実際のラーメン屋さんはこの他にも費用がかかります。例えば、麺を茹でる「ゆで麺機」の購入には20万円〜50万円ほどの費用がかかりますが、この費用は耐用年数で割られ（例：費用48万円÷耐用年数4年＝12万円）、それを分割して費用計上するという処置をとります（例：12万円÷12か月＝1万円）。これを「減価償却費」と呼んでいます。このような費用は重要ですが、本章では省きます。以降、この春香の例に基づいて説明していきますので上記の情報を覚えておいてください。

　図表6-1は春香の4か月分の損益を示したものです。あまり業績は良くないようですね。まず、点線で囲んである部分を見てください。そこには従業員AさんとBさんの月給と経営者であるあなたの月給、そして春香の店舗の賃料が表記されています。その費用の合計は80万円です。その80万円という額は売上の増減にかかわらず変動していないことが分かるかと思います。これが固定費になります。続いて、塗りつぶしてある春ラーメンの材料費の部分を見てください。売上の増減に応じてその費用が変動しているのが分かるかと思います。売上が上がれば、当然多くの春ラーメンを作る必要があるわけですから、その分春ラーメンの材料費は増えます。売上が下がれば、春ラーメンをそれほど作る必要がなくなりますから、その分春ラーメンの材料費は減ります。これが変動費になります。価格設定をする際に、この固定費と変動費を考慮することが重要になってくるのですが、もう1つ知っておかなければならないことがあります。それは、利益には2種類あるということです。

　図表6-1の春香の4月の損益を見てください。4月は、1杯1000円の春ラー

図表6-1　春香の固定費と変動費

4月の損益

売上高（販売量1,000杯）	1,000,000円
春ラーメンの材料費	200,000円
従業員Aの月給	200,000円
従業員Bの月給	200,000円
あなたの月給	300,000円
店舗の賃料	100,000円
利益	0円

5月の損益

売上高（販売量1,002杯）	1,002,000円
春ラーメンの材料費	200,400円
従業員Aの月給	200,000円
従業員Bの月給	200,000円
あなたの月給	300,000円
店舗の賃料	100,000円
利益	1,600円

6月の損益

売上高（販売量998杯）	998,000円
春ラーメンの材料費	199,600円
従業員Aの月給	200,000円
従業員Bの月給	200,000円
あなたの月給	300,000円
店舗の賃料	100,000円
利益	▲1,600円

7月の損益

売上高（販売量996杯）	996,000円
春ラーメンの材料費	199,200円
従業員Aの月給	200,000円
従業員Bの月給	200,000円
あなたの月給	300,000円
店舗の賃料	100,000円
利益	▲3,200円

注：▲は赤字を示しています。
出所：筆者作成。

メンを1000杯売ることができたみたいです。従って，売上高は100万円になります。それでは，そこから変動費である春ラーメンの材料費（1杯当たり200円）を引いてみましょう。そうしますと，

　　売上高100万円－春ラーメンの材料費20万円＝80万円

になります。この売上高から変動費を引いて算出された金額を「限界利益」（または「粗利益」）といいます。しかし，限界利益は確かに利益ではあるのですが，この80万円すべてを自由に使えるわけではありません（店舗の改装等）。なぜなら，まだ固定費（従業員AさんとBさんの月給，あなたの月給，店舗の賃料）の支払いが済んでいないからです。従って，春香の経営者であるあなたは，この限界利益80万円で固定費を支払うことになるわけです。つまり，限界利益は，固定費を回収する役割を持っているということです。それでは，この限界利益80万円で固定費を支払ってみましょう。そうしますと何と，

第6章 価格戦略

限界利益80万円－固定費80万円 ＝ 0円

になってしまいました。この限界利益から固定費を差し引いた最終的な利益のことを「営業利益」といいます。従って，自由に使えるお金が手元に1円も残らなかったけど，1円も損することもなく4月の事業を終えたということになります。このような1円も損をしなかったし，得もしなかった地点，すなわち損と得の分岐点のことを「損益分岐点」といいます。本当は営業利益から，さらに光熱費や税金，借入金の利子などを支払わなければならないのですが，話が複雑になるので省略します。

（2）損益分岐点

それでは，損益分岐点について図表6-2を用いて，説明していきましょう。この図表は，横軸に販売量，縦軸に金額を表示したものになります。図表の長方形の部分が固定費になります。長方形の上辺が，販売量と平行して右に一直線に伸びています。これは，販売量が増えても金額が一定であるという固定費の特徴を示しています。その固定費の上には，ちょこんと直角三角形

図表6-2　損益分岐点

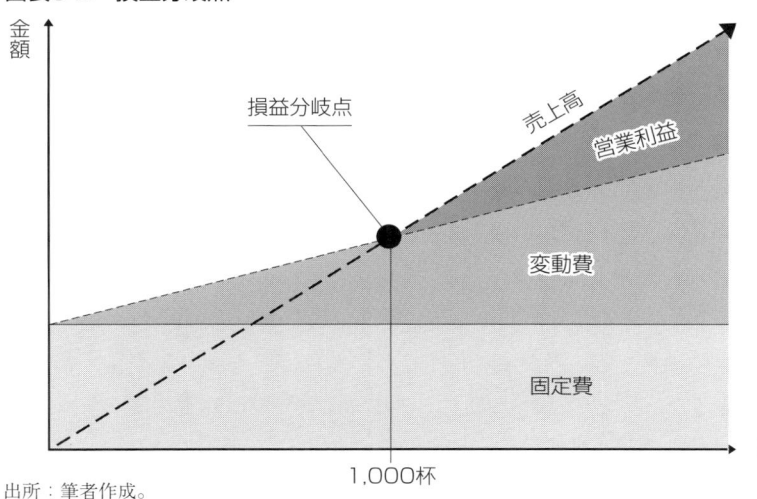

出所：筆者作成。

が乗っています。これが変動費になります。直角三角形の上辺が，販売量と平行して右斜めに伸びています。これは，販売量が増えると金額が大きくなるという変動費の特徴を示しています。また，固定費と変動費の総費用の金額を長方形の固定費の上に直角三角形の変動費を乗せてあげることで表現しています。つまり，変動費の右斜めに伸びている上辺は，固定費と変動費の総費用の金額を意味しているということにもなります。点線矢印が売上高になります。損益分岐点は，点線矢印の売上高が変動費の上辺に接触した地点になります。この変動費の上辺を売上高の点線矢印が突き破ることができれば，営業利益がプラスになるというわけです。

実はこの損益分岐点は以下の計算式で求めることができます。

固定費÷(価格−1個当たりの変動費)＝損益分岐点の販売量

春香では，1杯当たり200円の材料費（変動費）で春ラーメンを作り，それを1000円で販売しています。そして，春香の固定費は80万円ですから，

80万円÷(1000円−200円)＝1000杯

ということになります。つまり，春香では1000杯以上売り上げないと営業利益がプラスにならないということです。しかし，図表6-1の春香のここ4か月の業績を見ると，1000杯以上の販売数量を達成できたのは5月のみです。しかもその5月の販売数量は1002杯であり，損益分岐点の販売量ギリギリです。どうやら春ラーメンの価格が高すぎることが原因のようです。ある海外の研究では，ツナ缶の価格を50セントから49セントに下げたところ，そのツナ缶の選択率が18.9％から40.7％に，48セントまで下げると58.3％にまで向上するということが明らかにされています。私たち人間は，左から右へと価格を見る習性があります。だから1980円，2980円などの価格を私たちはよく目にするのです。このような価格を「端数価格」といいます。従って，春ラーメンの価格を998円か996円にでもできれば，もっと販売量も伸ばすことができるだろうというわけです。それでは次節では春香の春ラーメンの価格を下げるにはどうすればいいのか，それについて考えていきましょう。

3 価格を下げるには？

(1) 規模の経済

　さて，春香が春ラーメンの価格を下げる１つ目の方法は春ラーメンを作る数（生産量）を増やすということです。「え？　そんなことで価格が下がるの？」と思われるかもしれませんが，下がります。それでは損益分岐点の販売量の公式を使ってその事実を確認していきましょう。以下をご覧ください。

　固定費÷（価格－１個当たりの変動費）＝損益分岐点の販売量（小数点以下，四捨五入）

　①80万円÷（1000円－200円）＝1000杯
　②80万円÷（999円－200円）＝1001杯
　③80万円÷（998円－200円）＝1003杯
　④80万円÷（997円－200円）＝1004杯
　⑤80万円÷（996円－200円）＝1005杯

価格を下げるごとに損益分岐点の販売量が高くなっているのが分かると思います。しかし，損益分岐点こそ多少は上がってしまいますが，998円の価格設定にしたいのであれば，1003杯以上春ラーメンを作って，売れば良いということになります。どうしてこのようなことになるのでしょうか。それは春ラーメン１杯当たりにかかる固定費が減少しているからです。春ラーメン１杯当たりにかかる固定費の費用を計算するには，固定費を販売量で割ります。試しに上記①の式の条件で計算すると，固定費80万円÷販売量1000杯で春ラーメン１杯当たりにかかる固定費が800円だということがわかります。「あれ？　それって，価格から１個当たりの変動費を引いた金額と同じでは？」と思った方がいらっしゃるかもしれませんが，その通りです。なぜなら，「価格－１個当たりの変動費」で算出される金額こそ，１個当たりにかかる固定費だからです。上記の①〜⑤の括弧内を計算して見ると，800円，799円，798円，797円，796円と徐々に１杯当たりにかかる固定費が下がっているのがわかります。このように，作れば作るほど商品の１個当たりの固定費が低下していく現象を「規模の経済（Economies of Scale）」といいます。

「それじゃあ，2000杯作れば1杯当たりの固定費が400円になるから，春ラーメンの価格を600円にできるな」と考えられた方がいらっしゃると思いますが，春香のここ最近の販売量でもっとも多かったのが1002杯だということを考えると，それは現実的な考えではありません。これまでの春香の業績から考えると，価格を998円に設定して，損益分岐点の販売量である1003杯を超えること（具体的には1010杯ぐらい）を目標にした方が良いと思います。

(2) 変動費の削減

もう1つの手段が変動費の削減です。変動費を下げると，損益分岐点の販売量を下げることができます。もうお馴染ですが，損益分岐点の販売量を求める公式を使えば，その変化を確認することができます。春香の春ラーメンの1杯当たりの変動費は200円でしたよね。それでは試しに変動費を10円削減してみましょう。そうすると以下のようになります。

　　変動費削減前：80万円÷(1000円−200円)＝1000杯
　　変動費削減後：80万円÷(1000円−190円)＝ 988杯

損益分岐点の販売量が1000杯から988杯に減少しました。これだけでもいいのですが，先に説明した通り，1000円から1円下げるだけでも販売量を大きく増やせる可能性があります。変動費を下げたことにより，価格を下げる余裕がある程度あります。試しに価格を2円だけ下げてみましょう。そうすると以下のようになります。

　　80万円÷(998円−190円)＝990杯

損益分岐点の販売量は2杯増えただけです。これならばさらに価格を下げられそうです。ここ4か月の春香の業績を見ると，販売量が995杯以下の月はありません（忘れてしまった方は前掲図表6-1を確認しましょう）。従って，損益分岐点の販売量990杯という数字はかなりの確率で達成することができそうです。

このように変動費を引き下げると，価格を引き下げる余裕が生まれるので，価格をコントロールする上で有用です。しかし，どのようにして変動費を削

減すれば良いのでしょうか。そのためには，商品の生産に必要な原材料を大量に仕入れれば良いのです。春香でいえば，春ラーメンの材料を大量に仕入れれば，その材料費を安く済ませることができます。実はこの理由も規模の経済が関係しています。規模の経済とは，ある特定の商品を作れば作るほど1個当たりの固定費が下がり，結果として価格を安くできるというものでしたね。さらに少量を複数の顧客に販売するよりは顧客単体に大量に販売した方が輸送費もかかりません。このようなことから，一度に大量に仕入れてくれるような顧客には，安い価格で提供してくれるのです。また，大規模小売業（ヨドバシカメラ，イオン等）の場合，大量に仕入れて生産者が定めたある一定の量を販売すると，その御礼に生産者から取引代金の一部を払い戻してくれることもあります。これを「リベート」と呼びます。このリベートを利用すれば，変動費をさらに下げることができるわけです。しかし，いくら価格を安くできてもその商品が売れなければ意味がないわけです。また，大量に生産してしまうと，その商品を置くスペースも必要になりますし，その商品の品質が落ちないように管理する費用もかかります。この点を考えながら仕入れ量・販売量を決定する必要があります。

　以上が主な価格を下げる方法です。「あれ？　固定費を削減しても，変動費と同様に価格を下げる余裕が生まれるのでは？」と思われた方，その通りです。確かに変動費同様に，固定費を削減することができれば，価格を下げる余裕が生まれます。例えば，アマゾン・ドット・コム（以下，アマゾン）は近年，人件費削減のために1万数千台の物流ロボットを全米各地の配送センターに投入しました。この物流ロボットは1台500万円程度であり，1日24時間，作業員を3交代で働かせる年間人件費よりも安くすむということが推測されています。つまり，相当数の従業員の代わりに物流ロボットが投入されたということです。確かに物流ロボットを投入すれば人件費という多くの固固定費を削減することができますが，いままで行っていた業務ができなくなるという場合もあります。今回の春香の例はまさにそれです。春香の春ラーメンは，先述した通り，従業員AさんとBさん，そして経営者であるあなたという3人が揃わないと技術的に作れません。従って，1人でも欠けてしまうと春ラーメンを作れなくなってしまうというわけです。アマゾンの場

合は，倉庫内の単純作業を行っている従業員が対象ですから，春香のような問題にはならないでしょう。しかし，人件費の削減をすると春香のような問題も生じうるということも覚えておいてください。

さて，ここまで価格を下げることばかりを考えてきたわけですが，実は価格をあえて上げることも価格戦略には含まれます。最後にそれについて考えていくことにしましょう。

4 価格の判断基準を歪める経験

(1) 参照価格

私たちは，その商品の価格が高いのか，または低いのかをある基準でもって判断しています。その基準を「参照価格」といいます。この参照価格は，「外的参照価格」と「内的参照価格」の2つに分けることができます。外的参照価格とは，その名の通り，自分の外側からの情報によって形成される価格の判断基準のことをいいます。例えば，ある家電量販店で24インチの液晶テレビを購入しようと，いろいろな商品を見て回ったところ，だいたいが3万円近辺だったとします。この場合，この3万円近辺があなたの外的参照価格になります。この場合，2万円だと安く感じ，4万円だと高く感じてしまいます。近年，この外的参照価格によって悩まされているのが大手家電量販店です。インターネットが普及してから，私たちは多くの店舗情報だけでなくネット情報もチェックするようになりました。「ネットだと，だいたい24インチの液晶テレビは2万円前後だなあ。でも，ここの店はちょっと高めだな」と，スマートフォン片手に大手家電量販店を見て回った経験はないでしょうか。このように現代では，電化製品の価格の基準がネットショップの価格によって形成されてしまっているため，大手家電量販店は悩まされているというわけです。特にアマゾンは，その外的参照価格を決めるリーダー的な存在になっており，アマゾンが価格を下げれば大手家電量販店はそれに追随せざるを得ないという状況になっています。このようにある業界において価格をコントロールできる立場の企業のことを「プライス・リーダー」と呼んでいます。そして，その価格に追随する企業のことを「プライス・フォロワー」と呼んでいます。

対して内的参照価格とは，その名の通り，自分の内側の情報，つまり自分の心の中の情報によって形成される価格の判断基準のことをいいます。この参照価格は，私たちの過去のさまざまな経験によって形成されます。それでは，この内的参照価格を簡単に理解してもらうために1つ問題を出すことにしましょう。ペットボトル飲料の価格は，だいたいいくらぐらいでしょうか。おそらく，ほとんどの方がだいたい110円～130円ぐらいと回答するのではないでしょうか。その価格が内的参照価格です。実は，企業はこの内的参照価格をシフトさせることができます。

(2) 内的参照価格のシフト

　1万円のMP3プレーヤーと4万円のMP3プレーヤー，あなたはどちらのMP3プレーヤーの音質が優れていると思いますか。もちろん，4万円のMP3プレーヤーですよね。私たちは，過去のさまざまな経験により，「高い価格のものは品質が良い」という固定観念を持っています。例えば，ソニーのウォークマンシリーズの1つであるNW-ZX1は，MP3プレーヤーとしては破格の7万5000円前後の価格で販売されましたが，売り切れになるほどの高い人気を博しました。「これほど高いのであれば，きっとすごい音質を体験させてくれるに違いない」，このような考えが購入者の内的参照価格をシフトさせたのです。このように「高品質に違いない」と思わせるような価格を「名声価格」と呼んでいます。NW-ZX1の価格設定は従来のMP3プレーヤーの2～3倍の価格設定でした。「これだけ通常のMP3プレーヤーよりも高いのだから，きっと音質も良いはず」という過去の経験から導き出された考えが，内的参照価格をシフトさせたのです。さらに内的参照価格は，商品の経験のさせ方によってもシフトさせることができます。

　突然ですが，以下の4つの設問に回答してみてください。

①コンビニで売っているコーラはだいたいいくらぐらいですか。
　　　　　　　　　　　　　　　　　　　　￥　　　　　　　　
②スーパーで売っているコーラはだいたいいくらぐらいですか。
　　　　　　　　　　　　　　　　　　　　￥

③ファミリーレストランで提供しているコーラはだいたいいくらぐらいですか。

¥_____

④高級レストランで提供しているコーラはだいたいいくらぐらいですか。

¥_____

　おそらく，すべてが同じ価格になったという方はいらっしゃらないのではないでしょうか。コンビニが110円〜130円，スーパーが90円〜110円，ファミリーレストランが200円〜300円，高級レストランが600円〜800円といったところでしょうか。このようにコーラの販売している場所を変えるだけで内的参照価格をシフトさせることができます。しかし，その原因はいったい何なのでしょうか。その答えは，「商品の経験の仕方の違い」にあります。コンビニやスーパーでは，コーラを買っても「飲む」という経験しか味わえません。しかし，ファミリーレストランになると「飲む」という経験以外にも，そのレストランでしばらくゆっくり寛ぐことができるという別の経験を味わうことができます。さらに高級レストランになると，ファミリーレストランとは比べ物にならないほど高級感溢れる雰囲気に浸れたり，従業員から特別扱いされているような対応を受けられたりといった経験を味わうことができます。このようにコーラを「飲む」という行為以外の経験に価値を見出しているからこそ，同じコーラであっても内的参照価格が高くなるのです。

　例えば，メイドカフェはこの内的参照価格をうまく変化させている好例といえるでしょう。東京の秋葉原にあるメイドカフェCURE MAID CAFÉ（キュア・メイドカフェ）では，コーラを税込410円で提供していますが，おそらくここの顧客はこの価格を高いとは感じていないはずです。なぜなら，コーラを飲むという経験以外にメイドの格好をしたカワイイ女性に対応してもらえるという経験を得ているわけですから。また，キュア・メイドカフェが，元祖のメイドカフェであるということ，いくつかのアニメの舞台として使われているということ，という事実も影響を及ぼします。「へえ，ここが元祖のメイドカフェなのかぁ」という感動や「お!?ここはあのシーンで使われていた場所じゃないか」といったような経験もコーラの内的参照価格をシフトさせる要因となりえます。人は，その商品そのものだけでなく，その商品を

取り巻く環境から得られる経験にも価値を見出しているわけです。このような考え方を踏まえたマーケティングのことを「経験価値マーケティング」といいます。

　このように内的参照価格をうまくシフトさせることができれば，価格を高くしても顧客はその価格を受け入れてくれます。本章で紹介したもの以外にもいくつかの内的参照価格をシフトさせる要因があります。例えば，本書の中身でいえば，顧客満足も内的参照価格をシフトさせる1要因です。さて，その他にはどのような要因が考えられるでしょうか。自分なりに調べ，考えてみてください。

●参考文献

上田隆穂（1999）「消費者の価格判断基準─参照価格と文脈（コンテクスト）効果─」『経済論集』学習院大学，35巻3／4号，151-171ページ。
コトラー／ケラー（2008）『コトラー&ケラーのマーケティング・マネジメント（第12版）』ピアソン・エデュケーション。
櫻井通晴（1997）『管理会計（第3版）』同文舘出版。
パインⅡ／ギルモア（2000）『経験経済』流通科学大学出版。
Stiving, M. and Winer, R. S.（1997），"An Empirical Analysis of Price Endings with Scanner Data," *Journal of Consumer Research*, Vol. 24, pp. 57-67.

第7章 広告戦略

1 広告の役割

(1) 広告の位置づけ

　この章で扱う広告は，マーケティングにおける大切な機能である4P（プロダクト，プライス，プロモーション，プレイス）の1つであるプロモーションに含まれるものです。

　プロモーション（Promotion）には広告，人的販売，販売促進活動，パブリシティ，PR・IRなどがあります。広告（Advertising）は一般にマスコミ（テレビ，ラジオ，雑誌，新聞など）をメディア（媒体）として使ったもので，人的販売はいわゆる「営業」と呼ばれる人を介したものです。販売促進活動は，プロモーションを日本語に訳すと「販売促進（活動）」になるので，区別するために「狭義の販売促進活動」と呼ばれることもありますが，見本市や展示会，キャンペーン，コンテスト，実演，クーポン，懸賞，POP（Point of Purchase advertising，「ポップ」と呼ばれる）など，さまざまな活動があります。広告と人的販売，販売促進活動はいずれも実施主体がプロモーションを行う企業（組織）であることが明白ですが，パブリシティはマスコミがお金も徴収せず自前で報道してくれるものです。新聞等に「〇〇社が新製品を発売しました」という記事が載りますが，あれがパブリシティです。視聴者は「マスコミが報道しているのだから信頼できるだろう」と推測してくれますので，企業は大いに助かります。そこで，せっせとマスコミを集めて「新製品発表会」を実施するわけです。

　PRはPublic Relationsの略で，一般に「ピーアール」と呼ばれます。パブ

リック（世間）との良い関係を結ぶ活動で，企業見学や地域の清掃活動，子どもの絵画展示など，企業に対して好ましいイメージを持ってもらう活動です。一方，IR は Investor Relations の略で，一般に「アイアール」と呼ばれます。投資家との良い関係を結ぶ活動で，経営状況や財務状況の開示，投資家向け広報誌の刊行など，投資家への責任を果たすとともにさらに投資してもらうための活動です。PR・IR と関連しますが，より広い意味を持つ CSR（Corporate Social Responsibility：企業の社会的責任）も重要です。これは別途学んでください。

　「プロモーション」は近年「コミュニケーション」と呼ばれることが多いです。その最大の理由は，プロモーションが企業から消費者（あるいは顧客）への一方向的な情報の流れであるのに，インターネットなどの発達もあり消費者が企業に対して情報発信する機会と量が増えたからです。いわゆる「双方向的コミュニケーション」が重要になってきたわけです。ある消費者が「アフターサービス担当者の態度が悪い」と SNS やチャットアプリに書き込んだため，最終的には大企業の社長が陳謝するという事態も起こりました。また，商品開発において企業と消費者との「共創的開発」が重視されるようになっています。そこで「プロモーションよりもコミュニケーション」ということになっているわけです。

　ちなみに，一般的用語に「宣伝」というものがあります。「広告」と同じ意味に使われたり，「広告宣伝」と書かれたり，「PR や CSR もしょせん企業の宣伝だろう」などといわれたりします。広告関連では『宣伝会議』という著名雑誌もありますし，日本企業においては「広告部」よりも「宣伝部」の方が多いようです。

　4P の組み合わせを「マーケティング・ミックス」といいますが，プロモーションの組み合わせを「プロモーション・ミックス」といいます。企業はプロモーション費用を無限に使うことができませんから，プロモーションの諸活動に予算を適切に配分しなければなりません。マス広告にお金を使いすぎると狭義の販売促進活動が疎かになったり，人的販売に力を入れていたら PR・IR の予算が足らなくなったり，適切な組み合わせがなかなか難しいのです。しかも，広告の中でもテレビやラジオ，雑誌，新聞（これを「マスコミの 4 媒体」と

呼びます）間の配分さえ大変なのに，ウェブサイトやSNS，チャットアプリへの広告などが増えています。グーグルやフェイスブック，ツイッター，ラインなどがなぜ無料で使えるかといえば，彼らが消費者を大量に集めるのでそこに大量の広告が集まっているからです。プロモーション・ミックスはますます複雑になってきています。

(2) 広告の役割

　広告がなぜ大切なのかというと，いかに企業がいい商品（製品やサービス）をつくったとしても，消費者が購入できない価格だったり，その存在が知らされていなかったり，消費者が欲しいと考えても売っていなかったり，どこで買えばいいかわからないようなことがあっては意味がないからです。しかも，広告によって一時的に販売数が増えればいいのではなく，その企業ブランドや商品ブランドが消費者に長く受け入れられるよう一貫性のある「流れ」として実行される必要があります。

　企業が作り出した商品を消費者に届けるためには，その商品がこの世に存在することを知ってもらわなければなりません。その商品はどこに行けばいくらで手に入るのか，その商品を購入することでどのようなメリットを受けることができるのか，などを理解してもらう必要があります。消費者に店頭に並ぶ数多くの商品の中から自社商品を選んで購入してもらうためには，広告はとても大切な役割を果たします。「報知と説得」が広告の主要な役割なのです。

　企業にとってもプロモーションは大きな費用がかかります。例えば，自動車会社が新しいクルマを開発したとしましょう。新型のエンジンや技術を搭載した素晴らしい商品です。自動車会社はマスコミ（テレビ，新聞，雑誌，最近ではSNS）を招待して「新製品発表会」を行います。少しでもマスコミが記事にして紹介してくれるように，新しいクルマのアピールしたい特徴をまとめた資料である「プレス・リリース」を会場で配布します。そして，「新製品発表会」の当日からは，テレビでCM（コマーシャル）が流れるように準備します。新聞には一面を全部使用した広告が掲載されます。インターネットでも新車の情報が多く露出するような仕掛けをします。販売店ではカタロ

グやPOPなど販売促進のさまざまなツールが準備されており，消費者の来店に備えます。SNS等で話題になって多くの消費者が販売店に集まり，購入してくれれば大成功です。

このようにプロモーションには膨大な時間と費用がかかります。消費者に注目してもらい購入までしてもらうことは簡単ではありません。なぜなら，競合他社も同じような商品を販売しているからです。スーパーマーケットやコンビニエンス・ストアで棚に並んでいる商品を思い浮かべてください。缶コーヒーやポテトチップスなど，どれか1つを選ぶことが難しいという経験をしたことがあると思います。だからこそ，企業はいかに自社の商品が他の競合メーカーの商品とは違うのかを消費者に理解してもらう必要があるのです。広告は自社の商品を理解してもらうための情報を消費者に提供する方法であると同時に，この企業の商品であれば安心してもらえるというブランドをつくる役割もあります。「テレビや新聞で広告をやっている」ということで「企業として信頼できる」と消費者に感じてもらうのです。有名な俳優や歌手，スポーツ選手などを起用するのも，消費者に好意を持ってもらうための仕掛けといえます。

(3) 雑誌広告の事例

広告を見るとかならず企業のロゴマークやスローガンが入っています。図表7-1の写真はシチズンのサテライトウエーブF100の雑誌広告の例です。背景の図柄は，この商品が世界40のタイムゾーンに対応しているという機能をビジュアル化しています。衛星電波を「世界最速，最短3秒」で受信するという最新機能は，各国の言語に翻訳されたコピー（広告に書かれているメッセージ）の中で語られています。さらに，企業のロゴの下にはブランド・メッセージである"Better Starts Now"が書かれています。そこには，「どんなときであろうと，『今』をスタートだと考えて行動する限り，私たちは絶えず何かをよりよくしていけるのだ」というブランドの信念が込められています。

では次に，広告はどのようにしてつくられるか，そして，広告にはどのようなものがあるかについて説明していきます。

図表7-1　シチズンのサテライトウエーブF100の雑誌広告

出所：シチズン提供。

2　広告の制作

(1) 広告業界の構図

　ここでは，広告がどのようにつくられるのかについて説明していきます。一般に広告は宣伝部という部署が担当しています。企業によっては国内宣伝部と海外宣伝部にわかれているところもあります。また，広告と広報は性質が違うため，宣伝部と広報部に担当を分けているのが一般的です。先ほどの自動車会社が新しいクルマを市場に出すときの例で説明すると，マスコミ等に情報提供をし，「プレス・リリース」や「新車発表会」を担当するのは広報部です。その後，メディアで展開されるテレビCMや新聞，雑誌の広告を

制作してメディアに展開するのは宣伝部が担当することになります。

　広告をつくるのは広告代理店ですが，勝手につくるわけではありません。広告代理店は広告主（クライアント）の依頼を受けて広告を制作します。窓口となるのは営業部門です。営業担当者が，社内や社外の専門スタッフを広告主の要望にそって起用します。最近では，デジタル関係の企画を専門におこなう部署を設けている広告会社も珍しくありません。図表7-2は広告業界の構図，すなわち広告主と広告代理店と広告媒体の関係を表したものです。

　広告主は自社の広告戦略に基づいて，広告代理店にどのような広告をつくるべきかのアイデアを求めます。これを「オリエンテーション」といいます。日本では複数の広告代理店からアイデアを「競合コンペ」というかたちで提案してもらい，その中から一番いいと思うものを広告主が選びます。一方，欧米をはじめ海外では「アカウント・エグゼクティブ制度」がとられています。それは，広告代理店は1業種につき1広告主しか担当できないという制

図表7-2　広告業界の構図

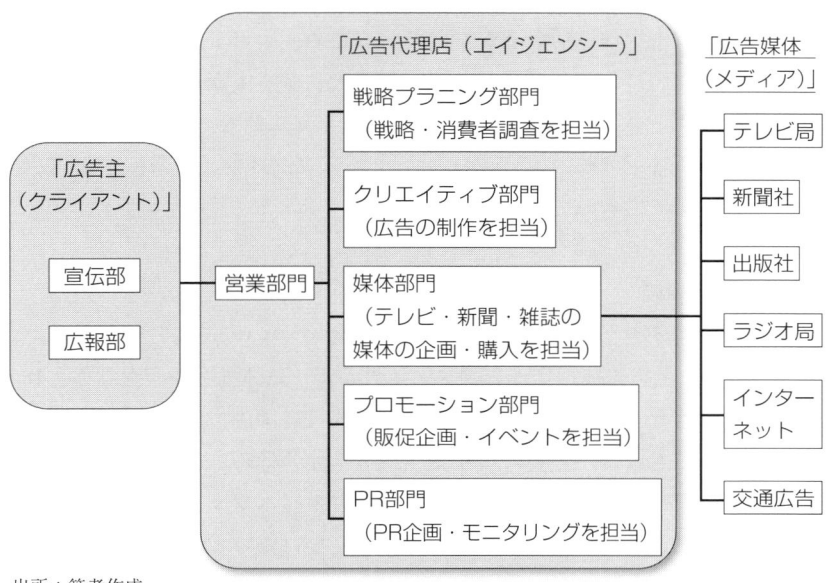

```
「広告主                 「広告代理店（エイジェンシー）」              「広告媒体
（クライアント）」                                                    （メディア）」

                      ┌ 戦略プラニング部門
                      │  （戦略・消費者調査を担当）        ┌ テレビ局
                      │
  宣伝部              ├ クリエイティブ部門                ├ 新聞社
           ─ 営業部門 │  （広告の制作を担当）
  広報部              │                                  ├ 出版社
                      ├ 媒体部門
                      │  （テレビ・新聞・雑誌の          ├ ラジオ局
                      │   媒体の企画・購入を担当）
                      │                                  ├ インター
                      ├ プロモーション部門                │  ネット
                      │  （販促企画・イベントを担当）
                      │                                  └ 交通広告
                      └ PR部門
                         （PR企画・モニタリングを担当）
```

出所：筆者作成。

度です。つまり，フォードを担当した場合はクライスラーの広告をつくることはできませんし，マクドナルドを担当した場合はバーガーキングの広告をつくることはできません。広告主は広告制作を複数の広告代理店に依頼することはなく，年間の広告予算全体をその担当する広告代理店1社に預けます。日本では一部の外資系企業をのぞいて，「アカウント・エグゼクティブ制度」は採用されていません。ある広告代理店がトヨタの広告もつくればホンダの広告もつくるというわけです。広告主と広告代理店の間には守秘義務に関して厳しい取り決めがありますが，それでも海外では1つの広告代理店が同じ業種で複数の企業を担当することは許されていません。

　広告主と広告代理店との関係について日本と海外に違いがある背景には，日本の広告市場の特殊性があります。日本では，マス・メディアの広告枠を少数の大手広告代理店が押さえています。広告主がある時間帯にテレビ広告をしたいと考えても，広告枠を直接購入することはできませんし，広告枠を持たない広告代理店に依頼することもできません。通常，メディアから広告代理店に対しては，媒体料の15％程度の手数料が支払われます。広告枠を購入することを「メディア・バイイング」といいますが，海外ではメディア・バイイングと広告制作は別会社がやっているため，広告主は自社と深い関係にある広告代理店にメディア・バイイングの会社から広告枠を購入するよう依頼できるわけです。また，海外では広告代理店は広告をつくるだけでなく，広告主のブランド構築にも深くかかわっているために，「一業種一広告主」の制度が普及しているのです。

(2) 広告市場規模

　これまで広告がどのようにしてつくられるかについて説明してきました。広告は，広告主と広告代理店そしてメディアが密接に連携しながら制作され，消費者へ発信されます。グローバル企業であれば，国内市場だけではなく海外市場に対しても広告が必要になります。全世界共通の広告で展開できる場合もあれば，それぞれの地域や対象国の消費者の好みや文化的な事情を考えながら，現地に合わせた広告をつくることも必要になってきます。図表7-3は世界の主要5か国における広告の市場規模（テレビ・新聞・雑誌・ラジオ・

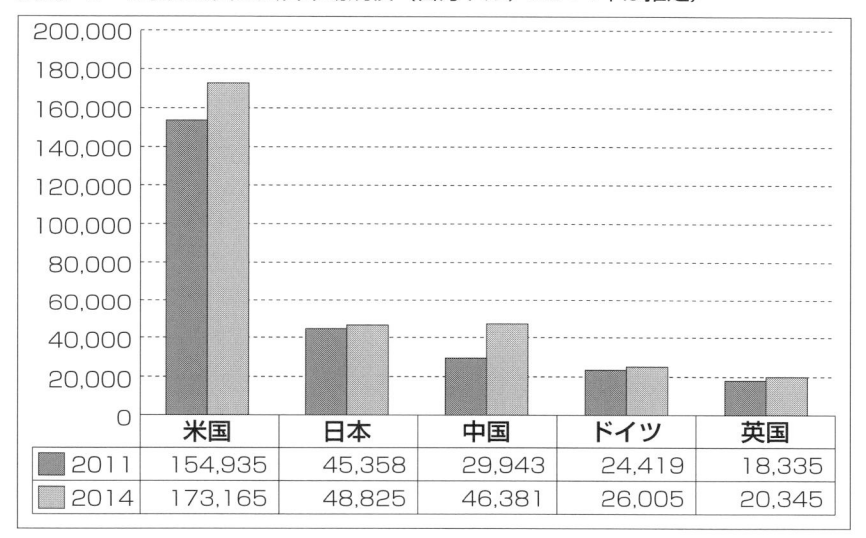

図表7-3　主要5カ国の広告市場規模（百万ドル，2014年は推定）

	米国	日本	中国	ドイツ	英国
2011	154,935	45,358	29,943	24,419	18,335
2014	173,165	48,825	46,381	26,005	20,345

出所：Zenith Optimedia（2012）より筆者作成。

映画館広告・屋外・インターネットなど主要媒体が対象）をまとめたものです。米国が圧倒的に大きく，日本は第2位の規模を持っています。中国が日本に急速に接近していることもわかりますね。

3 広告の種類

(1) テレビ広告

　テレビ広告には大きく分けてスポットCM（コマーシャル）とタイムCMの2種類があります。

　スポットCMは，テレビ番組の合間に流す単発的CMで，広告主がCMを流したい時期，流したい時間帯に発注することができます。単発的ですから春には花粉症のクスリや引っ越しサービス，夏には日焼け止め化粧品やクーラー，秋には旅行や食品，冬には風邪薬やコートなどのスポットCMが増えます。スポットCMの枠の価格は，広告主の発注が集中する時期と閑散となる時期があるので，需要が集中する時期は高くなり閑散となる時期は安くな

図表7-4　日本の媒体別広告費

媒体＼広告費	広告費（億円） 2012年（平成24年）	2013年（25年）	2014年（26年）	前年比（％） 2013年（平成25年）	2014年（26年）	構成比（％） 2012年（平成24年）	2013年（25年）	2014年（26年）
総広告費	58,913	59,762	61,522	101.4	102.9	100.0	100.0	100.0
マスコミ4媒体広告費	28,809	28,935	29,393	100.4	101.6	48.9	48.4	47.8
新聞	6,242	6,170	6,057	98.8	98.2	10.6	10.3	9.8
雑誌	2,551	2,499	2,500	98.0	100.0	4.3	4.2	4.1
ラジオ	1,246	1,243	1,272	99.8	102.3	2.1	2.1	2.1
テレビメディア	18,770	19,023	19,564	101.3	102.8	31.9	31.8	31.8
地上波テレビ	17,757	17,913	18,347	100.9	102.4	30.2	30.0	29.8
衛星メディア関連	1,013	1,110	1,217	109.6	109.6	1.7	1.8	2.0
インターネット広告費	8,680	9,381	10,519	108.1	112.1	14.7	15.7	17.1
媒体費	6,629	7,203	8,245	108.7	114.5	11.2	12.1	13.4
広告制作費	2,051	2,178	2,274	106.2	104.4	3.5	3.6	3.7
プロモーションメディア広告費	21,424	21,446	21,610	100.1	100.8	36.4	35.9	35.1
屋外	2,995	3,071	3,171	102.5	103.3	5.1	5.1	5.1
交通	1,975	2,004	2,054	101.5	102.5	3.4	3.4	3.3
折込	5,165	5,103	4,920	98.8	96.4	8.8	8.5	8.0
DM	3,960	3,893	3,923	98.3	100.8	6.7	6.5	6.4
フリーペーパー・フリーマガジン	2,367	2,289	2,316	96.7	101.2	4.0	3.8	3.8
POP	1,842	1,953	1,965	106.0	100.6	3.1	3.3	3.2
電話帳	514	453	417	88.1	92.1	0.9	0.8	0.7
展示・映像他	2,606	2,680	2,844	102.8	106.1	4.4	4.5	4.6

注：2014年より，テレビメディア広告費は「地上波テレビ＋衛星メディア関連」とし，2012年に溯及して集計した。
出所：電通。

るでしょう。

　タイムCMは，テレビ局が制作する番組を提供し，その番組に含まれるCM枠内で放送するCMです。タイムCMのセールスの最小単位は30秒で，期間は2クール（3か月×2＝6か月）が基本です。タイムCMのメリットは，番組を観ている視聴者に効率よくアプローチできることにあります。航空会社やカメラメーカーが旅行番組を提供したり，食品会社が料理番組を提供し

たりするのはこのためです。タイムCMでは番組が放送されている間，競合他社を排除することができますが，番組改編は4月と10月に集中するために高視聴率の番組のスポンサー（提供者）になれないこともあります。

ネット広告を媒介するインターネットやCMを飛ばす録画装置が発達したために，テレビCMの影響力が下がったように思われますが，ある調査会社によると，個人視聴率1％は関東地区だけでも約40万人に相当するといわれていますので，視聴率10％ならば関東地区だけでも400万人という膨大な数の人が観ていることになります。依然としてテレビCMの影響力は大きいといわざるを得ないでしょう。実際，日本を含む世界中で，広告に占めるテレビの割合は30％強あるのです。

図表7-4は，日本の広告費を媒体別に見たものです。依然としてテレビメディアの構成比が30％を上回り，最大の媒体であることがわかります。

（2）新聞広告

新聞については，日本経済新聞や朝日新聞，読売新聞，毎日新聞などの全国新聞のほか，中日新聞や北海道新聞などの地方紙，それにスポーツ新聞や業界新聞などがあります。資生堂は，2015年の新年広告として，レディー・ガガのセルフィー写真50枚を全国紙や地方紙など新聞50紙に1枚ずつ掲載して話題になりました。

新聞広告は毎日読む新聞に掲載されるものですから，何度も目にするうちに自然と記憶に残る「刷り込み効果」が大きいです。活字媒体ですので詳しく商品説明をすることも可能です。テレビよりも信頼性が高いと一般に思われているので，真面目な広告には向いています。アサヒビールが1987年にスーパードライを発売したとき，テレビCMよりも新聞広告を多用して信頼度を高めました。

（3）雑誌広告

雑誌については，発行時期によって分類すると，週刊，月刊，隔月刊などがあります。内容によって分類すると，総合誌，ファッション誌，ビューティ・コスメ誌，パソコン雑誌，自動車雑誌，ゲーム雑誌，漫画雑誌など細かく分

かれます。ファッションに関心ある人，自動車が好きな人，ゲームの達人など，対象市場設定を細かくできるのが雑誌の特長ですね。雑誌は一般的にカラーで提供されますから，新聞よりも視覚的に訴えやすいです。ファッションやビューティ・コスメ，食品など，特にカラーが重視される分野では雑誌は重要なメディアになります。

　通常の有料雑誌だけでなく，無料雑誌（フリーペーパー）も充実してきました。駅の構内などにフリーペーパーが山のように置かれているのを見かけますが，すべてスポンサーの広告費で制作費をまかなっているので無料なのです。「こんなに綺麗で記事も充実しているのに無料？」と驚くこともしばしばですね。ただ，注意しなければならないのは，広告とはわからないような記事もあることです。「超人気のラーメン店」とか「有名人も訪れるブティック」とか書かれていても，お金を払って書いてもらっている場合もあります。

(4) インターネット広告

　近年，もっとも注目しなくてはならないのがインターネット広告です。「詳しくはウェブで検索！」などとテレビ広告がインターネット広告への入り口になっていることが一般化しています。広告主からすれば伝えたい情報を過不足なく掲載できるというメリットがあり，使い勝手がいいのです。自社のウェブサイトなら，ひとたび内容（コンテンツ）を作成すれば，その後の費用はほとんどかかりません。

　インターネット広告の代表例はバナー広告です。バナー（banner）とは「旗」のことで，当初は横長帯状のものが多かったので，このように呼ばれました。インターネットを開くと，いろいろな形の広告が溢れていますね。クリックすると，その商品の説明サイトに飛んだり，その商品を提供している企業のウェブサイトに飛んだりします。バナー広告の料金には表示報酬型やクリック報酬型，成果報酬型などがあります。

　インターネット広告費は，2014年に初めて1兆円を超え，全体に占める構成比も17.1％になりました（前掲図表7-4参照）。この構成比は，2005年にはわずか5.5％でしたから，インターネット広告がいかに急速に拡大したかわかりますね。

（5）デジタルメディア・ミックス

　読者のみなさんも日常生活で思い当たることがあると思いますが，企業のウェブサイトやフェイスブックなどソーシャルメディアの購入行動への影響は無視できません。ある研究によると，新製品の情報はインターネット経由で得るという消費者が増えています。

　ウェブサイトとソーシャルメディアであるSNSや写真サイト，動画サイトなどの発達は，広告と消費者との接点づくりに新風を吹き込んでいます。例えば，2012年から始まった日産自動車のウサイン・ボルト選手を起用したスポーツカーGT-Rのグローバル・ブランド・キャンペーンでは，テレビ広告や雑誌広告などの伝統的な方法とともに，ウェブサイトとソーシャルメディアが複合的に活用されています。デジタルメディアのウェブサイトやアプリを効果的に活用することを「デジタルメディア・ミックス」と呼びますが，図表7-5はデジタルメディア・ミックスの仕組みを簡素化して整理したものです。

　このような広告の他にも，見本市の中には出展するだけで数億円の費用が必要になるものもあります。また，オリンピックやサッカーのワールドカッ

図表7-5　デジタルメディア・ミックス

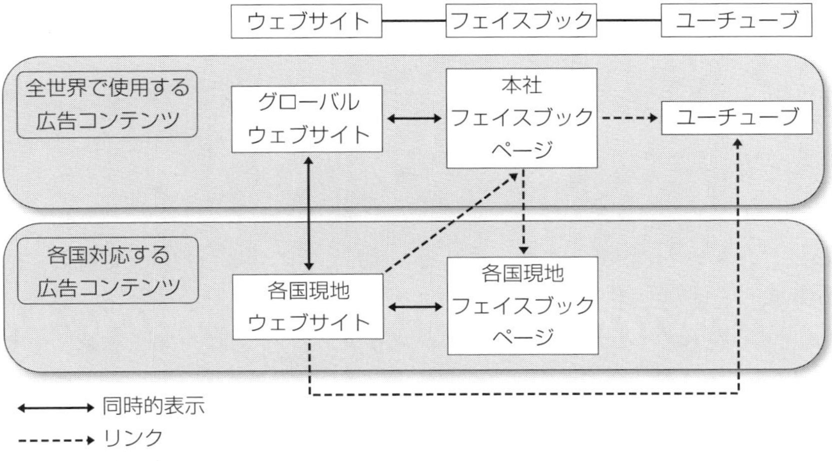

出所：唐沢（2012）。

プ，F1などのスポーツイベントなどへの協賛も莫大な費用が必要です。このような見本市への出展や大規模イベントへの協賛などは消費者に企業ブランドを好意的に認知してもらいたいという目的から行われているわけですが，うまく消費者が好意を持ってくれたら，消費者はそれをソーシャルメディアや動画サイトなどで発信してくれます。これをCGM（Consumer Generated Media）と呼びますが，現代ではこれが大きな影響力を持っています。

　最近，広告のあり方が変わってきたともいわれています。これまでの製品やサービスの存在を広く伝えることから，企業ブランドや商品ブランドをパーソナリティ（人格）のように伝えることの大切さがより意識され始めています。消費者は，企業や商品がどういうパーソナリティであるかがわからないと好きになれませんし，長くお付き合いすることもできません。ソーシャルメディア・ミックスは，このパーソナリティを明らかにするのに有効なのです。

4 CGM時代における広告

　人々の会話を通して情報が伝わる「口コミ」というのは以前からありました。家族の口コミ，友人の口コミ，そしてオピニオンリーダー（世の中の見解を先導する人）の口コミなどが，商品の購入や愛顧度に影響を及ぼすことも以前から知られていました。しかしながら，口コミは限られた空間の中で起こり，伝わる人もせいぜい5人から10人程度でした。それが，インターネットの発達で激変したのです。

　消費者が発信するメディアのことをCGMと呼ぶことは上述しましたが，どんなものがあるのでしょう。フェイスブック，ツイッター，ミクシー，ライン，インスタグラム，ユーチューブ，ニコニコ動画などなど，数え切れないほどのメディアがあります。これらを通して，消費者は毎日，毎時間，情報を発信しています。これを見ている人は20人や30人ではすまないでしょう。フェイスブックの「いいね」だけでもアッという間に100人を超えますし，有名人ならば数十万人を超えます。ユーチューブなんて「100万回超再生」という動画がザラにありますね。この原稿を執筆中にディズニー映画『アナと雪の女王』の主題歌「Let it go」の英語バージョンをユーチューブで見ると，

3億9103万回の再生でした。企業にとっては恐ろしい時代になりました。

　本章の最初に「一方向のプロモーションから双方向のコミュニケーションに変わった」という趣旨のことを書きましたが，CGMの発達がそれを推進しているのです。このような時代，広告もCGMを前提になされるべきです。つまり，「消費者はなんらかの形で情報発信」をする，「企業からの情報発信よりも消費者からの情報発信の方が影響力は強い」ことを念頭に，「消費者に好意的に情報発信してもらう」広告を心がけなくてはなりません。例えば，消費者の好感度の高いテレビCMなどは，またたく間にCGMで広がっていくのです。消費者の好感度の高い著名人に自社の商品を使ってもらうのも，彼／彼女を通じて情報が拡散していくのを助長するでしょう。国内よりも海外で噂になる広告をやるという方法もあるでしょうし，テレビや雑誌などよりソーシャルメディアを重視する方法もあるでしょう。いずれにしても，CGM時代の新しい広告が求められています。

5 まとめ

　この章では，プロモーションの中でも特に広告について説明してきました。広告とは広告主が消費者にその商品（製品やサービス）が存在していることをテレビ，ラジオ，雑誌，新聞，映画館，屋外，交通，インターネットなどのメディアを通じて「広く知らせ（報知），購入を促す（説得）」ことです。広告のこの本質はこれからも変わらないと考えられます。そして，消費者がその商品を選んでくれるようにするためには，その企業ブランドや商品ブランドを好きになってもらうことが必要です。好きになってもらうためにはパーソナリティを理解してもらわなければならないことは，恋人や友人間においてと同様なのです。パーソナリティを理解し好きになってくれれば，長くお付き合いしてくれます。

　テレビをはじめとするマス・メディアの影響力は依然として健在です。テレビ番組で取り上げた商品がたちまち品切れ状態になったり，紹介されたお店が満員になったりすることは頻繁に起こります。そこで，広告主はテレビなどのマス・メディアを活用して商品の「報知と説得」をどのように行うか

を考えなければなりません。

　他方で，ソーシャルメディアの影響力は日に日に増しています。消費者自身が情報発信する時代に私たちは生きているということを忘れてはいけません。CGMは雨後の竹の子のように生まれ，その利用者は世界的に拡大しています。企業が良いことばかりを消費者に一方的に伝える時代は終わりました。むしろ，良くないことも正直に伝えることが，好感を持たれる，そして信頼される時代であるといえます。

●参考文献

唐沢龍也（2012）「国際マーケティングにおける広告の世界標準化・現地適応化戦略の再考―デジタルメディア時代の分析フレーム―」多国籍企業学会第33回東部部会例会研究報告資料。

●参考ウェブサイト

電通，「2014　日本の広告費－媒体別広告費」．http://www.dentsu.co.jp/knowledge/ad_cost/2014/media.html（2015年5月13日アクセス）。

Zenith Media Fact 2011, Advertising Expenditure. Zenith Optimedia, http://www.zenithoptimedia.com/wp-content/uploads/2012/02 /Adspend-forecasts-December-2011.pdf/（2013年8月21日アクセス）。

第8章 チャネル戦略

1 チャネルとは何か

（1）流通とチャネル

　私たちの身の回りには多くの商品が溢れています。日常生活に必要な衣類や食品，電化製品，装飾品などのぜいたく品，コミュニケーション手段に欠かせないスマートフォン，音楽，ゲームなど多種多様です。皆さんは，私たちの身の回りに，どんな商品があって，どんなルートを経て私たち消費者の手元に届くのか考えたことがありますか。この章では，商品を流通させるチャネルについて考えていきます。話を簡単にするために，無形財のサービスは除き有形財の「製品」に限定します。

　関連する用語に「流通」や「流通システム」，「流通機構」などというものがありますが，これらは一般に製品流通過程の構造を示すものです。また「商業」という言葉もありますが，これは「流通を専門に行っている企業」です。生産者が流通を担うこともあるので，独立した流通業者を商業者と呼んだりしているわけです。ここでは，似たような言葉があるというくらいに考えてください。

　一方，チャネル（channel）とは生産者から消費者へ製品が届けられる「経路」を意味します。生産者という個別企業から見た流通がチャネルです。テレビでは「チャンネル」と呼びますが，これは「電波の経路」を意味しているわけです。代表的な流通業者に卸売業や小売業がありますが，社会全体から見たときには「流通」と呼び，個別企業から見たときには「チャネル」と呼びます。ここでは，あまり厳密な区別をせず，実態を理解してもらえれば

123

いいと思います。

(2) 流通の意義

　私たちの生活では，自給自足でないかぎり生産者から消費者へと製品が届けられます。野菜や果実などは農家という生産者から，衣類や加工食品，電化製品，装飾品などといった加工が不可欠な製品についてはメーカーという生産者から，消費者へと届けられます。しかし，それぞれの生産者が私たち1人ひとりに製品を届けるとなると，大きな負担が生まれます。消費者が生産者まで買いに行くのも大変です。時間とコストが多くかかります。

　そこで登場するのが卸売業や小売業です。卸売業は「製品をある企業から買って，別な企業へ販売する」ものです。多くは生産者から買って小売業へ販売するのですが，中には生産者から買って別な卸売業へ販売したり，卸売業から買って別な卸売業へ販売したりする卸売業もあります。総合商社も卸売業の1つですね。卸売業は重要な役割を担っていますが，あまり多く介在すると最終小売価格が高くなるので注意が必要です。

　小売業は皆さんにとっても身近な存在でしょう。最終消費者へ販売する流通業者を小売業と呼びます。ヤマダ電機やヨドバシカメラなどの家電量販店，セブン-イレブンやローソンといったコンビニエンス・ストア，イトーヨーカドーやイオンなどの総合スーパーなどがあります。そのほかにも，楽器店や本屋，ブティック，釣り具店などの専門店もあります。

　このように卸売業や小売業が発達しているお陰で，消費者はわざわざ生産者のところまで行って購入する必要がないのです。消費者にとって時間とコストの節約ですね。夕食のおかずを買いに行く時，肉は北海道に，白菜は長野に，芋は鹿児島に，ネギは埼玉に買いに行かなければならないとしたら大変です。パソコンだってディスプレイやプリンター，マウス，USBメモリーなどをそれぞれの生産者のところまで買いに行かねばならないとしたら大変です。流通が発達しているお陰で消費者は身近で多くのものを購入できるのです。大規模な小売業になるとほとんどのものを品揃えしていますので，1か所ですべてのものを購入できます（ワン・ストップ・ショッピング）。私たちが快適な買い物ができるのも流通のお陰なのです。

それだけではありません。生産者と消費者の間に流通業者が介在することによって，社会的に利益を得ているのです。図表8-1の左側を見ると，生産者と消費者が直接取引をしており，その取引数は4×4＝16あります。ところが右側を見ると，生産者と消費者の間に流通業者が1つ入ることによって，その取引数は4＋4＝8に減っています。取引数が減るというのは，それだけ社会的コストが減るということですから，社会的利益は増えるというわけです。これがもう1つの「流通の意義」です。

さらに，これまでの説明は生産者（川上）から消費者（川下）への流れしか示していません。現実には消費者が製品を使用した後，残ったものの廃棄やリサイクルといったことが必要になります。これらは川下から川上（あるいは別な場所）へ向かう物流です。環境経営では川上から川下への流通を「動脈流通」，川下から川上への流通を「静脈流通」と呼び，その両者を総合的に把握する必要性を説いています。いわゆるライフ・サイクル・アセスメント（LCA）です。地球環境問題が深刻になっている現代，流通は動脈流通だけでなく静脈流通も合わせて考えることが必要です。

図表8-1　取引総数の節約

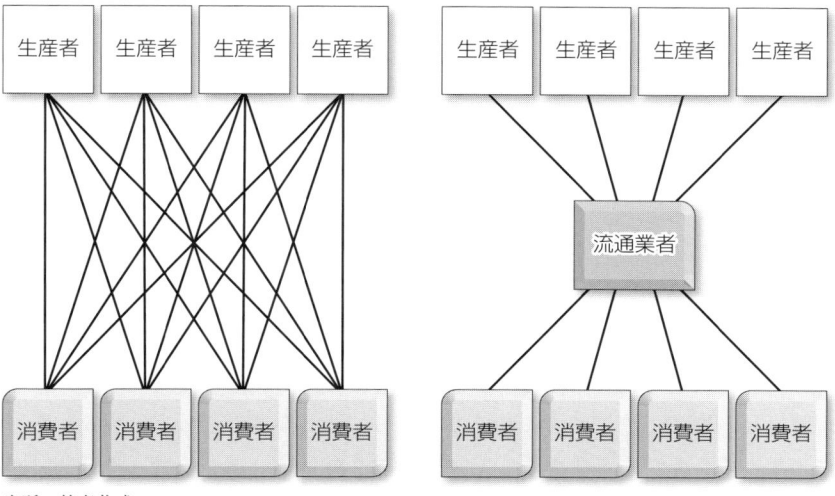

出所：筆者作成。

2 チャネル開拓

(1) チャネルは大きな資産

　チャネルは，マーケティングの他の戦略（製品，価格，プロモーション）と異なり，外部資源（卸売業や小売業あるいは物流企業）の力に頼るところが大きく，生産者がコントロールすることは難しいといわれています。生産者は直販（自社で消費者に直接販売）する場合もありますが，多くの場合，外部資源を利用しています。

　生産者にとってチャネルは大きな資産であり，競合他社よりも先に優良なチャネルを構築できれば，それが参入障壁となって長期的な競争優位を築くことができます。パナソニックなどは，かつて優良な専門店（パナソニックの製品だけを，あるいはパナソニックの製品を中心に取り扱う専門店）を数多く持っていることが国内での競争優位となりました。アップルはアップル専門店か，量販店の中でもアップル・コーナーでしか販売していません。最近，ネット販売も重要なチャネルとなっていますが，これについては最後に少し触れて，詳しくはeコマースの章に回します。

(2) チャネルの形態

　チャネルにはさまざまな形態があります。製品の特性や，生産者の特性，流通業者の特性，市場要因等を総合的に判断しながら最適なチャネルを設計します。製品の特性には，製品の品質や単価，耐久性，アフターサービスなどがあります。消費者の購入行動を基準に分類すると，最寄品（もよりひん：近くの店にあったらパッと買うような製品），買回品（かいまわりひん：小売業をいくつか買い回って気に入ったものを探す製品），専門品（せんもんひん：事前に情報をしっかり集めてじっくり買うような製品）に分けられ，それぞれによって適切なチャネル形態があるといわれています。

　生産者の特性には，資本力，品揃え，競争力，シェア（市場占有率）などが挙げられます。流通業者の特性としては，流通業者数，分布，規模，販売能力などがあり，市場要因としては顧客数，購買量，購買頻度，地理的分布が挙げられます。生産者はチャネル構築にあたって，これらの要因を考慮し

ながらチャネルの長さや幅を決定します。

(3) チャネルの長さ

　チャネルの長さとは，生産者から消費者（生産財であれば顧客企業）に届くまでに介在する流通業者の数のことをいいます。生産者から消費者へ直販される場合にはチャネルが「短い」といい，多くの卸売業を経由して小売業に届き，そこから消費者に販売される場合にはチャネルが「長い」といいます。産業財はチャネルが短くなりがちで，消費財（特に生活必需品で購買頻度の高い最寄品）はチャネルが長くなりがちです。製品説明の必要があり，顧客が地理的に集中し，特定消費者が大量購入する場合は直販が適していますが，製品説明の必要性が低く，潜在顧客が分散し，不特定多数の消費者が少量購入する場合は流通業者を通したほうがよいといえます。日本は歴史的に卸売業が重要な役割を果たしてきましたが，最近は欧米のように大型小売業が強くなっています。大手小売業が強くなると，卸売業を飛ばして生産者と直接取引をするようになります。一般的にはチャネルが短い方が生産者の意思が小売業まで伝わりやすいといわれますが，大手小売業が強くなると小売業の意思が生産者まで伝わりやすくなります。

　チャネルの長さについては，ゼロ段階から3段階までに分類することができます（図表8-2参照）。

　ゼロ段階チャネルでは生産者から消費者に直接販売されます（直販）。通信販売や訪問販売，生産者の直営店を通した販売などがこれにあたります。1段階チャネルは生産者と消費者の間に小売業が1つ介在します。生産者が大手小売業と直接取引をする場合がこれに当たります。2段階チャネルは卸売業と小売業が1つずつ仲介します。3段階チャネルは2つ以上の卸売業と1つの小売業が仲介をします。これらを「多段階流通」ともいいます。このほか，段階数では判断できないようなフランチャイズ式やライセンス式などがありますが，ここでは複雑になるので省略します。

図表8-2　チャネルの長さ

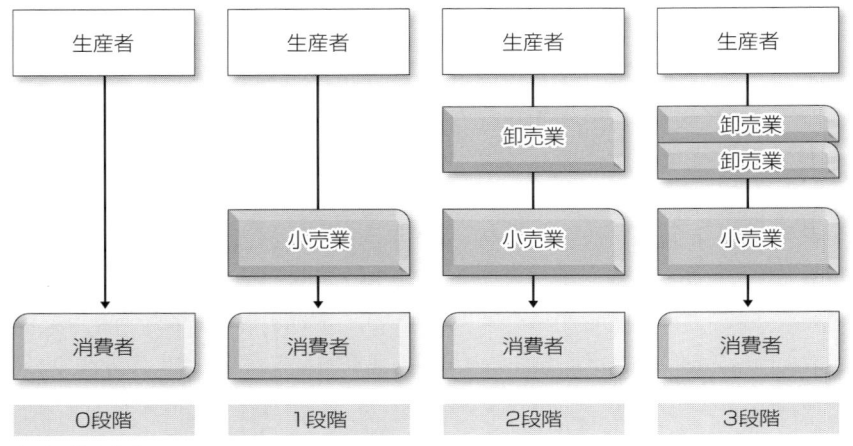

生産者 → 消費者	生産者 → 小売業 → 消費者	生産者 → 卸売業 → 小売業 → 消費者	生産者 → 卸売業 → 卸売業 → 小売業 → 消費者
0段階	1段階	2段階	3段階

出所：筆者作成。

（4）チャネルの幅

　チャネルの幅とは，ある地域において取引する流通業者の数のことです。多くの小売業が扱う場合はチャネルが「広い」といい，限定された少数の小売業しか扱わない場合はチャネルが「狭い」といいます。小売業の数が多いほうが顧客にとって利便性は増しますが，小売業に魅力的な販売条件を提示するためには小売業の数を制限する必要があります。チャネルの幅を広くすると小売業間に摩擦が起き，狭くすると潜在顧客の取りこぼしの危険性があります。

　チャネルの幅には，主に，開放的チャネル，排他的チャネル，選択的チャネルがあります。

①開放的チャネル

　開放的チャネルは，自社製品の販売先を限定せずに，できるだけ多くの流通業者と取引することによって，より多くの消費者に製品を提供する方法です。開放的チャネルはシェア拡大を素早くできる一方で，チャネルのコントロールが難しく，販売管理が複雑になります。また，同じ製品の販売を流通

業者間で競争させることになり，価格の下落や製品のイメージダウンにつながる可能性が高いのです。開放的チャネルは「開いた」チャネルです。

②排他的チャネル

排他的チャネルは，特定の販売先に独占販売権を与える方法です。他の流通業者の参入を許さないので「排他的」なのです。独占販売権を与えられた販売先は，代理店とか特約店と呼ばれます。排他的チャネルはチャネルをコントロールしやすく，販売管理が容易になりますが，チャネル維持のコストが大きくなったり競争原理が働かなくなったりするという課題も生じます。排他的チャネルは「閉じた」チャネルです。

③選択的チャネル

選択的チャネルは，開放的チャネルと排他的チャネルの中間的なものです。資金力や販売力，立地条件，生産者への協力度，競合製品の取り扱い状況など，一定の基準によって選んだ流通業者に優先的に販売する権利を与えます。選択的チャネルは生産者がチャネルを適度にコントロールすることができますが，開放的チャネルに比べるとシェア拡大のスピードは遅くなり，排他的チャネルに比べるとコントロールが甘くなります。

生産者が小売業を直接運営することもあります。いわゆる「直営店」と呼ばれるものです。例えば銀座や表参道に出店している欧米の高級ブランドの専門店やアップル・ストアなどが直営店に当たります。

最寄品は，全国の消費者にいきわたらせるために多くの小売店で販売されなければなりません。このため卸売業を活用して，長く，広く，開いたチャネルで販売されるのが普通です。これに対し買回品や専門品は，販売にあたって専門知識やアフターサービスが要求され，販売する小売業の数も限定されるため，短く，狭く，閉じたチャネルで販売されることが多いといえます。

3 チャネル管理

(1) 生産者と流通業者の関係

　生産者はどのようにチャネルを管理しているのでしょうか。流通機能を担う流通業者は，生産者のパートナーであり，競合する相手でもあります。生産者は，独立した流通業者とパートナーシップを結びWin-Win関係の「製販連携」・「製販統合」を実施する場合もあれば，独立した流通業者を自社の方針に従わせる「流通系列化」を実施する場合もあります。逆に，大規模化した小売業が力を持ち，生産者に対して優越的地位に立つ場合もあります。近年増加している「プライベート・ブランド（小売業ブランドの製品：PB）」や「コラボ製品（生産者ブランドを残しながら特定小売業でのみ販売される製品）」などは，むしろ小売業が主導権を握っているのです。

(2) 管理の基盤

　そのため，生産者にとってチャネル管理は重要な問題となり，次のような基盤に基づいて流通業者を管理しようとしています。

① 報酬パワー基盤：流通業者にリベートや割引を提供，もしくは優先的取引を実施。
② 制裁パワー基盤：非協力的な流通業者には，取引の制限や停止を実行。
③ 情報や専門性のパワー基盤：流通業者が持っていない重要な製品やサービスの情報を生産者が持つ。
④ 一体感パワー基盤：生産者と流通業者の間で帰属意識や共感といった一体感を構築。
⑤ 正当性パワー基盤：生産者に恩義を感じることによって，流通業者はその生産者のために活動することが正しいと認識する。

　「リベート」というのは1回1回の取引ごとではなく半年とか1年とかの期末に現金その他の報酬を与えるもので，「割引」は1回1回の取引ごとに値引きをしたり同じ金額でより大きな数量を渡したりするものです。これら

は広く実施されているものですが，使い方によっては独占禁止法違反になるので注意が必要です。

流通業者の大規模化によって，これまで生産者が流通業者に対して持っていた優越的地位が崩れてきています。自動車を除けば，多くの家電や日用品，食品など，小売業がむしろ優越的地位を持つようになっています。このような時代，生産者は新しいチャネル管理の方法を追求しなければなりません。

4 製造小売業

(1) SPA

「製造小売業」は，名前の通り，「製造（生産）して小売もする企業」です（「生産小売業」とはいいません）。ただし，注意しなければならないのは，本当に自ら製造している場合もあるし，委託先に製造は任せて自分は販売だけしている場合もあることです。大事なことは，小売業が製品開発や生産管理まで深くかかわっているということです。

製造小売業は，小売業が製造（生産）にまで関与しているので「直販」の1つですが，先ほどまでは「生産者が小売業を直営する」という意味で直販と呼んでいました。直販には生産者が主体になる場合もあれば，小売業が主体になる場合もあります。消費者が運営する生活協同組合（生協）が農家やメーカーなどから直接仕入れる場合を「産直」と呼んでいますが，これは消費者主体の「直販」です。

アパレルの世界ではアメリカのGAPが1980年代の半ばに自らを製造小売業と位置づけました。その時に使われたSPA（Speciality store retailer of Private label Apparel）が現在では一般に製造小売業を意味する言葉として使われています。同じアパレルではZARAやH&M，ユニクロなどがSPAの代表です。アパレルでもZARAを営むスペインのインディテックス社はもともと生産者でしたが，GAPやH&M，ユニクロ（会社名はファーストリテイリング）などはもともと小売業でした。

(2) 製造小売業の強み

SPAは本来アパレルに限定されたものですが,「食品業界もSPAになりつつある」などといわれているので注意が必要です。家具ではニトリやスウェーデン出身のイケアも代表的製造小売業ですし,日用雑貨を広く取り扱う無印良品（会社名は良品計画）も製造小売業です。つまり,いろいろなタイプの製造小売業があるということです。今後,ますます多くの製品が製造小売業によって販売されることでしょう。では,なぜ製造小売業が増大しているのでしょうか。それについてはいくつかの理由が考えられます。

第1に,消費者ニーズの変化が急速で,その変化に合わせた生産が不可欠になっているからです。アパレルの中にはZARAやH&Mなどのように「ファストファッション」と呼ばれるものがありますが,彼らは消費者ニーズの変化に合わせた製品を素早く（ファスト）提供することで競争力を持ってきたためにそのように呼ばれます。

第2に,消費者ニーズを把握する小売業の情報技術（IT）が発達したためです。POS（Point of Sale：販売時点情報管理）やEDI（Electronic Data Interchange：電子データ交換）などの情報技術が発達し,小売業はより素早く,効率的に,正確な情報を入手し,生産者などとデータ交換できるようになりました。

第3に,生産者の生産能力の柔軟性が進化したことが挙げられます。変化の速い消費者ニーズを把握する小売業の情報技術がいくら進んでも,それに対応した生産体制が構築できなければ製造小売業は成功しません。さらに,ユニクロや無印良品のように,必ずしも「ファスト」でない製造小売業も,季節による販売量の変化や地域ごとの消費者ニーズの違いに柔軟に対応できる生産委託先を持たなければ生き残ることはできません。

5 物流

(1) 流通の4つの流れ

流通には4つの流れがあるといわれます。商流,貨幣流,物流,情報流と呼ばれるものです。

商流とは，所有権が移ることをいいます。所有権とは製品を所有できる権利のことです。生産者から卸売業に引き渡される製品は，卸売業による代金の支払いが済むと所有権が生産者から卸売業に移ります。同じように生産者，卸売業，流通業者，消費者とそれぞれの段階において代金の支払いによって所有権が移転していき，最終的には消費者に移ります。消費者は所有権が自分にあるので，その製品を消費（破壊，利用，廃棄など）できるのです。

　貨幣流とは，名前の通り，貨幣（通貨）の流れです。商流で説明したように，製品の売買において，商流と貨幣流は反対方向に流れます。無償贈与でないかぎり，製品の商流（所有権の移転）は反対方向への貨幣流（支払い）がないと生じません。貨幣流は，現実には現金での支払いやクレジットカードでの支払い，ローンでの支払いなど，いろいろな形態があり，完全に支払いが済んでいないのに所有権が移転することもあります。

　物流とは，現実のモノの流れのことです。文房具屋でボールペンを買うと，現金の受け渡しとともにその場でボールペンを渡してもらいます。この場合は，所有権の移転と物流が一体化しています。自動車を買うと代金を支払ったしばらく後に自動車が届けられますが，この場合は，所有権の移転と物流が分離しています。物流も現代は情報化していて「ロジスティクス」と呼ばれることが多いのですが，eコマースの発達はリアルな物流の重要性をさらに増大させています。

　情報流とは，まさに情報の流れです。情報流は，生産者と消費者の間を双方向に流れます。生産者が流す情報の典型例は広告です。広告によって製品の特徴や利点などを消費者に知らせ，購入を促します。一方，消費者からの情報流には「買ったか買わなかったか」という決定的な情報や，「お客様カード」などを通した意見・苦情，あるいはSNSなどへの書き込みといったものがあります。

（2）物流の重要性

　物流とは先述のようにモノの流れのことですが，生産者から消費者までの全体を見ると，生産者によって生産された製品が飛行機や船，トラックなどで運ばれて，卸売業の倉庫に一時的に留め置かれ，さらに小売業の店舗に運

ばれる一連の流れです。商流と物流が分離すると，卸売業の倉庫ではなく，日本通運やヤマト運輸などの物流専門業者の倉庫を経由して小売業へ運ばれることもあります。また倉庫業は倉庫業で三菱倉庫や三井倉庫などの専門業者が発達しています。

　以上のことは生産された製品の消費者への販売に向けた流れで，これを「販売物流」と呼びます。物流というと「販売物流」が目に見えるので注目されがちですが，生産をするためには部品や原材料などの調達が必要なので，それらの「調達物流」も生産者にとっては重要な物流なのです。

　物流がなくては流通そのものが成り立たないことはおわかりでしょう。しかし，郵便や宅配便などを除き，一般には物流は世間の目に触れることはなく，その重要性は過小評価されてきました。それが，eコマースの発達で一躍注目されるようになっています。消費財のeコマース（BtoC）を考えてみると，多くの製品はネットで注文しても宅配便等で配達されます。私たちは通販業者を選ぶとき，このような物流の優秀さも検討して選びます。アメリカのアマゾン・ドット・コムは日本でも大きな地位を占めていますが，同社の強みの1つが物流です。注文してから配達されるまでの時間が競合相手に比べて早いのです。これは同社の大きな競争優位になっています。

　音楽やゲームソフト，ソフトウェア，電子書籍など一部のものはネット上で商流も貨幣流も物流も完結しますが，靴や服，パソコンや本などを買ったときには物流業者にお世話にならなくてはなりません。

　情報化の進展は物流分野にも及びます。物流は単なる運搬業・倉庫業から巨大な情報産業になりつつあります。例えば「帰り荷」問題（トラック等で運んだ場合，そのトラックが戻ってくるときに運搬する荷物がなければ空で帰らなければならない問題）を解決するために，情報技術を駆使して「帰り荷」を集めコストを削減したり，競合する企業同士の荷物を一緒に運ぶ「混載」機能を強化したりしています。

　さらに，流通がグローバルな規模で展開されるようになると，さらに物流の重要性が増していきます。国と国をまたぐ流通は，一般的には距離も長く，国境を越える手続き等で時間がかかります。破損や盗難の危険性も高まり，事故やストライキなどで物流が滞ることがしばしば起こります。グローバル

な物流の管理問題が大きな問題になっており，サプライ・チェーン・マネジメント（SCM）のグローバルな管理の巧拙が企業の競争力に大きく影響するようになりました。

6 チャネル・ミックス

　チャネルを考える上で，インターネットの発達は極めて重要です。eコマースの小売総額に占める割合は世界中で高まっており，現代ではインターネットあるいはeコマースを無視してチャネルを語ることはできません。2010年4月に設立された中国の小米科技はインターネットのみを使った販売で急速に成長し，設立から5年も経たずに韓国・サムスン電子，アメリカ・アップルに次ぐ世界第3位のスマホ・メーカーになりました。

　店舗を用いないで製品を販売することを無店舗販売といいますが，訪問販売や移動販売，車内販売・機内販売，自販機販売などの他の無店舗販売と比べても，インターネット販売の衝撃はその規模においても範囲においても非常に大きいものがあります。現代の企業は，店舗販売と無店舗販売のさまざまな組み合わせを考慮して，消費者にとってもっとも利便性の高い，そして販売する企業にとってもっとも利益的なチャネル戦略を構築する必要があります（「オムニ・チャネル」）。

　マーケティングの4Pの最適な組み合わせは「マーケティング・ミックス」と呼ばれますが，チャネルにおいても最適な組み合わせを求める「チャネル・ミックス」があります。しかも，どのチャネルでいくら販売するかという単純なものではなく，それぞれのチャネルをどのように連携させるかが重要になってきています。店舗からウェブサイトに誘導したり逆にウェブサイトから店舗に誘導したり，店舗でもウェブサイトでも同じポイントが使えたり，店舗とウェブサイトのブランド戦略を統一したり，リアルな世界とバーチャルな世界の融合が大切なのです。

●参考文献

石原武政／矢作敏行編（2004）『日本の流通100年』有斐閣。
黒岩健一郎／水越康介（2012）『マーケティングをつかむ』有斐閣。
高橋秀雄（2006）『マーケティング・チャネル研究のフロンティア』同文舘出版。
矢作敏行編（2014）『デュアル・ブランド戦略』有斐閣。
渡辺達朗／久保知一／原頼利（2011）『流通チャネル論』有斐閣。

第9章 eコマース

1 eコマースとは何か？

(1) eコマースの定義

インターネットを代表とするIT（情報技術：Information Technology）の発展は，私たちの生活，経済，社会のあり方や手法を大きく変革しています。現在，ITはITからICT（情報コミュニケーション技術：Information & Communication Technology）の時代へと移行しており，現代社会においてはモバイル機器である携帯電話を持つことは普通になっています。

これらICTを用いた商取引のことを「電子商取引（Electronic Commerce）」といい，「eコマース（e-Commerce）」略して「EC」といいます。また取引主体として誰と誰が取引するかに着目し，企業と消費者の取引（Business to Consumer 略してBtoCもしくはB2C）と企業と企業の取引（Business to Business 略してBtoBもしくはB2B）との2つに分類されます。消費者同士の取引（Consumer to Consumer 略してCtoCもしくはC2C）もありますが，以下ではeコマース，BtoC，BtoBについて見ていきましょう。

一般的にeコマースとは，インターネットやコンピュータなど電子的な情報通信によって商品やサービスを販売したり購入したりすることと定義されています。このeコマースの主体は，家計，政府，他の公的組織・私的組織を問いません。

それでは，eコマースの市場はどれくらいの規模があるのか確認しておきましょう。経済産業省は，『電子商取引に関する実態調査』を実施しています。この調査は，企業及び消費者におけるeコマース利用の発展・拡大による経

済社会の変化や影響等を分析するために実施されており，主な調査項目としては，企業間及び消費者向けeコマースの市場規模，eコマース化率（すべての取引金額に占める電子的な取引金額の比率），企業・消費者におけるeコマースの利活用動向などがあります。

eコマースといえば，一般の消費者にとってまず身近なものとしてはネットショッピングなどに代表されるBtoCを思い浮かべる方が多いでしょう。そこで次に，BtoC，BtoB市場の規模について見ていきましょう。

（2）BtoC ECの市場規模

国内における2013年のBtoC EC市場規模は，約11兆1660億円（前年比117.4％）あります。EC化率は3.67％であり，2012年から0.56ポイント上昇しています。EC化率とは，すべての商取引におけるECによる取引の割合のことです。このEC化率は，すべての業種において上昇しています。このことから，BtoC EC市場は堅調に成長していることがわかります（図表9-1

図表9-1　日本のBtoC EC市場規模の推移

年	EC市場規模（億円）	EC化率
2008年	60,890	1.79%
2009年	66,960	2.08%
2010年	77,880	2.46%
2011年	84,590	2.83%
2012年	95,130	3.11%
2013年	111,660	3.67%

出所：『平成25年我が国経済社会の情報化・サービス化に係る基盤に関する市場調査報告書』，58ページ。

参照)。

　BtoC EC 市場のうち業種分類別で市場規模が大きいのは,「情報通信業」2兆6970億円（構成比24.2％）,「総合小売業」2兆2000億円（19.7％）,「宿泊旅行業・飲食業」1兆8260億円（16.4％）などです。2013年は,ほとんどの業種で前年に比べて市場規模が拡大していますが,前年から20％以上成長した業種には衣料・アクセサリー小売業（25.8％増）,宿泊旅行業・飲食業（22.1％増）,医療化粧品小売業（20.4％増）などがあります。

　また近年のBtoC市場においては,パソコンを利用した取引のみならず,携帯電話やスマートフォンなどのモバイル機器を利用した取引が拡大しています。2014年の『情報通信白書』によると,世界の携帯電話普及率は2000年の12.1％から2012年には89.5％へと急拡大しており,インターネット,携帯電話等のICTは新興国や途上国地域でも急激に普及が進み,世界的規模で浸透していることが示されています。とりわけ,日本のスマートフォン保有者ではSNS（ソーシャル・ネットワーキング・サービス）,eコマースなどのサービス利用が進んでいます。

　米調査会社のイーマーケッター（eMarketer）によると,スマートフォンユーザー数は2014年に17億5000万人となり,全携帯電話利用者の38.5％を占め,今後も増加を続け2017年には25億人に達し,全携帯ユーザーの48.8％に達すると予想されています。このようなスマートフォンの普及を背景に,SNSも普及しており,同社によると,全世界のSNSユーザー数は2014年に18.2億人になり,今後2017年までに23億3000万人になると推計されています。

　スマートフォンの普及により,代表的なSNSであるツイッター（Twitter）とフェイスブック（Facebook）のユーザー数も着実に増加を続けているとともに,パソコンなどを使用したBtoCに加えてスマートフフォンに代表されるモバイル機器を使用したBtoCが増加しています。

(3) BtoB ECの市場規模

　一方,BtoB ECのeコマース（EC）は,以下のように定義されます。狭義のeコマースとは,「インターネット技術を用いたコンピュータ・ネットワーク・システムを介して商取引が行われ,かつその成約金額が補捉されるもの」

であり，商取引行為とは，「経済主体間での財の商業的移転にかかわる受発注者の物品，サービス，情報，金銭の交換」をさします。そして「インターネット技術」とは，TCP/IPプロトコルを利用した技術をさしており，公衆回線上のインターネットやエクストラネット，インターネットVPN，IP-VPN等が含まれます。

また，広義のeコマースは「コンピュータ・ネットワーク・システムを介して商取引が行われ，かつその成約金額が補捉されるもの」であり，狭義のECに加えてVAN・専用回線，TCP/IPプロトコルを利用していない従来型EDI（Electronic Data Interchange：電子データ交換）も含まれます。

これによると，日本の狭義のBtoB EC市場規模（2013年）は約186兆円と前年比4.4%の増加でした。財務省が公表した法人企業統計を元にBtoB市場を推計すると，2013年規模が2012年から拡大した業種は「建設」，「化学」，「情報通信」，「金融」，「不動産」，「広告」，「物品賃貸」などでした。また，EC

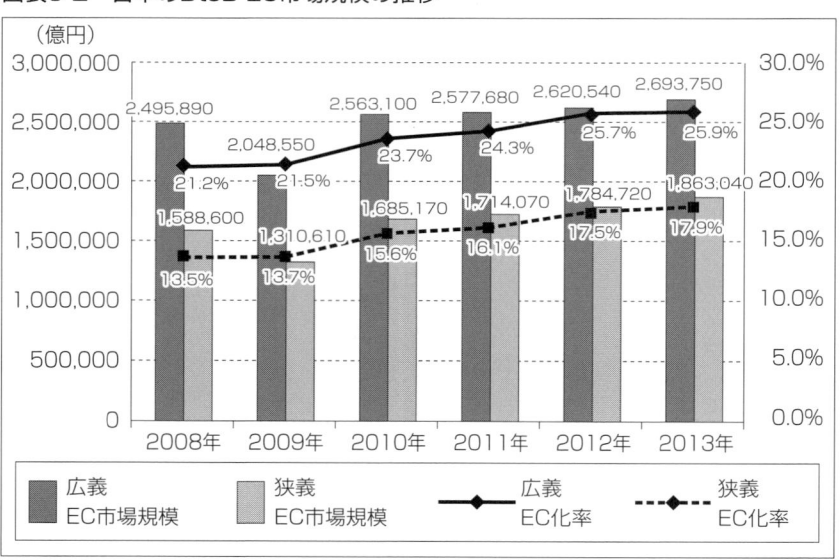

図表9-2　日本のBtoB EC市場規模の推移

年	広義EC市場規模（億円）	狭義EC市場規模（億円）	広義EC化率	狭義EC化率
2008年	2,495,890	1,588,600	21.2%	13.5%
2009年	2,048,550	1,310,610	21.5%	13.7%
2010年	2,563,100	1,685,170	23.7%	15.6%
2011年	2,577,680	1,714,070	24.3%	16.1%
2012年	2,620,540	1,784,720	25.7%	17.5%
2013年	2,693,750	1,863,040	25.9%	17.9%

出所：『平成25年我が国経済社会の情報化・サービス化に係る基盤に関する市場調査報告書』，46ページ。

の浸透度合を示す指標であるEC化率も17.9%（狭義）となり，前年から0.4%上昇しています。2012年に引き続き，BtoB市場全体は横ばいから減少傾向が続いているものの，BtoB EC市場規模は前年に引き続き狭義・広義とも成長基調を維持しています（図表9-2参照）。

BtoB EC市場においては企業間の取引であるため，BtoC EC市場に比べると一般消費者には見えにくく，イメージもしづらいですね。しかし，部材や商品の調達に使用されているBtoB市場は，1回当たりの取引金額でみるとBtoC EC市場に比べて大変大きく，その市場規模も大きいのです。

2 eコマースによる流通の変化と特徴

eコマースの登場と市場規模の拡大とともに何が変わったのでしょうか。消費者向けのeコマースの拡大は，携帯電話やパソコンを介してモノやサービスを購入するネット通販を利用する人々を増加させました。このような身近なところにもBtoC ECの影響を見ることができます。そこで，まずは情報化と流通の変化について整理してみましょう。

(1) eコマースと4つの流通

従来，私たちが商品を購入するまでには，供給業者（S：Supplier）が生産者（M：Manufacture）に部品や材料を提供し，生産者が商品を生産し卸売業（W：Wholesaler）に販売し，1次卸売業から数社の卸売業を経て小売業（R：Retailer）へ商品がわたり，小売業が消費者（C：Consumer）に販売するという一連の流れがあります。これら一連の流れを流通と呼びます。商品が供給業者から消費者に流れていくため，供給業者側を川上と呼び消費者側を川下と呼んでいます（図表9-3参照）。

この流通には，商流，物流，情報流，貨幣流の4つの流れがあります。商流とは商品の売買によってその商品の所有権が移転してゆく商取引活動のことです。そして，物流とはモノである商品が移動する流れをさし，情報流とは販売情報などを含む取引情報の流れであり，貨幣流とはお金の流れをさします。

図表9-3　4つの流通

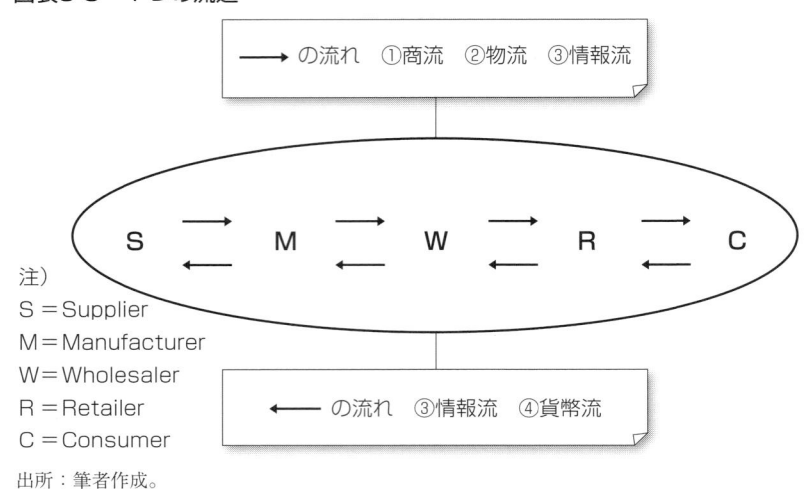

```
　　　　　　　　　　　→ の流れ　①商流　②物流　③情報流

　　　　　　　S  →  M  →  W  ←  R  →  C
　　　　　　　　 ←      ←      ←      ←

注）
S＝Supplier
M＝Manufacturer
W＝Wholesaler　　　　　← の流れ　③情報流　④貨幣流
R＝Retailer
C＝Consumer
```
出所：筆者作成。

　このうち情報化によって，大きく変わったのは情報流です。情報化以前は，流通の川上（供給業者側）から川下（消費者）への一方向的情報が大半を占めていましたが，情報化以後は川下から川上への情報量が劇的に増加したのです。この情報量の流れを変えた主な要因はPOS（ポス：Point of Sale）システムです。

　POSは，1970年代アメリカにおいて，スーパーマーケットなどにおけるレジ担当者の不正防止や誤った売価での販売などを防ぐ目的で導入され，1980年代に入るとそれら店舗の収益改善に効果を発揮しました。また，日本のセブン-イレブンは1982年にPOSの導入を開始しました。POSは，物品販売の売上実績を単品単位で集計し，販売時点情報を管理することができます。このPOSによって川下の小売業に情報が多く集まるようになりました。

（2）eコマースによる流通の変化

　eコマースは，インターネット上においてサイバースペース・マーケットを出現させました。これによりデジタル化された情報が高速で結びつけられ，統合されたサイバースペースを利用して流通活動が行われるようになったのです。このサイバースペースはこれまでのアナログ的なあり方の制約を受け

ないものであり，リアル（実物）の世界ではなくバーチャル（仮想的）な世界です。

　このバーチャルな世界においては空間的・時間的な制約が存在しないのに対し，リアルな世界においては空間的・時間的な制約を受けます。そのため，空間的・時間的な懸隔を埋める物流以外の商流，情報流，貨幣流についてはサイバースペース・マーケットにおいて行われるようになります。こうして，インターネットに繋ぐことにより商取引や情報のやりとり，決済，音楽やデータのダウンロードなどについては24時間瞬時にやりとりできるようになりました。

　ただし，音楽やデータなどダウンロードができる商品以外については物財の運搬が必要となります。そのため，物流の取引だけはリアルに行われることになります。つまり物流業者と生産者・小売業・消費者間の契約が交わされ（商流），それに関する情報（情報流）や決済（貨幣流）もやり取りされますが，物財を運ぶということ（物流）は，ソフトウェアや音楽，映像など一部の商品を除き，リアルの世界で行われるのです。これらのサイバースペース・マーケットはインターネット上において国を超えた商取引を容易にするため，「越境eコマース」を増加させています。

　日本の越境eコマースの市場規模は2013年で1兆7184億円と推計されており，その中の越境BtoC EC（米国・中国）の総市場規模（米国及び中国からの購入金額合計）は1915億円と推計されています。なお，2020年の日本・米国・中国の越境EC市場規模全体は最大4兆891億円にもなるといわれており，今後も越境eコマースの市場の拡大が予測されています。

(3) eコマース市場の特徴

　eコマース市場の革新的な特徴として，透明性，グローバル化，低コストの3つがあります。透明性というのは，市場参加者が取引過程における情報を監視できることです。そのため，参加者は価格や提供物，数量や市場参加者の性格などに関する情報を，ネット上のさまざまな付帯サービスを通じて利用できるということです。グローバル化とは既存の地域的商圏に制約されないインターネット上の商圏の広がりを示しており，低コストとは，売り手

と買い手との接触がネットを介することにより極めて安価で実現されるということです。

　ただし，eコマースには良い点のみならず問題点もあります。それは，買い手は多数の売り手の中で低価格を提示した取引相手と取引をすることができ，コスト削減効果が実現されるものの，売り手は結果的に価格競争をさせられることで利益が減ってしまうため不満が高まるというものです。

　このようなオークションの機能において，売り手と買い手の間には競争による対立と摩擦が存在し，競争的側面を強調する取引マーケティングが増幅することになります。しかしながら，情報交換や情報共有などを通じて取引主体間の協調関係を形成し，共同商品開発を行うなど共通の利益追求を重視していくという，関係性マーケティングも行われるようになる側面もあります（関係性マーケティングについては本書第11章を参照）。

　このようにeコマース市場においては，取引マーケティングのみならず関係性マーケティングの両者が併存しており，取引関係は緊張感を保ちながらも協働することができるのです。次にBtoC EC市場とBtoB EC市場の事例から考えていきましょう。

3 BtoC EC市場の事例

　『商業動態統計』（旧『商業販売統計』）によると，小売業（自動車販売や家電販売を含む）の販売額は2013年で約138兆8970億円の規模であり，業態別では，百貨店・総合スーパーの売上が減少傾向にある一方，コンビニエンス・ストア，ドラッグストアとならびeコマースを含む通信販売業が増加傾向にあります。ここでは，私たちが普段よく使用する通信販売業のeコマースを中心に見ていきましょう。

　インターネット通販系では楽天や外資系のアマゾン・ドット・コム，カタログ通販系ではニッセン，千趣会，ベルーナ，テレビ通販系ではQVCジャパン，ジャパネットたかた，オークローンマーケティングなどの事業者がサービスを提供しています。インターネット通販系以外の，カタログ通販系・テレビ通販系などの市場においても，インターネット・チャネルでの販売額は年々

上昇傾向が続いており，事業者にとってeコマース戦略は極めて重要になっています。

ここでは，インターネット通販分野で代表的な企業であるアマゾン・ドット・コム（以下，アマゾン）に着目してみましょう。同社（アマゾン・ジャパン）の日本での直販の売上高は2013年で7639億円と公表されています。なお2011年から2012年にかけて売上高は前年比19%増で成長しており，アマゾンによる直販のみならず多くの売り手も参加できるマーケットプレイスも運営しています。

(1) アマゾン・ドット・コム

アマゾンは，1995年7月にジェフ・ベソスによってアメリカのシアトルで創業され，創業当初は「地球最大の書店」といわれました。はじめは書籍のみの販売でしたが，その後は家電，キッチン用品，音楽，DVD，ソフトウェア，ゲーム，おもちゃ，スポーツ用品，健康・美容用品，時計，ベビー用品，洋服，靴など幅広く商品を販売しています。

日本にあるアマゾン・シーオー・ジェイピー（Amazon.co.jp）は，アマゾンの運営するインターナショナル・サイトの1つであり，アマゾンの運営しているサイトは米国と日本のほかにイタリア，スペイン，ブラジル，インド，メキシコ，オーストラリア，イギリス，ドイツ，フランス，カナダ，中国へと拡大しています。

2013年のアマゾン全体の売上高は744億5200万ドル（前年比22%増)，うち海外売上高は299億3500万ドル（前年比14%増）であり，海外売上比率は約40%を占めています。そのうち，海外売上高がもっとも大きいのはドイツ，次いで日本となっており，日本の売上高76億3900万ドルは世界全体の約10%を占めています。

アマゾンは売上高を増加させるために，商品を店頭で実際に手にとることのできないという不利な点をなるべく取り除き，顧客がほかのサイトではなくアマゾンを選ぶようにさまざまな工夫をしています。例えば，消費者同士が商品のレビューを書いて投稿したり，情報を共有したりする「コミュニティ」や「アソシエイト・プログラム（アフィリエイト）」があります。

このアソシエイト・プログラムは，自分のウェブサイトにアマゾンへのバナー（ウェブサイトを紹介する役割を持つ画像）やリンクをあらかじめ貼っておき，そのリンクを介してほかの消費者が商品を購入した場合に最大で収益の7％，エレクトロニクスストアの1商品の販売に対し上限3000円の紹介料がアマゾンからもらえるというシステムです。

　また，販売促進のための仕掛けとして，購入履歴や商品の評価，持っている商品のデータをもとに1人ひとりの好みに合わせてつくる「おすすめ商品機能」や，ボタンを1回クリックするだけで90分後に自動で注文発注できる便利な「ワンクリック注文機能」や，書籍の一部を閲覧できる「なか見！検索」の機能があります。また，電子書籍については，データを専用端末であるキンドル（Kindle）にダウンロードすると即時に読むことができるシステムもあります。

　このようなリアル（実）店舗がないための工夫に加えて，アマゾンはBtoC ECにおいて課題であった物流についてもさまざまな取り組みをしています。その1つは，アマゾン・ロッカーの設置です。配送業者は，早朝や深夜に配送できないため，アマゾンは夜間営業するコンビニエンス・ストアの中などに受取窓口になるロッカーを配置し，消費者の利便性を向上させる取り組みをしています。

　それらに加えて，物流時間を短縮するために，アマゾンでは無人飛行で配達を行う「ドローン」や，顧客が商品を購入する前に商品を出荷する「予測出荷」のサービスを計画しています。ドローンとは，ヘリコプターのような無人航空機によって倉庫から直接，消費者の自宅まで荷物を運ぶというものです。そして，予測出荷とは，購入履歴やサイト上で消費者がとったマウスカーソルの動きなどの操作から購買行動を予測し，実際に注文を受ける前に商品をできるだけ顧客に近い倉庫に輸送してしまい，配送時間を大幅に短縮しようという試みです。これらが実用化すれば，配送時間とコストを大幅に切り下げる効果があります。

(2) BtoC EC市場の効果と課題

　このようにBtoC ECにおいて，市場の拡大が予測されているにもかかわらず，

物流に課題が見られます。例えば，中国における「独身の日」問題です。独身の日とは，中国で「光棍節」である11月11日が独身を意味する数字の「1」が4つ並ぶことから呼ばれています。2009年から寂しがりの独り身にネット通販の楽しみを提供しようと，独身の日にネット通販の大バーゲンを開催するようになり，2014年には中国のeコマース最大手であるアリババ集団において，1日の取引額が571億1200万元（約1兆800億円）となり世界最高記録を更新しました。

アリババがネットオークションサイト「淘宝網（タオバオ）」や仮想商店街「天猫（Tモール）」など自社が運営するネット通販サイト上で注文を受けた商品数は約2億7900万個もあったため，宅配業者の倉庫は荷物がゴミのように溢れかえり，2万個の荷物が行方不明になるなど物流現場が大混乱する事件も起きました。この中国の「独身の日」における物流問題以外に注目されたことは，モバイル機器を通じた取引が全体の42.6％を占めたことです。これにより，中国の消費者においてもネット通販がパソコンからモバイル機器に移行していることが読み取れます。このモバイル機器利用者の増加の要因として，スマートフォンの普及があります。そのため，次にスマートフォンのBtoC EC市場と課題について見ていきましょう。

スマートフォン関連サービスは国を超えて行われる越境eコマースに発展しやすく，それらはデジタル系分野（アプリやサービスなど）において顕著に見られます。デジタル系分野は，従来からオンラインゲームやソーシャルゲームの分野で海外展開を試みる企業が多くあり，その背景には，物販系分野と比較して進出に際して物理的な制約が緩やかな点，またグローバル対応プラットフォームが増加している点などがあります。

近年ではスマートフォン関連のアプリやサービスにおいても，ゲームやデジタルコンテンツなど娯楽産業のジャンルにおいても，海外展開で大きく成長する事業者が登場しています。例えば，対話アプリであるコミュニケーション（メッセンジャー）サービスを提供するLINE（韓国ネイバー社の日本法人）は，日本国内だけではなく香港やスペイン，コロンビアなど海外でも急成長しています。2011年にサービスを開始してからわずか3年弱で登録ユーザー数が世界で3億人を超える規模に普及しています。

同様なサービスは，中国では「WeChat（微信）」，韓国では「Kakao Talk」，北米・欧州では「WhatsApp」など多く見られます。このように，競合も多い分野ながらも，同社は，アメリカ・インドネシア・マレーシア・香港・台湾・スペイン・コロンビアなど各国に拠点を設け，現地でのプロモーションも積極的に行っているとともに国内同様，LINEをプラットフォームとしたゲーム，電子書籍やeコマースモールなどの展開も進めています。
　このLINEの成長に見られるスマートフォン・アプリの分野は，グローバルなプラットフォームとして展開が比較的容易であり，ボーダレスな市場である点も特徴的です。そのため，スマートフォンを中心とするデジタル系分野は，越境eコマースにおける有望分野の1つといわれています。しかしながら，利用者が拡大し利便性が増すとともに，IDやパスワードの漏洩や乗っ取り，モバイル決済などにおける情報セキュリティに関する課題などが生じています。
　2015年4月現在，LINEは個人に対する対話アプリの提供のみならず，企業が対話アプリを使ってさまざまなサービスを提供できる仕組みを導入しており，「LINE Pay」という利用者同士の送金・決済サービスや，買い物やタクシー代の支払いもできるようになっています。しかしながら，2014年5月には利用者のアカウントが乗っ取られる不正ログインが発生し，ウェブマネーが騙し取られたり，電子マネーの購入を持ちかけられる金銭被害が発覚したりしました。このようにスマートフォンの普及は便利である反面，漏洩したIDとパスワードが闇市場で取引されたり詐欺などに使われたりする危険性もあることに注意が必要です。

4 BtoB EC市場の事例

　BtoB EC市場の事例として，日本のスーパーなどの小売企業にも利用されているアジェントリクス・エーピーを考えてみましょう。

(1) アジェントリクス・エーピー

　アジェントリクス・エーピーは，イオン，コープこうべ，コープさっぽろ，

イズミヤ，ライフコーポレーション，サンエー，コープ事業連合，ロッテ（韓国），コールズ（オーストラリア）など日本・韓国・台湾・オーストラリアにあるアジア・パシフィック地域の代表的小売企業が参加して行われているBtoB EC市場を運営しています。その従業員は約200名，参加企業数は約250社であり，アジェントリクス・エーピーの年間取引数は，実数は公表されていないものの，2006年から2010年の5年間で約2倍に増加したといわれています。

　アジェントリクス・エーピーはアジェントリクス（ブラジル等の地域ではネオグリッドと呼ばれています）で，アメリカ合衆国イリノイ州シカゴに本社があります。もともとグローバル大手小売業各社が世界最大の小売企業ウォルマートに対抗するために，業務の効率化と品質の向上を目的として2000年に共同で設立した組織です。グローバルネットエクスチェンジ（GNX）とワールドワイドリテールエクスチェンジ（WWRE）というBtoB EC 2社が2005年に合併して誕生しました。グローバル大手小売業のノウハウをベースに開発されたeコマース市場を含むソリューションは，小売業のみならず，卸売業，製造業やサービス業などにより活用されています。

　アジェントリクスは，北米・南米・ヨーロッパ・アジアの4つの地域で業務展開し，2015年3月現在，世界34か国で20万社以上の顧客を持ち，日本語を含む18の言語でサービスを提供しています。このなかでアジェントリクス・エーピーは，2007年に設立され，日本・韓国・台湾・オーストラリアに拠点を持つ，アジア・パシフィック地域を担当するアジェントリクスの子会社です。アジェントリクス・エーピーの持つeコマース市場の形式は，買い手も売り手も複数のeマーケットプレイスです。

　アジェントリクス・エーピーにおいて，イオンやイズミヤなどの大手小売企業がこのeコマース市場を通じてさまざまな商品を調達しています。図表9-4は，アジェントリクス・エーピーにて行われた取引内容を表しています。このなかの直接財とは商品として販売するものであり，間接財とは商品として販売しないものです。直接財が全体の取引の約8割を占めていることがわかりますね。

　それによると，2013年と2014年ともに直接財の取引件数は畜産と農産物が約6割を占めており，全体の平均削減率（従来の取引方法と比較して価格

図表9-4　アジェントリクス・エーピーにおけるBtoB EC市場の取引

商財別	2013年 件数	構成比	平均削減率	2014年 件数	構成比	平均削減率
電子商取引件数	3,503	100%		3,765	100%	
直接財	2,830	81%	8.6%	3,153	84%	7.9%
間接財	673	19%	14.7%	612	16%	14.9%

カテゴリ別（直接財）	2013年 件数	構成比	平均削減率	2014年 件数	構成比	平均削減率
農産	556	19.6%	10.7%	649	20.6%	10.3%
水産	284	10.0%	5.8%	410	13.0%	3.9%
畜産	1,308	46.2%	8.4%	1,428	45.3%	6.9%
総菜	122	4.3%	6.5%	137	4.3%	10.2%
日配食品	103	3.6%	7.0%	95	3.0%	0.0%
加工食品	220	7.8%	4.9%	252	8.0%	8.1%
日用雑貨	173	6.1%	11.9%	163	5.2%	5.2%
医薬・化粧品	1	0.0%	0.0%	7	0.2%	0.0%
家具・インテリア	2	0.1%	6.9%		0.0%	0.0%
衣料	61	2.2%	10.8%	12	0.4%	0.0%
総計	2,830	100.0%	8.6%	3,153	100.0%	7.9%

カテゴリ別（間接財）	2013年 件数	構成比	平均削減率	2014年 件数	構成比	平均削減率
消耗品	322	47.8%	13.8%	237	38.7%	9.4%
工事	153	22.7%	24.0%	148	24.2%	21.6%
燃料	97	14.4%	2.5%	95	15.5%	3.4%
備品	66	9.8%	15.2%	70	11.4%	17.9%
販促	15	2.2%	7.2%	19	3.1%	18.9%
サービス	10	1.5%	20.0%	2	0.3%	6.3%
システム	10	1.5%	16.2%	1	0.2%	0.0%
リース・レンタル		0.0%	0.0%	40	6.5%	35.3%
総計	673	100.0%	14.7%	612	100.0%	14.9%

出所：アジェントリクス・エーピー内部資料に基づき筆者作成。

が削減された割合）は約8％でした。間接財の取引件数は消耗品と工事が約6割を占めており，全体の平均削減率は約15％であり，商品の調達価格削減の効果が見られます。

（2）BtoB EC市場の効果と課題

　アジェントリクス・エーピーというBtoB ECによる効果について整理してみましょう。

　第1に，調達価格削減の効果があります。とりわけeマーケットプレイスは，不特定多数の売り手と買い手を集め，取引を仲介します。そのため，市場価格の透明化が促進されます。つまり，買い手と売り手は，取引が発生するたびに取引価格を観察することができるのです。そのため，両者は取引にもっとも適切で利用可能な価格を知ることができるようになるのです。

　第2に，コミュニケーションコスト削減の効果があります。市場取引において，取引を成立させるため，条件にマッチする取引相手を探索する費用は膨大になります。この費用には相手を探す時間や手間などが含まれます。見つかった相手に関して，その信頼性と誠実さ，能力（品質・納期）などを調べなければならず，それらに関する情報は調査が困難で，莫大なコストがかかる可能性が高いのです。しかしながら，BtoB ECにおいては電子商品調達機関によって事前審査されるため，探索時間と費用を削減することができるのです。

　第3に，情報共有の効果があります。取引が継続的に行われる場合，売り手と買い手の双方に互いの技術や環境についての情報が共有・蓄積されます。それによって在庫の削減とリードタイムの短縮が同時に達成できるようになります。また，新商品の情報を事前に電子データで送受信することも可能であり，業界内のトレンド等についても情報を共有することができます。それに加えて，インターネットを含む情報技術の進展により，情報共有するための時間が短縮されるとともにコストが削減され，以前より多くの情報を収集・共有することが可能になっています。

　第4に，オープン化による新規取引機会拡大の効果があります。多くの売り手と買い手が取引を行う場合，大きな探索費用がかかりますが，eマーケットプレイスでは，仲介を通して交換を集中するためこのような探索費用を節約することができるようになりました。仲介機能は探索費用削減の効果を持っているため，多数の売り手と買い手が集まるeマーケットプレイスにおいて効果が高くなります。このようにeコマースは空間的・時間的制約を緩和し，

取引相手の探索コストを削減し，新規取引機会を拡大する効果があるのです。

第5に，取引透明性の効果があります。これまで既存の取引先とこれまでの取引関係や付き合いも考慮に入れながら，取引先と自社間という閉鎖的な関係の中で取引を行うことが多くありました。しかしながら，ネット取引は分権的で開放的な性格を持っています。多数の参加者によってオープンな競争価格形成が行われるようになるため，既存の取引先との関係などを考慮することなく，取引内容のみで取引先を決め，価格が決定されるようになり，取引の透明性が高まりました。

第6に，経営のスピードを向上させる効果があります。経営に関する意思決定をする際に，情報収集が必要であり，この情報収集をするために多くの時間とコストが必要とされてきました。例えば，これまで取引先などから情報収集する際には，1社ごとに問い合わせる必要がありましたが，ネット上で多くの企業に1度に問い合わせをすることが可能となりました。そのため，情報収集時間とコストが削減され，それとともに経営に関する多くの選択肢を用意でき，意思決定にかかわる情報収集を短時間で行い，検討できるようになりました。

BtoB EC市場においては上記のような6つの効果が見られます。このようなBtoB EC市場の登場は，企業の取引環境を大きく変革しました。このようなeコマース市場が拡大傾向にあることは事実ですが，すべての取引がeコマース市場で行われているわけではなく，従来から行われていた既存の取引方法も併存しています。企業も消費者も，新しく勃興しているeコマースと既存のリアルな取引をうまく組み合わせて，最適の取引になるよう検討しなければなりません。

物流については，各企業の意思決定に委ねられており，BtoB EC市場で調達した後に購入した商品をどのように運搬するのかという課題もあります。また，BtoB EC市場内においては，日本語で詳細な調達の仕様書を作成することが多いため，日本語を理解できる企業に取引相手が限定されるという言語の壁という課題もあります。

5 おわりに

　ICT（情報通信技術）の進展は，経済や企業，及び私たちの生活に大きな影響を与えています。しかしながら，eコマースはいまだ未完の発展途上段階にあり，企業や消費者に多くの利便性を与える一方，さまざまな深刻な課題も生み出してきました。

　今後，企業のみならず消費者においても，的確な情報を収集・分析することを通じてどのように問題を解決するのかという能力，すなわち，情報に関するさまざまな能力が一層重要になるでしょう。また，企業や消費者は，パソコンのみならずモバイル機器を上手に活用して利便性を享受するとともに，セキュリティについても十分注意する必要があります。

● 参考文献

川端庸子（2012）『小売業の国際電子商品調達 ―ウォルマート，アジェントリクス，シジシーの事例を中心に―』同文舘出版。
関智宏／中條良美編（2008）『現代企業論』実教出版。
野澤正徳／伊田昌弘／田上博司編（2005）『インターネット時代の経済・ビジネス』税務経理協会。
幡鎌博（2014）『eビジネスの教科書』創成社。
阪南大学経営情報学部編（2014）『経営と情報の深化と融合』税務経理協会。

第10章
顧客満足マネジメント

1 顧客満足とは

　「あのレストランのランチ美味しかったね」、「良いホテルだった」、「あのアニメ面白かったなぁ」、「大したことのないゲームだった」。私たちは、どのような商品であれ、自分が消費した商品に対してこのように評価を下します。そして、この評価の後に出てくる感情、それが満足（不満足）という感情です。マーケティングでは、それを「顧客満足」と呼んでいます。顧客満足という概念は、1990年を境にマーケティング上で注目を浴びるようになります。その理由の1つとして、商品の増加により新規顧客獲得が困難になったことが挙げられます。

　スーパーマーケットを例に説明しますと、1980年代半ばのスーパーマーケットの品目数は約1万5000品目程度でしたが、1990年代初めにはその品目数はその倍の約3万品目にも達します。私たち人間は、このような大量な情報（大量の品目）から有用な情報（優れた品目）を選び出す時、簡便な方法に頼ろうとする傾向があります。例えば、1度も使ったことのない商品を選ばずに、1度使って満足した経験のある同じ商品を選ぶというような行動をとる傾向があります。このようなことから、商品の量が溢れた1990年代において、新規顧客獲得が非常に困難なものになっていきます。当時の研究者によれば、新規顧客の獲得は既存顧客に再購入させるコストの5～6倍以上かかったとされています（この考え方は現代にも当てはまります）。そこで注目されたのが新規顧客ではなく既存顧客です。既存顧客の満足を高め続け、自社の商品を購入し続けてもらう、これこそ顧客満足がマーケティング上で

注目された背景です。それでは次節では，この顧客満足を高めることによって得られるメリットについて考えていきましょう。

2 顧客満足向上のメリット

　顧客満足を高めると，その商品，その商品を提供している企業に対して愛着・忠誠心を持つようになります。この愛着・忠誠心のことを「顧客ロイヤルティ」といいます。顧客ロイヤルティは，再購入（リピート）率（再び同じ企業の商品を購入する確率）によって測定されるのが一般的であり，顧客満足を高めていけばいくほど，顧客ロイヤルティも高くなっていきます。図表10-1は，その顧客満足と顧客ロイヤルティとの関係について図示したものです。この関係図は，印刷機器等を製造販売しているゼロックス社の調査データをもとに作成されています。

　図表10-1を見ると，顧客満足が「1　非常に不満」から「5　非常に満足」にいけばいくほど，顧客ロイヤルティが高くなっていることがわかります。

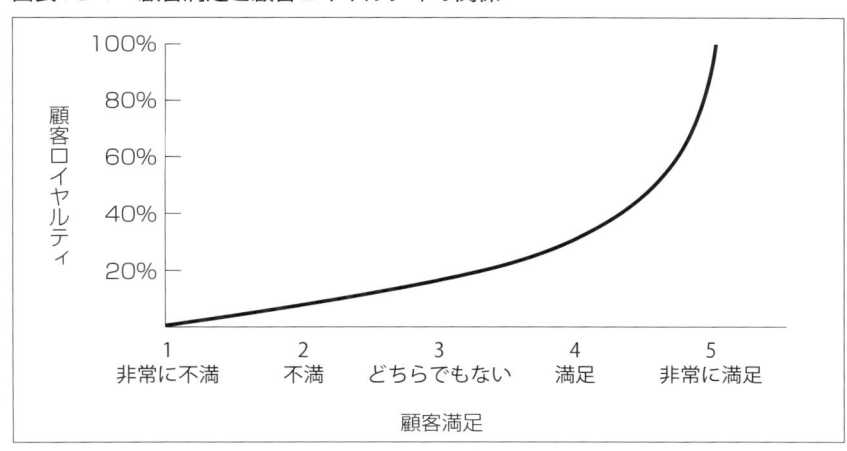

図表10-1　顧客満足と顧客ロイヤルティの関係

出所：ヘスケット／サッサーJr.／シュレシンジャー『カスタマー・ロイヤルティの経営―企業利益を高めるCS戦略―』日本経済新聞社，1998年，107ページを一部加筆・修正。

しかし，もう少し冷静に図表10-1を見てみてください。確かに顧客満足が高くなるほど，顧客ロイヤルティが高くなっていますが，満足度が「4 満足」の時の顧客ロイヤルティは30％程度，満足度が「5非常に満足」の時の顧客ロイヤルティはその3倍の90％程度になっています。従って，満足度が5点満点中平均4.3点だったとしても，顧客ロイヤルティはまだまだ低いかもしれないと考えるのが妥当だということになります。

この顧客ロイヤルティを高めると，主に①価格がある程度高くなろうとも気にならなくなる，②コストを削減することができる，③推奨をしてくれる，④購入量が増加する，といった4つのメリットがもたらされます。

まず，「①価格がある程度高くなろうとも気にならなくなる」について説明していきます。顧客ロイヤルティが高い人ほど「値上げ」に対して寛容になります。それでは図表10-2を見てください。皆さんはディズニーランドの開園当時（1983年4月15日）のワンデーパスポートの料金をご存知でしょ

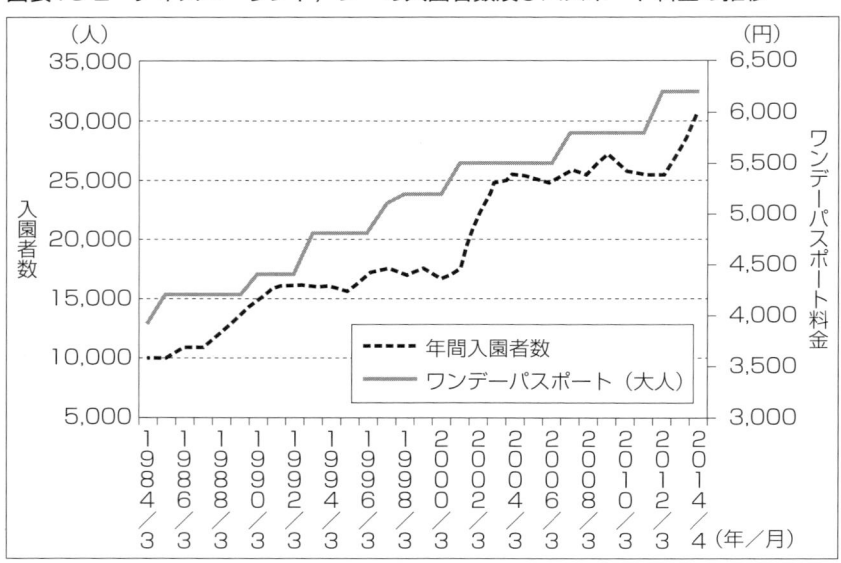

図表10-2　ディズニーランド，シーの入園者数及びパスポート料金の推移

注：入園者数は2001年3月まではディズニーランドのみ，2002年3月からはそれにディズニーシーを含めている。
出所：株式会社オリエンタルランド「FACT BOOK」，2014年3月期より著者作成。

うか。なんと3900円でした。その後，1985年3月時点に4200円，1997年3月時点に5100円，そして2014年3月には開園当時のころより2200円も高い6200円にまで上昇しています。それにもかかわらず，入園者数は落ちることなく上昇し続けています。これが顧客ロイヤルティを高めることによってもたらされた恩恵です。ディズニーランド，そしてディズニーシーは，そのリピート率が90％超だといわれており，入園者のほとんどが当該テーマパークに愛着を持っている人ばかりです。「ディズニーランドだったらいくら払おうとも行きたい！」とディズニーランド，ディズニーシーのリピーターは思っているはずです。2014年3月以降，ディズニーランド，ディズニーシーのワンデーパスポートの料金は，4月には6400円，さらに2015年4月からは6900円とさらに上昇し続けています。今の皆さんでしたら，ディズニーランド，ディズニーシーの運営会社であるオリエンタルランドがなぜこのような強気の価格設定に出られるのかがもうおわかりだと思います。

　続いて「②コストを削減することができる」について説明していきます。想像してみてください。皆さんは，とあるホテルXの従業員です。ある時，あなたはAさんとBさんという2人の顧客の対応をしなければならなくなりました。AさんはホテルXの常連客であり，あなた自身も面識のある方です。Aさんの趣味や，ホテルXを好んでいる理由，料理の好み等を知っています。Aさん自身もホテルXのサービス内容について熟知しています。一方，BさんはホテルXを初めて利用する顧客であり，あなたはBさんについて何も知りません。Bさん自身もホテルXのサービス内容についてはほとんど知らない状態です。対応により手間がかかるのはどちらでしょうか。答えは，Bさんです。Aさんの場合は，ホテルXのサービスについて熟知しているため，あなたがホテルXのサービス内容（食事の場所，入浴時間，インターネットの接続方法等）について細かく説明する必要はありません。Aさん自身もホテルXのことを考えた行動をとってくれるはずです。しかし，Bさんの場合は，サービス内容の細かい説明，さらには予期せぬトラブル等，多くの問題に対応する必要が出てきます。その結果，多くの手間がかかり，コストが高くついてしまうということになるわけです。顧客ロイヤルティを高めれば，その手間を軽減することができます。

次に「③推奨をしてくれる」について説明していきます。顧客ロイヤルティの高い顧客ほど，自分が使用あるいは利用している商品の推奨をしてくれる可能性が高くなります。多くの推奨をしてもらえれば，新規顧客を獲得できる可能性が高まりますし，新規顧客を獲得するためのコストも削減することもできます（これもまた②のメリットが生じる理由の1つです）。その結果，売上，利益ともに高まるということになるわけです。例えば，実務家であり優れた研究者でもあるフレッド・ライクヘルドは，顧客満足度が高い航空会社として名高いサウスウェスト航空の売上高成長率の高さの原因について調べました。その結果，他の航空会社と比べて自社を推奨してくれるような顧客を多く抱えているということが原因の1つであることが明らかにされています。

最後に「④購入量が増加する」について説明していきます。先に顧客ロイヤルティは再購入率によって測定されることが一般的であるという説明をしましたが，その理由がこの④のメリットにあります。顧客ロイヤルティの高い顧客は，当該商品の購入あるいは利用量が多くなる傾向があります。従って，再購入率を測ることは顧客ロイヤルティを測定することにも繋がるわけです。それでは，顧客ロイヤルティを高めると具体的にどの程度，購入量が高まるのでしょうか。図表10-3はあるゴルフ場を対象に行われた顧客ロイヤルティと購入量との関係を調査した結果を示しています。顧客ロイヤルティが4点未満の顧客と4点以上の顧客の年間利用額，年間利用回数を比較しています。顧客ロイヤルティは継続利用意向を5点満点で評価してもらうことによって

図表10-3　ゴルフ場における顧客ロイヤルティと購入量との関係

	顧客ロイヤルティ4点未満	顧客ロイヤルティ4点以上
	平均値	平均値
会員および同伴者		
●年間利用額	375,546円	766,764円
●年間利用回数	7.53回	14.18回

注：会員および同伴者⇒同伴者をつれて利用した会員。
出所：浅田孝幸／鈴木研一／川野克典編『固定収益マネジメント』中央経済社，2005年，10ページより一部抜粋し筆者加筆・修正。

測定しています。4点未満の顧客と4点以上の顧客とでは，その年間利用額と年間利用回数に約2倍もの開きが出ていることが分かるでしょう。顧客ロイヤルティが高い顧客は，低い顧客に比べてこれほどまでに購入・利用を繰り返してくれる存在となるのです。

ここまで顧客ロイヤルティを高めることによってもたらされる4つの主要なメリットについて説明してきました。この4つのメリットは，時間が経過するにつれて増加していきます。図表10-4は顧客1人当たりのその増加傾向を示したものです。このように顧客1人の顧客満足を高め，顧客ロイヤルティを強化していけば，その顧客が企業にもたらす価値（利益）は大きくなっていきます。この価値の総計を「顧客生涯価値（Life Time Value）」と呼びます。顧客満足を向上させる最大の目的は，この顧客生涯価値を最大化させることなのです。

顧客満足を高めることによって得られるメリットについておわかりいただ

図表10-4　顧客生涯価値

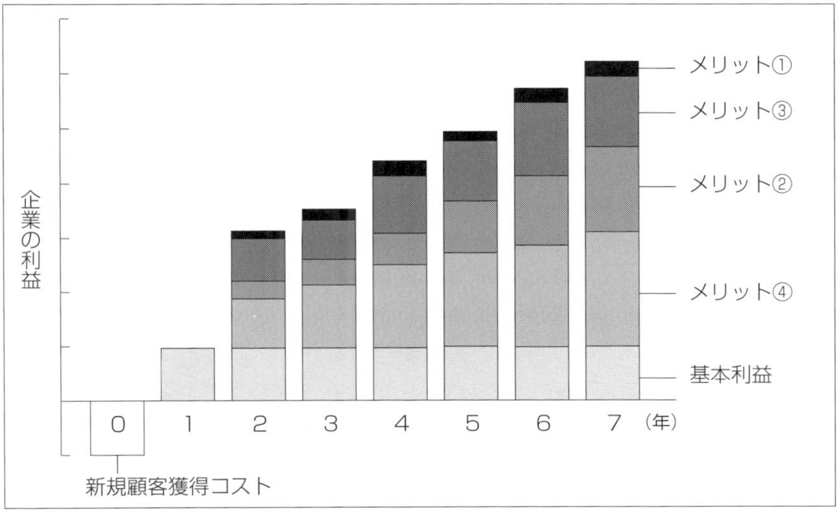

注：①価格がある程度高くなろうとも気にならなくなる，②コストを削減することができる，③推奨をしてくれる，④購入量が増加する。
出所：ライクヘルド・F・F『顧客ロイヤルティのマネジメント』ダイヤモンド社，1998年，90ページを一部加筆・修正。

けたでしょうか。それでは，次節ではこの顧客満足をいかに高めていけば良いのかについて考えていきましょう。

3 顧客満足を高めるには？

(1) 期待マネジメント

　顧客満足を高めるにはどうすれば良いのでしょうか。それを知るためには顧客満足がどのようなメカニズムによって生じるのかを知る必要があります。そのメカニズムについて説明した理論の中でもっとも説得力が高いといわれているものが「期待不一致理論」と呼ばれるものです。期待不一致理論では，顧客満足は自分がこれから購入しようとしている商品への期待と，実際にその商品を体験してみて感じた品質との差し引きによって規定されるとしています。皆さんもよく「期待以上だったよ」，「期待はずれだったなぁ」，「まあ期待通りだな」と口にしたことがあると思います。それが期待不一致理論の考え方だと思っていただければいいわけです。従って，顧客満足を高めるには，この期待をうまくマネジメントしていく必要があるわけです。これを「期待マネジメント」と呼びます。期待マネジメントでは，「期待を抱かれるもの」と「期待を抱けないもの」への対応が必要となります。

　私たちは，1つの商品を使用あるいは利用する前にさまざまなものに対して期待を抱きます。例えば，タクシーに対しては，運転手の対応，運転手の知識，タクシーの内装の綺麗さ等といったものです。これが「期待を抱かれるもの」になります。「期待を抱かれるもの」の中には，その期待を充たしたとしても「当たり前と思われるもの」と「当たり前と思われないもの」があります。図表10-5は，銀行，乗用車，タクシーにおける「当たり前と思われるもの」と「当たり前と思われないもの」の一例を示したものです。

　「当たり前と思われるもの」は，それが充たされたとしても満足を抱かれることはありませんが，充たされないと大きな不満を抱かれるという特徴があります。例えば，私たちはタクシーに対して「安全に目的地まで送り届けてもらうこと」を期待していますが，そのことが充たされたからといって私たちは満足したりしません。むしろ，「安全に目的地まで送り届けることな

図表10-5 「当たり前と思われるもの」と「当たり前と思われないもの」

対象事業	当たり前と思われるもの	当たり前と思われないもの
銀行	● 安全性 ● 確実性 ● 公平性	● 雰囲気 ● 親切 ● ユニフォーム・イメージ ● 美人　　　　　　　　　等々
乗用車	● 基本機能 ● 安全性 ● 耐久性	● デザイン ● 色合い ● 各種アクセサリーや装備 ● ブランド・イメージ ● 保証サービス　　　　　等々
タクシー	● 安全 ● 適正料金	● あいさつ ● クリーンな車 ● 周辺知識 ● おしぼりサービス　　　等々

出所：嶋口充輝『顧客満足型マーケティングの構図』有斐閣, 1994年, 67ページを一部加筆・修正。

ど当たり前だ」と思うでしょう。「当たり前と思われないもの」は，それが充たされると満足を抱きますが，それが充たされないと不満を抱くという特徴があります。例えば，長野県に本拠地を構えるタクシー会社である中央タクシーは，「当たり前と思われないもの」への対応を追求することによって約90％のリピート率を誇っています。中央タクシーでは，その業務を行う上での基本的な行動（業務上必ず行う行動）として，自己紹介，ドアサービス（運転手自身が手でドアを開閉してくれる），傘サービス（雨が降っているときに雨に濡れないように傘を差してくれる）を規定として定めており，中央タクシーの公式ウェブサイト上でもその基本的な行動についての情報を公開しています（http://chuotaxi.co.jp/publics/index/15/）。この基本的な行動には安全に走る等といった「当たり前と思われるもの」は含まれていません。「そのようなことはできて当たり前。お客様はそれができたからといって満足しない」，おそらく中央タクシーはこのように考えているはずです。このように「期待を抱かれるもの」への対応をする上では，自分たちが対応をしているのはその期待を充たしたとしても「当たり前と思われるもの」なのか，それとも「当たり前と思われないもの」なのかをしっかりと認識して

161

おく必要があります。

　それでは続いて「期待を抱けないもの」について考えていきましょう。期待をするということは，どのような商品であるのかをある程度予測できなければなりません。しかし，私たちは，当然すべてを予測することはできません。例えば，あるレストランで突然，自分の誕生日を祝われるといった対応は誰にも予測ができません。これが「期待を抱けないもの」になります。「期待を抱けないもの」への対応は，「期待を抱かれるもの」への対応に比べて満足度を大きく引き上げることができます。なぜなら，「驚き」といった感情が生じるからです。「驚き」の感情は，顧客満足にプラスの影響をもたらすということがこれまでの研究結果からわかっています。また，その対応を怠ったからといって，不満足を抱かれることはありません。なぜなら，その対応がされるのかどうかも予測できていない状態だからです。例えば，東京都の青山・表参道にあるレストラン・カシータ（Casita）は，シャンパン，料理のメニュー，ナプキンに自分の名前が印字されていたり，デザートの時間になると外のテラスに案内してくれたりする等，「期待を抱けないもの」への対応が優れていることで有名です。確かに注文したシャンパンに自分の名前が印字されていたら驚きますし，嬉しいものですよね。しかし，ここで1つ注意しておかなければならないことがあります。それは「期待を抱けないもの」は，1度対応してしまうと「期待を抱かれるもの」になるということです。カシータの食べログのカスタマー・レビューの1つには，1回目の来店時はデザートの時間に外のテラスへ案内してくれたのに，2回目の来店時ではそのような対応をしてくれなかったというものがあります。「期待を抱けないもの」への対応は，確かに顧客満足を大きく引き上げてくれる力を持っていますがその対応には工夫が必要です。例えば，「お客様，デザートの時間になりましたが，初来店記念ということでその御礼も込めまして外のテラスにお席をご用意いたしました」等といったようにその対応をした理由をしっかりと認識させておけば，2回目の来店時に期待されることもありません。または，従業員同士でどのような対応を行ったのかを共有しておけば，「期待を抱けないもの」から「期待を抱かれるもの」に変化したとしても，それにある程度対応することが可能です。

このように顧客満足を高めることにおいては,「期待を抱かれるもの」と「期待を抱けないもの」,双方に気を配る必要があります。

(2) 真実の瞬間

さて,ここまで「期待を抱かれるもの(当たり前と思われるもの／当たり前と思われないもの)」と「期待を抱けないもの」への対応について述べてきたわけですが,その対応をする上で「真実の瞬間(Moment of Truth)」という非常に重要な考え方を最後に紹介して,本章を締めくくろうと思います。真実の瞬間とは,顧客と企業とのほんのわずかな接触の瞬間が総合的な顧客満足の高さに影響を及ぼすというもので,1981年にスカンジナビア航空の社長に就任したヤン・カールソンが提唱したものです。スカンジナビア航空は,ヤン・カールソンが就任した当時,3000万ドルもの赤字を抱えていましたが,この赤字を瞬く間に黒字へと転換した考え方がこの真実の瞬間です。この真実の瞬間という考え方から学ぶべきことは,どのような些細な顧客との接触であっても,その瞬間を疎かにしてはいけないということです。私たち人間は,良いことよりも悪いことに対して意識を傾ける習性を持っています。例えば,今までラブラブだったカップルがほんの些細なことをきっかけに別れてしまうということがありますよね。これも悪いことに対して意識を傾けるという人間の習性からきています。別れるきっかけとなった悪い出来事よりも,楽しかった思い出の方が多いはずなのですが,悪い出来事というのは,それだけ脳裏に刻まれやすいのです。顧客満足を高めたいのであれば,真実の瞬間を疎かにしないことです。真実の瞬間は,従業員との接触のみならず,いたるところに存在します。例えば,ホテルなら,そのホテルのウェブサイト,ロビー,ベッド,照明,トイレ,洗面台,浴場・浴室,室温,朝食・夕食,ホテル内の案内標識,Wi-Fi環境等が挙げられます。

この真実の瞬間という考え方を念頭に置きながら,「期待を抱かれるもの(当たり前と思われるもの／当たり前と思われないもの)」と「期待を抱けないもの」への対応を行っていきましょう。

●参考文献

カーネマン, D.（2012）『ファスト＆スロー: あなたの意思はどのように決まるか？』早川書房。
カールソン, J.（1990）『真実の瞬間』ダイヤモンド社。
ペパーズ／ロジャース（1995）『One to Oneマーケティング』ダイヤモンド社。
ライクヘルド, F. F.（2006）『顧客ロイヤルティを知る「究極の質問」』ランダムハウス講談社。

第11章 関係性マーケティング

1 関係性マーケティングの誕生

　企業を取り巻く利害関係者集団との関係性を事業の基点とする「関係性マーケティング（relationship marketing）」という概念に関心が高まっています。この関係性マーケティングは，中核企業とそれを取り巻くあらゆる利害関係者集団との長期継続的な取引関係を重視しており，それを意識的に構築し，維持し，発展させようとするマーケティング手法や概念を指します。

　関係性マーケティングという用語は，1983年，レオナルド・L・ベリーの論文で初めて用いられました。1990年代に入り，関係性マーケティングという用語はますます一般的な用語になりました。その後，関係性マーケティングの概念は，顧客との関係性を深めるためにさまざまなデータベースを構築して活用する「データベース・マーケティング」や個々の顧客に合わせた対応を可能にする「One to Oneマーケティング」や，顧客との絆をより強くするために顧客関係性を管理する「CRM（Customer Relationship Management）」へ繋がっていきます。これらは，いずれも基本的な考え方は関係性マーケティングと同じです。なのに，似たような用語がたくさん存在する理由は，これらの用語はコンサルタント会社によって提供されるサービスのブランド名（商品名）でもあるからです。多くの研究者やコンサルタント会社の独自のアプローチにより，今後も新しい用語が生まれてくることでしょう。本章では，この関係性の概念や関係性マーケティングの全体像についてわかりやすく説明することにします。

2 関係性重視の背景とその意味

(1)「関係性」重視の背景

　顧客や取引先との長期的な関係性が有する戦略的意義に注目したマーケティングの考え方は，以前からサービス財や産業財を扱うマーケティング分野に存在していました。では，今日改めて関係性概念が重視されるようになったのは一体なぜでしょうか。

　よく聞く話では，「市場のニーズが読めなくなっている」あるいは「そもそも消費者も自分自身のニーズがわからない」という，売り手も買い手もニーズというものを把握していないという都市伝説のようなものがあります。企業は市場のニーズを明確にするためにあの手この手を駆使していますし，消費者は賢い買い物をしたいはずなのに，市場の不透明性や不確実性には拍車がかかっています。このような状況下では，顧客満足追求や顧客間問題解決のために，供給業者や流通業者，その他の関連組織と継続的な関係を結んでともに考えることが得策であるといえます。

　さらに，供給が需要を越える程度が高くなる状況下で新規顧客を創造することには限界があるため，新規顧客を獲得するよりも既存顧客の維持によって最大の利益機会を探ることが有利です。特に個々の顧客を重視する関係性マーケティングに関する議論では，主に顧客獲得から顧客維持に焦点を移すことによる経済性を強調しています。このような主張は，市場環境の変化により新規顧客の獲得より既存顧客の維持や再購入行動が重要になるにつれ関心を集めました。つまり，売り手市場から買い手市場への変化に対応するため，企業は顧客との協調的で互恵的な関係性を強化することによって，相互利益とともに顧客を満足させる関係性マーケティングを展開する必要があるといえます。

(2) パレートの法則

　従来，企業は顧客との関係性維持のために投資を行うよりは，新規顧客を獲得することで市場占有率を向上させる方を選んできました。しかし，現在では顧客維持における経済的効果が支持されています。例えば，イタリアの

経済学者ヴィルフレド・パレートが提唱した「パレートの法則」は，商品や顧客において少数の要素が売上や利益における成果の大半を生み出す現象をさしており，「20／80の法則」ともいわれています。関係性マーケティングにおいては，「20％の優良顧客が80％の購入を行う」といった同法則の実務的有用性が注目され，売上に貢献度の高い20％の優良顧客との関係性管理の重要性が示唆されました。それは，20％の優良顧客を差別的に優遇することで80％の売上が維持でき，高い費用対効果を達成できるからです。その他には，ある顧客が生涯を通じてどのくらい利益に貢献するかを算出した「顧客生涯価値（Life Time Value）」が注目されました。

さらに，関係性概念が重視されるようになった環境要因として情報化の進展を看過することはできません。1990年代後半からインターネットをはじめとするコンピュータ・ネットワークの存在によって，企業の活動スペースは社屋，地域，国境という垣根を越えて，今やグローバルになっています。情報化の進展により，今までできなかった水準での「顧客の理解・識別」や「顧客との接触」が可能となり，それをどう活かすかの優劣が差別化の鍵になっています。

(3) 情報技術と関係性マーケティング

新しい情報技術（ITまたはICT）の発展と普及はマーケティングの考え方や手段を大きく変え得る推進力になっています。例えば，コンピュータ・ネットワークの存在は，高度で密度の高いコミュニケーションを可能にし，また企業や市場といった経済組織のあり方までを大きく変えつつあります。企業と利害関係者集団とのコミュニケーション・ツールとして情報技術を駆使することで，企業にとって価値ある関係を識別し強化することが容易になってきました。

とりわけ，BtoC（Business to Consumer：企業対消費者）の分野においては，情報技術を活用することによって，個々の顧客に対応し得るマーケティング戦略の開発が可能となっています。顧客1人ひとりのニーズや欲求，購入履歴にあわせて，個別に展開されるマーケティング手法としては，データベース・マーケティングやOne to Oneマーケティング，CRMなどが代表的です。

情報技術を最大限に活用することで，既存顧客との関係性の構築が容易となり，顧客ごとにカスタム化した商品やサービス，販売促進，価格戦略を効果的に実行することが可能となり，関係性マーケティングはマーケティングに新たな方向性を拓いたといえます。このような企業を取り巻く環境の変化により，企業は顧客をも含む利害関係者集団との安定的な取引関係の必要性を強く意識するようになり，その適合の鍵として関係性マーケティングの重要性が強調されるようになりました。

(4)「関係」と「関係性」

さて，環境適合を通じて企業の競争優位を獲得する手段として関心を集めている関係性マーケティングですが，そもそも「関係性」とは何でしょう。まず「関係」という言葉は，①2つ以上の物事が互いにかかわり合うこと，またはそのかかわり合いのことであり，②あるものが他に対して影響力を持っていること，またはその影響のことを指します。すなわち関係には良い関係や悪い関係のようにさまざまなタイプが存在し，この概念自体は中立的な概念であるといえます。

それに対して「関係性」とは，多次元的な性格を持ち，継続的で個人的な性格が濃い強力な連結を意味します。マーケティングにおける売り手と買い手間の関係は，両者における継続的な経営活動及び収益性を獲得するために相互依存性を有します。このような場合，取引関係は1回ごとに完結する「単発的取引（あるいは離散的取引）」とは区別される時間軸を持った「長期継続的な取引」として認識されます。また，関係性とは，信頼はもちろんのこと，相互依存性の程度をも意味します。すなわち，関係性は信頼や連帯感のようなマクロ的秩序として場の維持や発展に貢献するポジティブな概念であるといえます。

特定の取引相手と関係性を構築することで，取引に伴うコストの低減，不確実性の緩和及び取引効率性の向上が期待できます。つまり，関係性マーケティングとは，このような関係性概念を導入したマーケティングの接近方法であります。

3 関係性マーケティングの定義

(1) 関係性マーケティングの研究史

　関係性マーケティングを概念化するためには，あらゆる利害関係者集団との長期的な関係性を受容可能な定義が要求されますが，大体の既存の定義はそうではありません。そして，いまだ関係性マーケティングについての統一した定義すら存在しない状況であります。その最大の原因は，関係性マーケティングの研究アプローチの相違によるものであります。関係性マーケティングという用語はベリーが初めて使用しましたが，それはサービス・マーケティングに関する論文でした。この関係性マーケティングやCRMという用語は新しいものですが，マーケティングにおいて関係性概念を重視する考え方は古くから存在しています。

　例えば，情報化の進展により，不特定多数の消費者を対象とする消費財マーケティングにおいて関係性マーケティングが注目されるようになりましたが，特定少数の取引先を対象とする産業財マーケティングやマーケティング・チャネル分野においては，その重要性や概念が強調されてきました。関係性マーケティングは新しい用語でありますが，関係性マーケティングの概念がいつ現れたかを正確にいい当てることは難しく，だからこそ，「古くて新しい概念である」といわれています。

　以上のような研究分野の相違のみならず，それぞれの研究者によって対象とする市場も異なり，その結果，関係性マーケティングの定義にも相違が見られます。サービス・マーケティングを対象とした定義は，消費者あるいは顧客との関係に限定して関係性マーケティングを定義しており，顧客との関係性を構築し維持し発展させていくというもので，新規顧客の獲得よりも既存顧客の維持に焦点が当てられています。

　他方，産業財マーケティングでは，関係性マーケティングの概念がマーケティングの核心となっているともいえます。部品や資材などの取引では，売り手と買い手は互いに顔の見える関係であり，具体的には，売り手企業の営業部門，生産部門，開発部門，物流部門などが買い手企業の購入部門，生産部門，開発部門等とどのようなコミュニケーションを取り合うのか，またそ

のような関係のために売り手企業の諸部門がどのように協力し合うのか，といった問題を扱います。すなわち，産業財マーケティングでは関係性マーケティングの対象を企業間関係，部門間関係に限定しています。マーケティング・チャネルの分野でも早くからチャネル・メンバー間における関係性が重視されてきました。

(2) 関係性マーケティングの定義

もちろん，関係性マーケティングのすべての領域をカバーする定義を行っている研究者も少なくはありません。そのなかで，モーガン（Morgan, R. M.）とハント（Hunt, S. D.）の研究を紹介することにします。モーガン／ハントは，

図表11-1 関係性マーケティングにおける関係性の範囲

パートナー・カテゴリー	主体	主な内容
供給業者パートナーシップ	仕入業者	①JITおよびTQMのような製造業者と供給業者間の関係的交換を包含するパートナーリング
	サービス提供業者	②広告代行会社あるいはマーケティング・リサーチ機関などのサービス提供企業と彼らのそれぞれの顧客との関係的交換
水平的パートナーシップ	競争者	③技術戦略，共同マーケティング提携のような競争企業との戦略的提携
	非営利組織	④公共目的を持つパートナーシップのような，企業と非営利組織との提携
	政府	⑤企業と地方政府，州政府，国家政府との共同研究開発のためのパートナーシップ
購買者パートナーシップ	最終顧客	⑥特にサービス・マーケティング分野ですすめられているような，最終顧客と企業間の長期的交換
	中間流通業者	⑦流通チャネルにおける関係的交換
インターナル・パートナーシップ	組織内部	⑧機能部門間の交換
	従業員	⑨インターナル・マーケティングのような企業とその従業員間の交換
	事業単位	⑩子会社，事業部，戦略事業単位のような事業単位間の企業内の関係的交換

出所：Morgan and Hunt（1994），p.21より作成。

ある1企業(中核企業)からみて,関係性を重視すべき4つのパートナー・カテゴリーに分け,それを構成する合計10の主体との関係的な交換を図っていかなければならないと主張しています(図表11-1参照)。彼らは,関係性マーケティングは成功的な関係的交換の構築,展開,維持をめざすあらゆるマーケティング活動であると定義しています。

このような定義から窺い知れるように,関係性マーケティングとはマーケティングにおける関係性概念の導入を強調しており,交換の発生に直接あるいは間接に影響を及ぼす利害関係者集団との関係性を強化させる企業活動であり,その活動の主体は企業です。

4 関係性マーケティングの研究領域

(1) 関係性マーケティングの4分野

先行する関係性マーケティング研究領域は,BtoCの分野,及びBtoB (Business to Business:企業対企業) の分野に区分することができます。本節では,関係性マーケティングの既存研究を,①サービス・マーケティング,②消費財マーケティング,③マーケティング・チャネル,④産業財マーケティングの4分野に分けて概観します(図表11-2参照)。

図表11-2 関係性マーケティングの分類

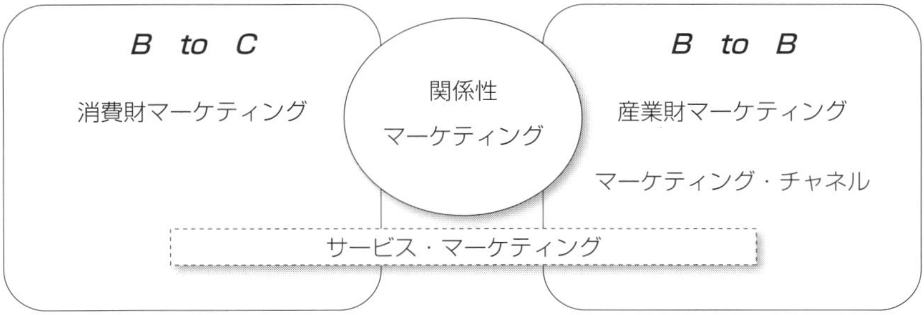

出所:筆者作成。

(2) サービスにおける関係性マーケティング

　サービス・マーケティングにおいては，サービスの生産と消費の不可分性からサービスの形成には顧客の参加が不可欠であり，古くから顧客との関係が注目されてきました。サービス・マーケティングにおける関係性マーケティングでは，顧客を引き付け，顧客との関係性を構築し，維持し，発展させるという継起的なプロセスに重点をおき，パートナーとしての真の顧客を創造することの戦略的有効性が指摘されています。つまり，顧客との関係性を大切にし，顧客との関係性を強化することによって顧客に継続的に購入を促し，当該企業に対するロイヤルティの高い顧客へと転換させることで収益性を追求することの戦略的有効性を強調しています。

　サービス・マーケティングにおける関係性マーケティングの根本的な要点は，「マス・マーケティング」から「個客マーケティング」への転換であるといえます。つまり，BtoBの分野はもちろん，BtoCの分野において顧客1人ひとりを特有のニーズや欲求を持つ「個客」として認識すると同時に，新たな事業機会として認識するのです。サービス・マーケティングにおける関係性マーケティングでは，究極の市場細分化ともいえる個々の顧客対応の発想や，顧客を魅了しサービスを思い出に残る出来事に変えるような「経験価値」の発想が中心的な基本戦略として指摘されています。

(3) 消費財における関係性マーケティング

　消費財における長期継続的な関係性の本質及び消費財市場における関係性形成プロセスに関する研究はそれほど多く行われていません。その1つの理由として消費財における取引の大半が1回限りの取引（単発的取引）であることが挙げられます。例えば，消費財の中でも日常的に高頻度で購入される商品の場合は，価格が商品を選ぶ最有力な判断基準となっており，関係性構築による利益は望みにくいといえるでしょう。産業財における売り手と買い手間の関係性重視とは異なり，それほど大きな困難なしに関係性を解消することができ，相対的に少ないインセンティブ（誘因）によって他の販売者に変更することが可能です。したがって，消費財における売り手と買い手間の関係はその継続期間が短くなりがちであります。そのために長期的な観点か

ら高い関心を持つ研究対象になってこなかったのであります。

　消費財マーケターにおいて，関係性マーケティングに力点をおくということは，不特定多数から特定少数の顧客に焦点を移すことを意味します。とりわけ，消費財企業は顧客理解を深める関係性構築の必要性を認識しており，情報技術の発展がそれを可能にしています。すなわち，情報技術の発展により双方向コミュニケーション・ツールを駆使し，商品やサービスの開発，生産，配達されるプロセス全般に及んで顧客の声が積極的に反映されることで，顧客との関係性を強化することができます。また，協調的・共創的パートナーとして顧客を位置づけることで，顧客とのマーケティング分担によるマーケティング・コストの削減などの効率性を増加させることができます。

　近年，サービス・マーケティング及び消費財マーケティングにおいて，産業財市場の売り手と買い手間関係が持っている関係的交換の特徴が現れることもあります。例えば，航空産業における常連顧客優待制度である「FFP（Frequent Flyer Program）」のような長期間に及んで反復購入を行う顧客に対してインセンティブを与えるプログラム，小売業界におけるポイントカードを用いた優良顧客の維持・拡大をはかるマーケティング手法である「FSP（Frequent Shoppers Program）」，その他，メンバーシップ制度，継続的なコミュニケーションが必要な専門サービス，ブランド・ロイヤルティなどがその範疇に入ります。

（4）チャネルにおける関係性マーケティング

　マーケティング・チャネルの分野では早くからチャネル・メンバー間における関係性が重視されてきました。マーケティング・チャネルにおける取引当事者間の長期継続的関係性形成やその影響要因に関する先行研究では，従来のチャネル管理論において研究されてきたパワー（権力）やコンフリクト（敵対）という概念を超え，取引相手との相互作用にかかわるすべての交換を考察対象としています。

　関係性マーケティングは，流通システム内の多様化したパワー関係，猛烈なシステム間競争のもとで，流通システム構成員間の関係に注目しています。また，流通システム構成員間における互恵的・協調的関係をいかに構築し，

維持し，発展し得るか，いかに流通システム全体の成果と競争力を向上し得るかということに焦点を当てています。例えば，家電商品・化粧品・自動車などに代表される消費財の系列店制度における生産者と小売業者との間では，運命共同体的な一体感を持ってチャネルシステムが形成され，生産者と小売業者が協調的行動をするという特徴を持ち，この協調性が生産者のチャネル戦略を支えていました。このように関係性概念を重視したチャネル管理論では，取引当事者間における関係の交換に注目しています。関係的交換への参加者は長期的目標を持ち，長期的利益を模索し，個人的関係や非公式的コミュニケーションを重視し，自律的規範と内面化された期待による調整も行われます。

(5) 産業財における関係性マーケティング

　産業財マーケティングにおいても，早くから売り手と買い手間における長期継続的な関係性が重視されてきました。企業間関係における関係的交換の1つの形態として，「JIT（Just-in-Time）供給システム」及び「TQC（Total Quality Control：総合品質管理）」が注目を集めてきました。フレデリック・ウェブスターは長期継続的な売り手と買い手間関係として戦略的パートナーシップに注目し，その典型例としてJIT供給システムを挙げています。この場合，生産者とサプライヤーの間には戦略的意図，関係特定的投資，関係特殊的な取引ルールが存在し，売り手と買い手間関係が持っている敵対的な性格が著しく変化すると述べています。すなわち，売り手と買い手間における長期継続的かつ協調的な取引関係は1つのネットワーク組織として捉えることができます。産業財市場においては，売り手と買い手は，商品仕様についてお互いのやりとりのなかで決定していき，共同商品開発も頻繁に行われるため，売り手と買い手間では関係性が重視されます。

　以上のことから，産業財における関係性マーケティングは，極めて顧客特定的な市場のなかで企業間の取引関係に注目しており，売り手と買い手間の相互作用に注目していることがわかります。産業財マーケティングにおける関係性マーケティングは，開発・調達・生産などの取引段階における取引当事者間の情報共有や共同作業を含む相互作用が重視されてきました。さらに，いかなる取引相手といかなる関係を構築していくかという問題に重点をおい

5 まとめ

　本章では関係性の概念及び関係性マーケティングの全体像について概観しました。関係と関係性の相違点や関係性マーケティングの研究領域による特徴についてまとめました。企業を取り巻く環境の変化に創造的に適応するのがマーケティングであるならば，関係性概念をキーワードに適応を図っているのが関係性マーケティングであるといえます。この古くて新しい概念である関係性を重視する関係性マーケティングの最大の貢献は，個々の顧客への対応が注目されるようになったことであると思います。

　市場全体を対象にするマス・マーケティングから，個別顧客を対象にする関係性マーケティングは，マーケティングにおける「パラダイム・シフト」であるともいわれています。パラダイム・シフトとは，科学・学問で新しい価値，新しい仮定，あるいは新しい方法とともに新たな基盤が生まれることを意味します。関係性マーケティングという用語が生まれて30年くらい経っていますが，関係性マーケティングをパラダイム・シフトとして見なすかどうかについては意見が分かれています。それは，関係性マーケティングが，大量生産・大量販売・大量プロモーションを前提にした従来のマス・マーケティングの反省から生まれたのに，いまだに従来のマス・マーケティングが通用する市場が存在するからです。要するに，従来のマス・マーケティングと関係性マーケティングは同時並行で存在し発展しているといえます。しかし，歴史的にも対立する複数のパラダイムが同時に共存するケースは珍しくないので，関係性マーケティングはパラダイム・シフトであるといえるでしょう。ここまでの説明ですっきりしない人がいるかもしれません。なぜなら，関係性マーケティングの用語と現象にはギャップが存在するからであります。エバート・グメソンは，「用語とは現象をラベリングしたものであり，関係性マーケティングとCRMは新しい用語であるが，昔からある現象を代表している」と指摘しています。つまり，関係性マーケティングの現象が存在して以来，パラダイム・シフトあるいは複数のパラダイムの共存があったということを

見逃すことはできません。

● 参考文献

竹内淑恵編著 (2014)『リレーションシップのマネジメント』文眞堂。
グメソン, E. (2007)『リレーションシップ・マーケティング』中央経済社。
Morgan, R. M. and Hunt, S. D. (1994), "The Commitment-Trust Theory of Relationship Marketing," *Journal of Marketing*, Vol. 58, No.7, pp. 20-38.
Webster, Jr., F. E. (1994), *Market-Driven Management*, John Wiley & Sons, Inc.

第12章
サービス・マーケティング

1 サービス産業は7割産業

　私たちは日頃から，知らず知らずのうちに，なにかしらのサービスを利用しています。

　誰もが普段よく利用する鉄道，ホテル，レストラン，ヘアサロンなどの消費者向けのサービスから経営コンサルティング，修理メンテナンス，廃棄・リサイクルなどの企業向けのサービスもあります。さらに，教育やエンターテイメントなど人の心に向けられるサービスもありますし，情報を介するような銀行，保険，調査業もサービスに含まれます。このように，サービス産業は業種構成も多様で対象範囲は多岐にわたっています。しかも，日本を含む先進国では，ほぼサービス産業を意味する第3次産業（第1次は農林水産業，第2次は鉱工業）が産業全体の約7割を占める一大産業になっているのです。

　本章では，近年その重要性が高まりつつあるサービスについて考察します。特に，最重要なサービスの特性やサービス・マーケティングの戦略について検討します。さらに，サービスの概念と似て非なるホスピタリティの概念を整理し，日本に元来あった概念の「おもてなし」のサービスについて学ぶことにより，サービス・マーケティングの本質を探っていきます。

2 サービスの特性

（1）サービスの分類

　サービスの分類方法として，サービスの受け手特性とサービスの作用特性

によって4つに分類されるサービス分類マトリックスがあります（図表12-1参照）。このマトリックスでは，サービスの直接的な受け手が人と物財に分類され，サービスの作用特性は有形と無形に分類されています。旅客輸送，宿泊，美容院，レストランなどは，人に向けられる有形の行為です。

広告，娯楽，教育，経営コンサルティングなども人に向けられるサービスですが，それらは，無形の行為であり，人の心，精神，頭脳に向けられるサー

図表12-1　サービス分類マトリックス

サービスの作用特性	サービスの直接の受け手	
	人	モノ
有形の行為	（人を対象とするプロセス）人の身体に向けられるサービス	（所有物を対象とするプロセス）物理的な所有物に向けられるサービス
	旅客輸送	貨物輸送
	健康医療サービス	修理・メンテナンス
	宿泊	倉庫・保管
	美容院	建物・施設管理サービス
	ボディ・セラピー	小売流通
	フィットネス・クラブ	クリーニング
	レストラン・バー	給油
	理容院	造園・芝の手入れ
	葬祭サービス	廃棄・リサイクル
無形の行為	（メンタルな刺激を与えるプロセス）人の心・精神・頭脳に向けられるサービス	（情報を対象とするプロセス）無形の財産に向けられるサービス
	広告・PR活動	会計
	芸術・娯楽	銀行
	放送・有線放送	データ処理
	経営コンサルティング	データ変換
	教育	保険
	情報サービス	法務サービス
	コンサート	プログラミング
	サイコセラピー	調査
	宗教	債券投資
	電話	ソフトウエア・コンサルティング

出所：フィスク／グローブ／ジョン（2005），21ページ。

ビスに分類されています。

物理的な所有物に向けられるサービスとしては，貨物輸送，修理・メンテナンス，小売り流通，廃棄・リサイクルなどがあり，有形の行為に分類されています。一方，会計，銀行，保険，調査などは情報を対象にしているため，無形の財産に向けられるサービスとなります。

なお，伝統的なサービスの分類方法はサービスを有形・無形で分類しています。その一方，現在ではサービスを単純に有形・無形というくくりで分類するのではなく，両方合わせて考えていく「サービス主体論」に基づくService-Dominant Logic（サービス・ドミナント・ロジック：SDロジック）という論理が生まれています。

(2) サービスの本質と特性

サービス（Service）とは，広辞苑によると「奉仕・接待・用役・無料」などを意味しています。その語源は，ラテン語のServus（奴隷）です。関連する動詞Serve（奉仕する・仕える）や名詞Servant（召使い）の意味合いからもわかるようにサービスを提供する人と受ける人の「上下・主従関係」が出てきます。

一方，ホスピタリティとは「客を心から親切にもてなすこと・思いやりの気持ち」などを意味します。その語源は，ラテン語のHospes（客／異人），Hospics（客の保護）などといわれています。それがHotel（ホテル），Hospital（病院）や客人を丁寧におもてなしするHost（ホスト）という言葉に派生していきました。

図表12-2に示す通り，サービスは上下・主従関係のもとで存在するのに対し，ホスピタリティは横の対等・相互関係のもとで存在します。原始的社会から近代社会へと進展するにつれ，身分社会から平等な対等関係に基づく契約社会に移行し，サービスの在り方や，労働環境も変わってきています。

図表12-3で示すように，サービスとホスピタリティには期待度の差があります。サービスの期待レベルは満足の許容範囲内・最低限度を充たせば可なのに対して，ホスピタリティの期待レベルは，客の許容満足範囲よりも高いものなのです。

図表12-2　サービスとホスピタリティとの本質的な相違

名称	語源	立場	思い	社会	標準・マニュアル	指導方法
サービス	奴隷	上下・主従	片思い	身分	適応できる範囲	トレーニング
ホスピタリティ	客人	対等・相互	両思い	契約	コンシェルジュ 世界標準化	コーチング

出所：山上（2008），12ページを参考に一部修正。

図表12-3　サービスとホスピタリティの期待度の差

	期待レベル	驚きと喜び
サービス	満足の許容範囲内・最低限度を充たせば可	妥当な範囲
ホスピタリティ	客の許容満足範囲よりも高い	期待を裏切らない

出所：山上（2008），12ページを参考に一部修正。

　ただし，欧米のホスピタリティの実践では，例えばホテル業界の場合，コンシェルジュという専門職が中心になり，従業員はマニュアルに基づいて世界的に標準的なサービスを実践するという特徴があります。日本では全従業員がホスピタリティ精神を持って「おもてなし」することが求められます。

　ところで，サービスやホスピタリティには，共通する基本的な4つの特性があります。その特性とは，「不可分性」，「消滅性」，「無形性」，「変動性」です。

　不可分性とは，サービスにおいて生産と消費が同時に行われるため，サービス提供者と利用者はサービスの場面に居合わせることが必要になることです。また，サービスとサービス提供者を切り離して考えることはできません。例えば，新幹線の移動において，前もってチケットを予約購入していても，実際に乗客がサービスを受けられるのは列車に乗り込んでから降りるまでです。大学の授業では教授の講義と学生の学習が同時に生じます。したがって，教授と学生が双方向型のコミュニケーションをアクティブに展開することで，より教育効果の高い有益な授業が成り立ちます。

　消滅性とは，サービスは後に回すことができないので，利用者が使わないと消滅してしまうことです。ホテルの客室，飛行機や劇場の空席などの例が挙げられます。ホテルの客室や飛行機の座席が今日余ったからといって，明日以降に販売することはできませんね。このような問題は，サービス需要が

一定ではなく，季節や時間などに影響され変動するために起きます。

　無形性とは，実際に見たり触れたりすることができない目に見えない，形のないサービスの取引なので，利用者はサービスの内容や質を具体的に確認できないということです。例えば，ヘアサロンに行って，綺麗なお気に入りのヘアスタイルにしてもらえるかどうかは事前にはわかりません。コンサートは音楽を，寄席は落語を聴いて楽しむものですが，音楽やお話しそのものに形はなく，その場で確認するしかありません。変動性とは，サービスは利用者と提供者という人の能力や行動によって影響されるため，常に標準化され安定したサービスが届けられないことをいいます。フィリップ・コトラーがいうように「誰がいつどこでどのようなサービスを提供するか」によって，サービスの内容や質は変化します。例えば，野球やサッカーの観戦は同じ料金を払ってもゲームの運び具合でサービスの内容が変わってきます。それと同じように，ホテルやレストランの接客も個人の対応能力や技能，利用者側によっても変わってきます。

　このように，サービスの生産，提供，消費の各プロセスにおいては，不確実な要素が多く含まれています。そこで，欧米流のホスピタリティの概念に日本式の「おもてなし」を加味した概念においては，「共生と共感」に基づき，顧客との価値を共創することが挙げられます。つまり，日本式のおもてなしサービスとは，モノ＋コト＋ヒトの感性を適宜に融合させた三位一体の実践です。また，そのサービスの実践では，全従業員が主体的に参加して，顧客との対面参与観察から適宜状況に応じて改善・提案を推進していくという特徴があります。

　上記のモノとは，環境に配慮しながら顧客に感動を与える，こだわりのある空間のことです。コトとは，優しさや思いやりのあるサービス体験を生み出す仕組みのことです。ヒトとは人間的な触れ合いを通じて双方向型のコミュニケーションを図る人材のことです。特に重要になるのが，相手の気持ちを先読みして「気配り，心配り，目配り」をしていく人材ですね。

　上記の通り，欧米流のホスピタリティの概念に対して，相手目線に立つ「気配り，心配り，目配り」が日本式の「おもてなし」の基本概念になります。

3 サービス・マーケティングの戦略

(1) サービス・マーケティングの3つのタイプ

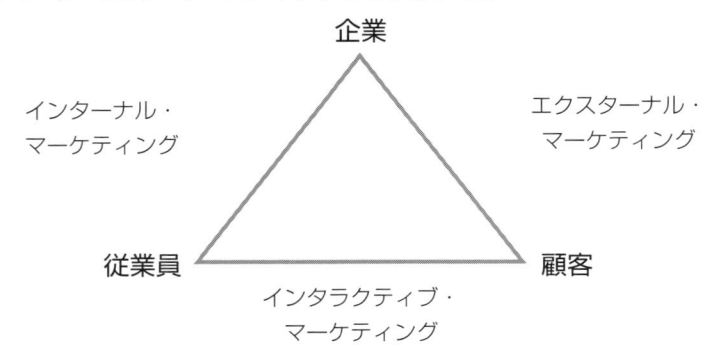

コトラーは,サービス・マーケティングについて,①エクスターナル(外部)・マーケティング,②インターナル(内部)・マーケティング,③インタラクティブ(相互)・マーケティングの3つのタイプを紹介しています(図表12-4参照)。

近年,サービス・マーケティングが注目されてきているのは,伝統的なマーケティングといわれているエクスターナル・マーケティングがより深化し,インターナル・マーケティングやインタラクティブ・マーケティングの重要性が増してきているからです。

インターナル・マーケティングとは,サービス企業が従業員を教育し,モチベーションを高めることで,顧客に良いサービスを提供することです。近年では,顧客満足度は,従業員満足度から生まれるという考えが推奨されています。仕事を通じて,従業員の働く喜びが顧客満足度に影響を与えるということです。

例えば,信州須坂の仙仁温泉・岩の湯では,お盆や正月等の期間を休業にして,従業員に家族との触れ合いの場を与えて従業員のリフレッシュと満足感を高めています。それが顧客への「共感」を生むサービスに反映され,3

図表12-4 サービス・マーケティングの3つのタイプ

```
              企業
              /\
             /  \
   インターナル・   エクスターナル・
   マーケティング    マーケティング
           /      \
          /_____\
      従業員          顧客
         インタラクティブ・
          マーケティング
```

出所:コトラー/アームストロング(1999),303ページ。

年先まで予約が埋まるほどリピーター客の満足度を高めているのです。

インタラクティブ・マーケティングとは、サービス提供時の売り手と買い手の相互作用がサービスの内容や質を高めることに寄与するということです。顧客に対応する従業員の個人の対応能力や技能がその効果を高めるポイントになります。特に、顧客と従業員の接点における関係性を高めるコミュニケーション力と感性力がより重要になります。

(2) サービス・マーケティング・ミックス

従来型のモノをベースにしたマーケティング・ミックスの要素は、マーケティングの4Pで表され、それらを組み合わせて最適化を図る戦略のことでした。

ブームス／ビットナー によると、サービス・マーケティングにはさらに3つの要素（3P）が追加されます。それらは、Participants（参加者）、Physical Evidence（物的な環境）、Process of Service Assembly（サービスの組立プロセス）です。モノとは異なる要素として、「ヒト」、「環境」、「プロセス」の各要素も必要になっていくというわけです。これは、4Pと併せて、サービス・マーケティング・ミックスの7Pと呼ばれています（図表12-5参照）。

サービス・マーケティング・ミックスの「ヒト」には、サービスの生産にかかわるすべてのヒトが含まれます。そのヒトとは、サービスを提供する従

図表12-5　サービス・マーケティング・ミックス「7P」

Product（製品）
Price（価格）
Promotion（プロモーション）
Place（流通）
Participants（参加者）
Physical Evidence（物的な環境）
Process of Service Assembly（サービスの組立プロセス）

上の4つ：「マーケティングの4P」

出所：Booms and Bitner（1981），p.50を参照し、筆者作成。

業員，サービスを受ける顧客，サービス関連の支援部署等その他の関係者も含みます。サービスにおいて，ヒトはもっとも重要な役割を果たします。サービスはヒトにより行われることが一般的であり，サービスの受け手の良い印象はヒトの良し悪しによることが多いのです。サービスを提供するヒトは相手の気持ちを先読みして「気配り，心配り，目配り」により，顧客満足度を高めなくてはなりません。

　サービス企業にとって，魅力のあるヒトは貴重な財産であり，前述の岩の湯の例のようにいかに従業員のモチベーションを高めつつ，継続的により良いサービスを顧客に提供するかということが求められます。

　サービス・マーケティング・ミックスの「環境」とは，サービスの生産にかかわるすべての物的な環境のことです。ブームス／ビットナーはこれを「サービスの証拠」と指摘しています。それは，建物・外観・内装・雰囲気などのことです。この物的な環境はそれ自体が販売促進機能を併せ持ち，顧客への有効なアプローチとなりえます。

　サービス・マーケティング・ミックスの「プロセス」とは，サービス提供過程のことで，「サービス・デリバリー」と呼ばれています。一連のサービスの流れのことで顧客からは見えない後方支援の部分への提供プロセスも含んでいます。

　サービス企業はこのサービス提供過程を標準化し，サービスの品質のばらつきを少なくして，顧客の要望に応えるためにカスタマイズして顧客満足度を高めるような取り組みを行う必要があります。

4 おもてなしのサービス

（1）おもてなしとは

　以上に述べたサービス・マーケティングを日本の事例でみた場合，まさに「おもてなし」のサービスが日本式サービスの特徴でもあり，競争戦略上の強みともいえます。

　2013年アルゼンチン・ブエノスアイレスで開催されたIOC総会での2020年東京五輪の招致プレゼンテーションで，滝川クリステルさんが身振り手振

りを加えて「お・も・て・な・し」を紹介しました。流暢なフランス語によるプレゼンテーション中の微笑みながらのゆっくりとした丁寧な口調やその後のお辞儀と合掌も大きな反響を呼び，2013年の流行語大賞にも選ばれました。

　この「おもてなし」という言葉は，動詞「もてなす」の連用形名詞「もてなし」に美化語（丁寧語）の接頭辞「お」がついたものです。広辞苑によると，「おもてなし」には①とりなし・とりつくろい・たしなみ，②ふるまい・挙動・態度，③取扱い・あしらい・待遇，④馳走・饗応などの多様な意味があります。

　今日の多様な価値観の中でヒトと環境との「共生」の考え方が重要になっています。この共生の哲学に基づき「共感」を共有するという視点がますます大事になってきているのではないでしょうか。先の東京五輪の招致プレゼンテーションでも，その視点に立って日本の文化に基づく日本人のおもてなしの心が共感を呼び起こしたともいえます。

(2) おもてなしのサービス・マーケティング実践

　経済産業省では，「(1) 社員の意欲と能力を最大限に引き出し，(2) 地域・社会とのかかわりを大切にしながら，(3) 顧客に対して高付加価値・差別化サービスを提供する経営」を「おもてなし経営」と称し，サービス事業者が目指すビジネス・モデルの1つとして推奨しています（図表12-6参照）。

　同省では，日本全国における「おもてなし経営企業選」を実施し，2012年度から3年間にわたり延べ100社選出しています。

　地域のおもてなしのサービス事例としては，例えば，2013年度では大阪府の㈱スーパーホテルが選出されました。同社は全国に104店舗，海外に1店舗を展開しているビジネスホテルチェーンで土地有効活用のコンサルティングも行っている会社です。1泊5000円を切る価格設定にもかかわらず，顧客満足度の高いビジネスホテルとして有名です。

　同社は，「ノーキー，ノーチェック・アウトシステム」を業界で初めて採用し，ビジネス・モデル特許を取得しています。このシステムによって，宿泊客はチェック・イン時に専用の機械で前払いし，キーなしで暗証番号を入力することで入室できます。そのため，受付でのスムーズな手続きと，受付スタッ

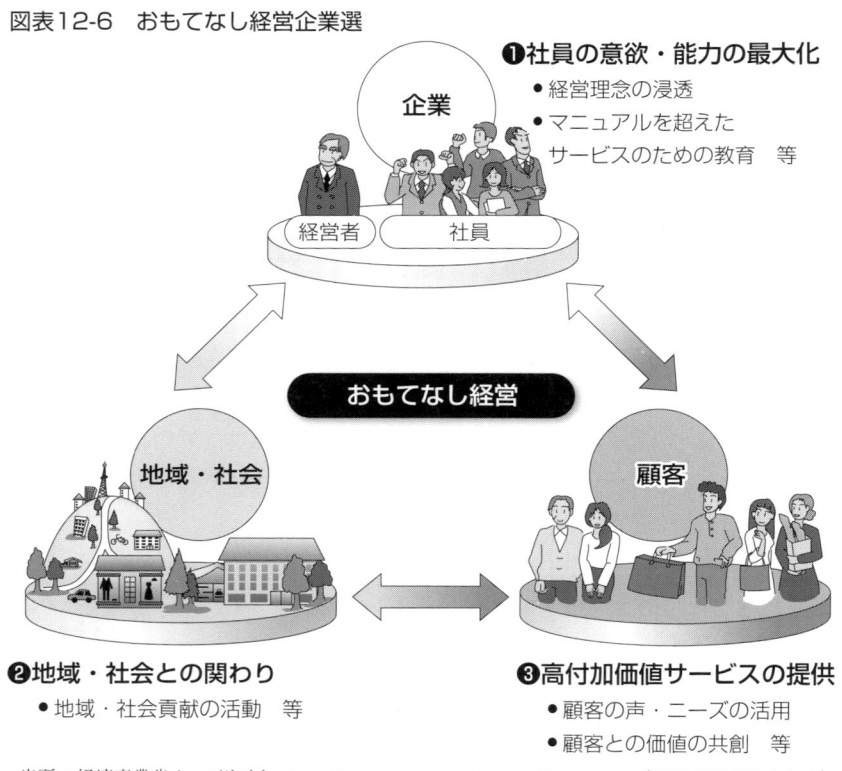

図表12-6　おもてなし経営企業選

❶社員の意欲・能力の最大化
- 経営理念の浸透
- マニュアルを超えた
  サービスのための教育　等

企業（経営者／社員）

おもてなし経営

地域・社会

顧客

❷地域・社会との関わり
- 地域・社会貢献の活動　等

❸高付加価値サービスの提供
- 顧客の声・ニーズの活用
- 顧客との価値の共創　等

出所：経済産業省ウェブサイト，http://omotenashi-keiei.go.jp/kigyousen/（2015/03/23アクセス）。

フの業務の負担を減らすことに繋がっています。その余力によって，何気ない会話や「気配り，心配り，目配り」ができ，チェック・インを済ませた宿泊客をエレベーターまで見送ることなどもしています。

　同社の社内では，「自律型感動人間」を育む取り組みを行うことでインターナル・マーケティングを強化しています。その考えの根底には，「顧客満足度」＝「従業員満足度」があります。朝礼では，経営指標を手札サイズの「フェイス」としてコンパクトにまとめ，全員で唱和し，意見交換もしています。

　また，同社は「ベスト・プラクティス制度」を設け，店舗内の優れたアイディアを表彰しています。毎年約250件のアイディアが提案され，そのうち，約10件が成功事例として紹介されています。例えば，7種類の枕から好き

な枕を選べる「ぐっすり枕コーナー」が人気を博し，全国の店舗で横展開されるようになりました。

　さらに，同社は，LOHAS（Lifestyles of Health and Sustainability：健康と環境，持続可能な社会生活を心がける生活スタイル）をコンセプトにし，LED照明を使用するなどの省電力化や連泊の際は掃除をしないことや使い捨ての商品に頼らない独自のアメニティを用意するなどの「エコひいき」活動に取り組んでいます。このように，同社はLOHASというコンセプトのもと，宿泊客との共創により，より良いおもてなしのサービスを展開しています。

　以上で紹介してきたように，満足のいく「おもてなし」のサービスだけでなく，その背景にある組織づくり，人づくり，社会との関係性づくりなどのインターナル・マーケティングやインタラクティブ・マーケティングが重視されています。

　このように，モノ・コト・ヒトの関係性を適宜に三位一体化した実践が「おもてなしのマーケティング」の要諦といえます。

　このような三位一体で顧客との関係性を深めていく実践は，モノづくり企業にも普及し始めています。例えば，小松製作所（コマツ）のICT建機でのブランド・マーケティングの展開例を見ると，顧客関係性の深化を図ることで，ダントツの顧客との価値共創を実現して，アフターサービスからさらにソリューション・コンサルティングまでサービス事業の範囲を拡張しており，注目されています。

5 まとめ

　本章では，サービス・マーケティングの特性，戦略の概要等を説明した上で，「おもてなしサービス」の実践例にみる特質を紹介してきました。また，日本式の「おもてなしのマーケティング」が西欧流のホスピタリティのサービス概念に加えて，モノ・コト・ヒトの関係性を適宜に三位一体化しており，優位性があることを明らかにしました。

　このような「おもてなしのマーケティング」は，顧客や地域社会の視点に立って，モノ・コト・ヒトを三位一体化した「おもてなし」の付加価値に対

する「共感」を得ることにより，顧客に感動や感激を与えることができます。

　欧米流のホスピタリティに日本式の共生の哲学に基づく「おもてなし」のサービスを融合させることにより，利害関係者双方間に「共生・共感」が生まれ，顧客との価値共創によって新たな価値や利益を創出できます。それは，顧客から感謝されて，サービス・ビジネスにおける顧客との関係性が好循環することにつながります。つまり，感動・感激・感謝の三感のサイクルを展開していくことが肝要なのです。

　まさに，かつての近江商人の「三方よし」（売り手よし，買い手よし，世間よし）の経営理念が今日でも多くの企業で継承されているわけです。これからの企業はこの日本の伝統的な「おもてなし」の精神をサービス・マーケティングの実践にもっと多く取り入れて，グローバルに展開可能な「おもてなし」のビジネス・モデルを世界に提案していくことが大事になっています。

●参考文献

コトラー／アームストロング（1999）『コトラーのマーケティング入門（第4版）』ピアソン・エデュケーション。
フィスク／グローブ／ジョン（2005）『サービス・マーケティング入門』法政大学出版局。
山上徹（2008）『ホスピタリティ精神の深化』法律文化社。
Booms, B. H. and Bitner, M. J. (1981), "Marketing Strategies and Organization Structures For Service Firms," in *Marketing of Services*, Donnelly, J. H. and George, W. R., eds., Chicago: American Marketing Association, pp. 47-51.

●参考ウェブサイト

経済産業省，http://omotenashi-keiei.go.jp/kigyousen/（2015年3月23日アクセス）。

第13章 コーズ・マーケティング

1 近江商人の「三方よし」

　皆さんは500mlのペットボトルに入った水を買うとき，どのようなことを考えますか？　価格の安さでしょうか。それとも，ほのかに付けられた香りや味でしょうか。はたまた海外で売られている美しいパッケージのものでしょうか。ペットボトルの水を1本買うときでさえ，私たちは意外と多くのことを考え，判断しています。実は，その判断基準の中で多くの人が考えるポイントが他にもあります。それは商品に対する安心感です。売られている商品やブランドはどこの企業が作ったものなのか，どこの国や地域で作られたものなのかがよくわからなければ，そもそも「買う」という選択肢にさえ入らないでしょう。売られている商品が，ある程度知っている企業で作られたもので，そこに基本的な安心感があればこそ買うことができるのです。

　企業側からすれば，売ろうとする商品に対する安心感をいかに消費者に伝えられるかが重要になります。商品や企業が信用のおける存在であると，消費者に認識してもらう必要があるのです。そのためにはまず，消費者にさまざまな情報を適切に伝える必要があります。つまりプロモーションやコミュニケーション活動が必要というわけです。ただしそれだけではダメです。いくらこのような活動を実施したところで，商品や企業自体が実際に信用のおけるような取り組みをしていなければ，ウソのプロモーションやコミュニケーション活動をしたことになり逆効果となってしまいます。それではどのような企業の活動が消費者に安心感をもたらすことができるのでしょうか。この点を近江商人のお話から考えてみましょう。

皆さんは近江商人の「三方よし」という言葉を知っているでしょうか。近江商人とは、現在の滋賀県で活躍していた昔の商人たちを指します。彼らには当時、商売をする際に心がけていた考え方があります。それが「三方よし」です。「三方よし」とは、「売り手よし、買い手よし、世間よし」を意味しています。商売をする際には、もちろん売り手の利益が出なければなりません（売り手よし）。そして、しっかりと買い手にも満足してもらえるような商売をしなければなりません（買い手よし）。ただしそれだけではなく、商売を通して地域や社会が豊かになるようにしなければならない（世間よし）とされています。なぜこれら3つを同時に達成しなければならないのでしょうか。「売り手よし」だけでは、ダメなのでしょうか。どんなに規模が大きくても小さくても、企業は社会の中に存在しています。自己中心的に「売り手よし」だけを追求していたら、結果的に社会の中から淘汰されてしまうのです。「売り手よし」や「買い手よし」だけでなく「世間よし」も達成することで、企業そのものやその企業が展開する商品に信用が生まれます。そうすることで消費者は安心して商品を購入することができるようになるのです。

　本章ではコーズ・マーケティングについて取り上げますが、これは特に「世間よし」の点を追求することで戦略的に売り上げを伸ばすマーケティングです。コーズ・マーケティングは、商品や企業に対する安心感を前提として、さらに「社会や環境に貢献したい」という消費者の欲求を満たすことができます。コーズ・マーケティングとは、商品の売り上げの一部を「社会問題の解決」や「環境への貢献」へ費やすことを示し、消費者の「商品を買おう」とするモチベーションを高めるものです。このマーケティングがどのような背景から生まれてきたのか、そして消費者はなぜこのようなマーケティングを受け入れるのかという点について本章では触れたいと思います。

2 コーズ・マーケティング誕生の背景

　マーケティングはアメリカで1900年代初頭に誕生し、1950年代に活発かつ統合的に行われるようになりました。マーケティングの存在が経営上でも重要であると認識されるようになったのです。この当時のマーケティングを「マ

ネジリアル・マーケティング」と呼びます。マネジリアル・マーケティングは4Pの統合的マーケティングです。

さまざまな企業が「売れる商品」づくりに汗を流しました。しかし1960年代前後になると，消費者の不満が大きくなります。大量生産や大量消費を背景に欠陥のある商品が多く出現し，健康を害するような食品も出てきました。また環境破壊も大きな社会問題となりました。そしてプロモーションやコミュニケーションにおいて誇大な表現を用いる企業も出現しました。このようなことから，消費者たちは不満を抱えるようになったのです。当時のこのような消費者の動きを「コンシューマリズム」といいます。そこで1962年，当時のアメリカ大統領であるジョン・F・ケネディは「消費者の持つ4つの権利」を宣言しました。それらは以下の4つです。

- 安全を求める権利
- 知らさられる権利
- 選択する権利
- 消費者の意思が反映される権利

つまりそれまでの消費者には，安全性の高い商品を求めることも難しかったし，商品や企業に対する適切な情報も知らされていませんでした。さらにはさまざまな選択肢から商品を選ぶこともできなかったし，消費者の意見が企業活動や商品に反映されることもほとんどありませんでした。このような宣言も加わって，コンシューマリズムはさらに過熱することになります。これを踏まえて1960年代末から1970年代にかけて「ソーシャル・マーケティング」が企業により実施されるようになりました。ソーシャル・マーケティングとは，コンシューマリズムを踏まえたマーケティングです。これは人が安心して生活するために必要な安全性を確保したり，必要な情報は提示したりするなどといった，企業にとっての社会的責任を果たすことを目的としています。企業は社会における一員なのだから，単なる利益追求ではなく社会的責任も果たさなければならないのです。企業はこの社会的責任を果たすために，社会で問題となっている事柄や，環境問題へも対応することになります。

ある研究では，この変化を「売れる商品」づくりから「選ばれる商品」づ

図表13-1　コーズ・マーケティングの特徴

	マネジリアル・マーケティング	ソーシャル・マーケティング	コーズ・マーケティング
年代	1950年代	1960〜1970年代	1980年代〜
目的	「売れる商品」	「選ばれる商品」	「選ばせる商品」
	顧客ニーズの追求	社会的責任の達成	社会への貢献と利益獲得の同時達成

出所：筆者作成。一部，竹田（2012）を参考にした。

くりへの変化としています。ソーシャル・マーケティングの展開されていた当時，企業は消費者に選ばれる商品を作り，かつ消費者に選ばれる企業になろうとしていた時代でした。そしてその後，1980年代に入り「コーズ・マーケティング」という考え方が出てきます。これまでのソーシャル・マーケティングが，企業の社会的責任を果たし，消費者に「選ばれる商品」を作るという目的によるものであれば，コーズ・マーケティングは企業が消費者に「選ばせる商品」を作るといった戦略的な意味合いを持つものです。マネジリアル・マーケティング，ソーシャル・マーケティング，そしてコーズ・マーケティングの関係性を図表13-1に示しました。

　コーズ・マーケティングの目的は，企業による社会的な問題や環境問題の解決といった社会への貢献だけではなく，それを戦略的に用いて企業の利益も増大させようとすることです。それにより社会と企業の間にWin-Winの関係を築くことができます。企業にも利益がもたらされることにより，社会への貢献が継続的に実施しやすくなるということも重要なポイントです。コーズは，英語で"Cause"と書きます。これは社会的な大義を意味します。さて，この社会的な大義を戦略的に用いるコーズ・マーケティングは具体的にどのようにして展開されてきたのでしょうか。コーズ・マーケティング誕生に重要な役割を果たした「自由の女神」のお話から，この点について紹介することとしましょう。

3 「自由の女神」が生んだマーケティング

　コーズ・マーケティングの誕生と自由の女神には切っても切れない関係があります。皆さんもご存じのとおり，自由の女神とはアメリカのニューヨーク州にある像で，1886年に独立百周年を記念してフランスから贈られたものです。アメリカの人々にとって，自由の女神はその名の通り自由の象徴としてとても大切にされてきました。しかし1983年，自由の女神がフランスから贈られて約100年目に差し掛かろうとしていたとき，この像はかなり損傷していたのです。そして多くのアメリカ人は，「なんとかこの自由の女神を綺麗な状態に修復したい」という気持ちを抱えていました。ここで登場するのが主にクレジットカードを発行しているアメリカン・エクスプレス社（アメックス）です。アメックスはアメリカで自由の女神修復プロジェクトを立ち上げました。これはただのプロジェクトではなく，うまくビジネスに繋げる工夫をしたものでした。同社はアメックスのクレジットカードを「1回使用する度に1セント」が自由の女神修復プロジェクトに自動的に寄付される仕組みを作りました。寄付金は消費者が負担する必要はなく，アメックスによって寄付されるというものです。またアメックスの新しいカードを「1枚発行するごとに1ドル」が同様に寄付されるようにしました（図表13-2参照）。

　その結果どうなったのでしょうか。なんとクレジットカードの利用率は

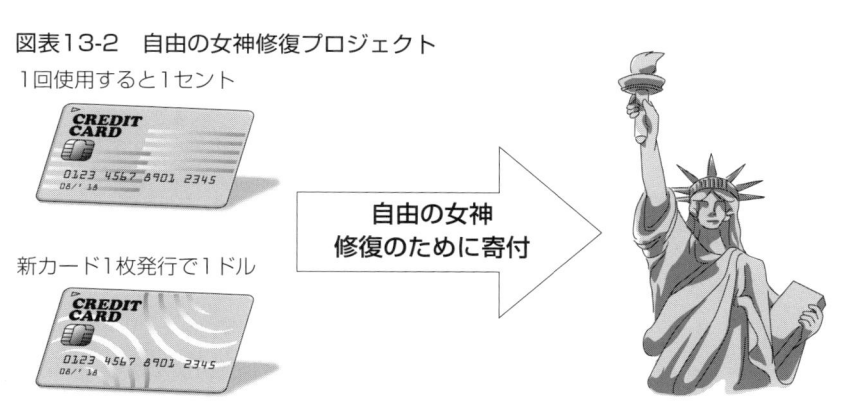

図表13-2　自由の女神修復プロジェクト

1回使用すると1セント

新カード1枚発行で1ドル

→ 自由の女神修復のために寄付

出所：アメックスのウェブサイトを参考に筆者作成。

28％も上昇し，新しいクレジットカードの発行が45％も増加したのです。これは驚くべき数値です。そのおかげでアメックスが展開する自由の女神修復プロジェクトは成功し，自由の女神は無事に修復されることになったのです。この出来事がコーズ・マーケティング誕生の瞬間とされています。消費者側から見れば，「せっかくクレジットカードを利用するならば，他でもないアメックスのものを利用しよう」という人が増えました。「今までと同じように買い物ができるのであれば，少しでも自由の女神修復に貢献できるようにしたい」というような気持ちを多くの人が抱いたわけです。企業側からすれば，このプロジェクトを通して収益が上がれば，自由の女神修復にも大きく貢献することができるようになります。ただしそれだけではなく，このプロジェクトを立ち上げることで，他のクレジットカード会社と差別化することができるのです。これをきっかけに，消費者の持っているアメックスのクレジットカードをより多く利用してもらい，持っていない人には新しいクレジットカードを作ってもえる可能性が高まります。まさに社会と企業がWin-Winの関係を築くことができるのです。

　アメックスによる自由の女神修復プロジェクトの成功以来，たくさんの企業がコーズ・マーケティングに取り組むようになりました。近年の例として有名なのが，ミネラルウオーターのボルヴィックによる取り組みです。ボルヴィックはもともとフランスのダノン社が展開するミネラルウオーターブランドで，日本では現在キリンと三菱商事の合弁企業が展開しています。ボルヴィックは「1ℓ for 10ℓ」プロジェクトとして，ミネラルウオーターが1ℓ売れるごとに10ℓの安全な水を西アフリカにあるマリ共和国の人々に届ける取り組みを行っています。マリ共和国では安全な水が不足しており，社会的な問題となっているからです。「1ℓ for 10ℓ」プロジェクトは2005年にドイツで始まりました。その1年後にはフランス，そして2007年から日本でも実施されています。マリ共和国を対象としたプログラムは日本だけで，ドイツやフランスはそれぞれ同様に安全な水に困っている他の国々を対象にしています。日本で実施されている「1ℓ for 10ℓ」プロジェクトによって，2007年から2014年までの8年間でマリ共和国に43.5億ℓの水を贈ることができました。またその成果はキリン社のウェブサイト上にて常にチェックす

ることができるようになっています。このプロジェクトがどれだけの収益を もたらしたかについては詳細な資料が無いので紹介できませんが，少なくと もこのプロジェクトが大きな広告効果をもたらしているのは間違いないでしょ う。

4 消費者の欲求とコーズ

　ここまでコーズ・マーケティングとは，社会への貢献と利益の獲得を同時 達成するマーケティングと説明してきました。ただしその考え方の裏側には， 「社会へ貢献したい」という望みを持つ消費者の存在があります。このよう な消費者がいなければ，企業がいくらコーズ・マーケティングに取り組んだ ところで利益を獲得することはできません。消費者である私たちは本当に， 社会へ貢献したいという望みを持っているのでしょうか。この点について， ある研究者が興味深い研究を行っています。彼は消費者が商品を買うときに， どのようなポイントを評価するのかを大きく次の4つに分けています。

- 経済的な点（コストパフォーマンス，品質など）
- 社会的な点（他の人に自慢できる，みんなが持っているなど）
- 感情的な点（使ったときの楽しさ，デザインの美しさなど）
- 利他的な点（他人への影響，他人への貢献度合いなど）

本書ではこのすべてを詳細に理解する必要はありません。ただし消費者が 商品を買うときに評価するポイントの1つとして，「他人への影響や貢献度 合い」といった点が示されているということは理解しておいてください。こ のような消費者の特徴があるからこそ，コーズ・マーケティングが誕生しこ れまで用いられてきたのではないでしょうか。まさに，「売り手よし，買い 手よし，世間よし」という近江商人の「三方よし」の精神に通じるのがコー ズ・マーケティングなのです。

●参考文献

竹田志郎 (2012)「グローバル化の進展とマーケティング・パラダイムの新機軸」『経済集志』日本大学経済学部，82巻3号，203-210ページ。

●参考ウェブサイト

アメックス，https://www.americanexpress.com/（2015年3月8日アクセス）。
キリン ボルヴィック，http://www.kirin.co.jp/products/softdrink/volvic/（2015年3月8日アクセス）。

補章 ①
文献の探し方

　「研究をする」ことは「山に登り，頂上に小石を積み上げる」ことに例えられることがあります。これまで先人たちが行ってきた研究（山）に自分自身の見解（小石）を積み，これからの研究の土台を作る。これまでの研究を踏まえた上で，独自の新しい見解あるいは発見を示すことが研究なのです。つまり，研究をするには特定の分野でこれまで書かれてきた研究論文または専門書をたくさん読む必要があります。「研究論文？　専門書？　どうやって探したらいいのだろう？」という声が聞こえてきそうです。この章では研究論文の探し方について紹介したいと思います。

研究＝山登り？

　先程触れた「『研究をする』ことは『山に登り，頂上に小石を積み上げる』こと」とはどういうことでしょうか？　科学はこれまで先人たちが行ってきた研究の上に新たな研究を積み重ねることで発展してきました。先人たちが行ってきた研究の積み重ねを「山」に見立て，その上に小石（自分自身の発見・見解）を積み重ねていくことでさらなる高みを目指すのです。例えば，マーケティング研究という山があったとします。その山を構成しているのはこれまでのマーケティング研究で，頂上への道は「誰に，何を，どのように売るのか」という問いに対する「マーケティングの4P」，「ブランド」，「顧客満足」といったアプローチ方法（切り口）です。この章では山登りになぞらえて説明することが多いので，頭の片隅に置いておいて下さい。

「良い」研究とは？

そもそも研究の良し悪しを決める要素は何でしょうか？ 結論からいいますと「新規性（独自性）」と「有用性」の2点が研究にとって重要です。新規性とは，その研究がこれまでの研究と異なる点のことを指します。山登りを例えにしましたが，「山の上に積み上げる」というのはこの新規性を意味しています。しかし，積み上げるのはどこでもいいわけではありません。山の中腹に小石を積み上げたとしても，標高には影響がなくほとんど評価されません。その分野の方向性に大きく影響を与えるような研究が「良い」研究といえるでしょう。

例えば，ジェイムズ・ベットマンが1979年に提唱した「消費者情報処理モデル」では，消費者を1つの情報処理システムとしてとらえています。それまでの研究では消費者を刺激（広告などの情報）に対して受動的な捉えられ方しかしていませんでしたが，「自ら情報を探索する」とした点にこのモデルの新規性があります。また，このモデルは現在でも中心的な消費者行動モデルの1つとして強い影響力を持っています（≒有用性がある）。このように特定の研究分野に対して強いインパクトを与えるような研究が「良い」研究ということになります。

情報にも価値の優劣がある

研究には新規性と有用性だというお話をしました。新規性と有用性を確保するためには「山の頂点」を目指す必要があります。「山」を構成している研究を知り尽くし，「道」を着実にたどることによって初めて「頂上」を目指すことができます。そのためには可能な限り多くの文献や情報をもとに研究を進めることが必要となります。しかし，人間が処理できる情報の量は限られています。そのため情報を選別して価値のある情報をもとに研究をすることが重要になるのです。

それでは，どのような情報を価値のある情報と考えれば良いのでしょうか？ 結論からいいますと「オーソライズされている情報は有用である可能性が高

い」です。『大辞林 第3版』によると，オーソライズとは「正当と認めること」，「公認すること」，「権威づけること」。多くの研究論文の場合，掲載される前に専門家による審査を受けることになります。専門家によってその分野での有用性を認められたというお墨付きを得ることで初めて専門誌に掲載が許されるのです。そういった意味で掲載許可が下りた論文に記述されていることはオーソライズされたものであり，その情報が有用である可能性は高いということができます。

　論文ばかりではなく，「信用のおける第三者が評価したもの」であれば，その情報の有用性は認められるということになります。例えば，長年広告代理店に勤めていた方はその経験から消費者が好みそうな広告表現に通じている可能性が高いと考えられます。そういった意味で，ビジネス誌や新聞に載っているインタビュー記事なども有用な情報源となります。政府発表の国勢調査や，シンクタンクやリサーチ会社が発表した調査報告書も大いに参考になります。責任の所在がはっきりしている情報についてはきちんと精査されており，「一定程度信頼の置ける情報だ」と考えることができます。

　逆に，誰が発信したのかわからない情報などオーソライズされていない情報には注意が必要です。インターネットのブログ記事などに載せられていた情報は，不確定なことも含まれており，主観的に判断されることも多くあります。近年，SNSを通じた風評被害が問題視されていますが，誤った情報をもとに研究を進めてしまっては元も子もありません。こうした情報を回避するためにもどういった情報が有用なのかを意識するようにして下さい。研究の場合，主に活用するのは審査のある研究論文や専門家の書いた専門書の情報です。

文献の探し方

　それでは研究論文や専門書はどのように探すのでしょうか？　文献の探し方については，大きく分けて「文献用の検索エンジンで探す」方法と「これまでの研究論文から探す」方法の2つの方法があります。この節ではその方法についてご紹介したいと思います。

1．文献用の検索エンジンで探す

ここでは，文献（研究論文，専門書，雑誌記事など）の検索の仕方についてご紹介したいと思います。主な文献用の検索エンジンは下記の通りです。

図表補-1　学術系文献の検索

日本語文献	CiNii Article	論文検索の定番。
	CiNii Books	書籍検索の定番。
	KAKEN	科学研究費助成を受けた研究のデータベース。
英語文献	Web of Science	英語の研究論文検索の定番。
	Google Scholar	Web of Scienceと並ぶ定番。日本語にも対応している。

出所：筆者作成。

CiNii Article（http://ci.nii.ac.jp/）

国内の論文・雑誌記事を探す場合，「CiNii Article」というサイトを使用します。ここではその使い方について，簡単に紹介したいと思います。

(1) CiNii Articleにアクセスしてキーワードを入力して「検索」をクリック。検索結果が出てきます。

リンクの貼られている青い文字は文献のタイトルを示しています。その下に示されているのは，その文献の執筆者です（無記名記事などでは省略されます）。3段目に示されているのは掲載されている雑誌のタイトル，掲載されている巻（カッコが付いていない数字）・号（カッコが付いている数字）・ページ数，年号（場合によっては発表された月も）です。例えば，下記画像に注目すると，「大石芳裕」という研究者の「日本企業の課題と挑戦：グローバル・マーケティングの観点から」というタイトルの文献（研究論文）が，『世界経済評論』という雑誌の「第58巻第3号」の「28から32ページ」に載っ

ているということがわかります。

(2) 気になる文献のリンクをクリックすると，詳細情報が出てきます。

　このページの「この論文を探す」にある「NDL-OPAC」をクリックすると国会図書館の蔵書検索ページに移行して，雑誌の配架してある場所などの情報が得られます。また「CiNii Books」をクリックすると当該雑誌が配架されている大学図書館の一覧が出てきます。これらの情報をもとに国会図書館や大学図書館へ文献を探しに行きましょう。さらに「CiNii PDF – オープンアクセス」と書いてある場合，そのボタンをクリックすることで論文をデータ（PDFファイル）として閲覧・保存することが可能です。

KAKEN（https://kaken.nii.ac.jp/）

　国立情報学研究所が文部科学省，日本学術振興会と協力・公開して作成しているデータベースで，文部科学省及び日本学術振興会が交付する科学研究費助成事業により行われた研究の当初採択時のデータ，研究成果の概要，研究成果報告書及び自己評価報告書を収録したデータベースです。補助金を受けている研究というのは，多くの場合専門家の審査を経て「研究するための補助をするに相応しい研究だ」と認められた研究です。つまり，先程述べた「オーソライズされた」研究なのです。

(1) KAKENへアクセスし，キーワードを入力して「検索」をクリックする。
(2) 出てきたリストの中から気になる研究をクリックし，詳細を見る。
(3) 「研究実績報告書」をクリックすると発表文献を見ることができる。

　この発表文献欄を見れば，研究助成金を活用して作成された論文を発見することができます。例えば，上記画像の下部「雑誌論文」の欄に注目すると，「大石 芳裕：“グローバル・マーケティング研究の展望”流通研究 11/2，39-54（2008），査読有」とあります。これは「大石芳裕」が書いた「グローバル・マーケティング研究の展望」というタイトルの論文が『流通研究』という雑誌の「第11巻第2号」の「39から54ページ」に掲載されているとい

うことを示しています。その後の「2008」は発表年,「査読有」は審査されたものということです。

また,そのすぐ隣の「CiNii」のボタンをクリックすれば,CiNii内の当該論文の詳細ページへ飛びます。それ以降はCiNiiで示した通りの手順で文献を集めて下さい。

Web of Science (※大学や研究機関の内部ネットワークからアクセスして下さい)

トムソン・ロイター社が提供する90以上の国と地域で2000万人を超える研究者が利用している国際的な調査研究プラットフォームです。英語の文献を探す際によく活用します。

(1) Web of Scienceにキーワードを入力して検索する。
(2) 検索結果から気になる文献を探す。

Web of Scienceを契約している大学・機関が雑誌を出版している出版社と契約していれば,PDFファイルを閲覧・保存することができます。それ以外の文献については,一覧に載っている情報(出版物名,巻・号,ページ数)をもとに図書館などで集めるようにして下さい。

Google Scholar (https://scholar.google.co.jp)

Googleが提供する文献用検索エンジン。英語文献,日本語文献のどちらにも対応しており,幅広い文献検索が可能です。研究論文,専門書が混在した形で検索結果が出てきます。掲載雑誌等の詳細な情報については,リンク先に記載があるのでそちらを参照するようにして下さい。また,研究論文が①オープンアクセスになっている場合,または②リンク先のデータベースと契約している場合,PDFファイルで閲覧・保存することが可能です。

リンクの貼られている左側で「期間指定」,「並び替え」,「言語」などで絞り込むことができます。また,新着の情報が出たときにメールでお知らせしてもらえるアラート機能もあります。

その他データベース
（※それぞれ提携している大学などの研究機関からアクセスすることをおすすめします）

日経テレコン（http://t21.nikkei.co.jp/）※有料データベース
　日経4紙（日本経済新聞，日経産業新聞，日経MJ，日経ヴェリタス）をはじめ，さまざまな新聞記事を検索することができます。

日経NEEDS（http://www.nikkei.co.jp/needs/）※有料データベース
　保険，金融を除く全国上場企業（東証，大証，名証などの1部，2部）の企業データを含む日本最大規模のデータベースシステム。

Mergent Online（http://www.mergentonline.com/）※有料データベース
　米国上場企業約1万5000社と米国以外の上場企業約2万社の企業・財務情報データベース。

2. これまでの研究論文から探す

　研究はこれまでの研究蓄積の上に自らの発見，見解を積み重ねることだというお話をしました。このことから研究論文ではどこまでがこれまでの研究蓄積で，どこからが新しい積み重ねなのかを明確にしなければなりません。研究論文や専門書の多くは，補章2の論文執筆要綱で示されるような厳密な引用表記を要求されます。そのため，自分が引用した文献あるいは参考にした文献をリストにして巻末に「引用文献一覧（参考文献一覧）」（英語文献の場合「Reference」）として示す必要があるのです。

　この「引用文献一覧」からめぼしい文献をチェックして文献を集めてくるということも有効な手段となります。本文を読んでいて気になった文献があれば，巻末のリストを見て研究論文の場合，①掲載雑誌，②掲載年，③巻・号・ページ数を確認します。そして，上記検索エンジンからインターネット上で取得できないか確認し，取得できなければ図書館に配架されているか確認します。一方，専門書など書籍の場合はインターネット上で取得できる可

能性はほぼありませんので，図書館に配架されているか確認します。

　研究蓄積の「山」がどのような文献・情報をもとに作られているのかを確認する上でも重要な作業となるので，巻末の「引用文献一覧」も注目するようにして下さい。

文献を効率的に探す3つのステップ

　これまで文献を探す方法について見てきましたが，検索エンジンで取得できたリストすべての文献を取得して読むことは，時間の制約もあるため難しいでしょう。これまで説明してきたことは「オールの漕ぎ方」のようなものです。漕ぎ方だけでは「膨大な研究蓄積の海」の中で遭難してしまうかもしれません。安全に航海するためには「羅針盤の読み方」を知ることも必要です。この節では研究に必要な文献を集めるための「勘どころ」をおさえる方法についてご紹介したいと思います。その方法をまとめたのが以下の「文献を効率的に集める3つのステップ」です。

文献を効率的に集める3つのステップ

Step 1：検索エンジンを活用して「最新」or「歴史」or「レビュー」論文を集める
Step 2：複数の論文の「引用文献一覧」で共通している文献を集める
Step 3：本文を読んで気になった文献を集める

Step 1：検索エンジンを活用して「最新」or「歴史」or「レビュー」論文を集める

　Step 1, 2では本文を読まずに論文を集めます（読んだとしても「はじめに」と「終わりに」の部分のみ）。まず，検索エンジンで自分の取り組みたい研究のキーワードを調べて下さい。その中で①「最新」論文，②「歴史」論文，③「レビュー」論文に注目して，それぞれ5, 6本程度集めます。

　①「最新」論文とは，ここ数年内に発表された研究論文のことで，その研

究分野で「今，何が問題になっているのか」，「今，研究課題として重要なものは何か」を把握するために集めます。例えば，近年fMRIなどの技術とともに脳科学の分野が発展していますが，そういった脳科学での研究成果をマーケティングに応用しようとする動きもあります。こうした従来取り得なかった手法を用いた研究ということも取り組む価値の高いものとして考えられます。「山の中腹に小石を置く」例え同様，ほとんどなく評価されません。この意味でも山の頂上が今どこにあるのかを見極める必要があります。

　②「歴史」論文とは，その研究分野の背景を整理した研究論文で，その研究分野の歴史的背景を把握するために集めます。例えば，近年のSNSや「食べログ」，「価格.com」のような比較サイトの台頭により，製品の満足度が他の消費者の購買行動に影響を与える可能性が高くなっています。こうしたことが，企業がSNSで直接コミュニケーションを取ってみたり，顧客満足度を高める施策を取ってみたりする契機となりました。このように取り組もうとしている研究分野の中で重要な歴史的転換点を確認するためにもこうした歴史を知る必要があります。

　③「レビュー」論文とは，これまでの研究をある軸を設けることで整理した研究論文で，取り組もうとしている分野の中で読むべき重要な研究論文を把握するために集めます。その分野はいつどのような現実的な問題意識から出発して，どのような理論的な変遷を経ているのかをおおよそ掴みます。ブランド論でいえば，デイビッド・アーカーやケビン・ケラーの研究論文，専門書を読まない人はいないでしょうし，消費者行動論であればハワード／シェスが1969年に発表した「概念的消費者行動モデル」やジェムズ・ベットマンが構築した消費者情報処理パラダイムをおさえておく必要があるでしょう。その分野が発展する上で重要な研究論文を把握するためにも「レビュー」論文を読む必要があるのです。

　お気付きの方もいらっしゃるかもしれませんが，これらの3つの論文は重複することもあります。ここで重要となるのは，「最新」論文だけではこれまでの研究の大きな「山」全体を把握することができませんし，「歴史」論文だけでは読むべき重要な研究を見落としてしまう可能性がありますし，「レビュー」論文だけでは理論的な変遷は理解できたとしても現実の問題を見落

としてしまう可能性があります。これらをすべて読むことによって，これまでの研究の全体像を把握しつつ，現実的な問題と理論的な課題を確認することができるのです。

Step 2：複数の論文の「引用文献一覧」で共通している文献を集める

次はStep 1で集めた論文の「引用文献一覧」を見て論文を集めます。この時，複数の研究論文で引用されている文献に着目します。多くの人が引用している文献というのは重要な文献である可能性が非常に高いです。引用された文献は，ある意味，引用した研究者から「引用する価値がある」とお墨付きを得たことになるので，先に述べた「オーソライズされた」情報と考えられます。複数の研究者（専門家）から「お墨付き」を得たとあれば重要な文献である可能性は非常に高いと考えられます。

また，この応用で「被引用回数が多い」文献を検索エンジンから探すというのも有効な手段です。先程紹介したWeb of Scienceでは被引用回数による並び替えも可能なので，よく引用される文献を優先的に探すこともできます。

Step 3：本文を読んで気になった文献を集める

Step 1, 2で文献を一定程度集めたら，実際に本文を読んでみます。文献，特に研究論文の場合，最初に「はじめに」と「終わりに」を読むことをオススメします。これら2つの部分でその研究の目的，構成，意義，限界が明記されているので，その文献の研究分野での位置づけや論理構成を大雑把に掴むことができます。それらを踏まえた上で本論を読み進めていったほうが，内容を素早く正確に読むことができるでしょう。

さて，本文を読んでいて，自分の研究に役に立ちそうな情報を見つけることがあります。その情報を見つけたら，どの文献からの引用なのかをチェックしましょう。読んだ文献では一部分しか取り上げられていませんが，さらなる有用な情報が引用元の文献にあるかもしれません。そうした情報を取りこぼさないように集めましょう。

このような手順で芋づる式に文献を集めることによって，取り組んでいる

研究分野の文献間の関係も知ることができます。「研究論文Aに対する批判を展開した研究論文B」や「研究論文Aをベースに研究論文Bの批判を回避しながら理論的な発展を目指した研究論文C」など，研究分野がどのように発展してきたのかを構造的に理解することで，「山」の全体像と「道筋」をクリアにすることができるはずです。

● **参考文献**

安宅和人（2010）『イシューからはじめよ──知的生産の「シンプルな本質」──』英治出版。

補章 ②
論文・レポート執筆要綱

※この『論文・レポート執筆要綱』は，学生・院生のために大石芳裕（明治大学経営学部）が個人的に作成したものです。その後，明治大学経営学部及び経営学研究科でもこれを基礎に『執筆要綱』が作成されています。また，他大学の教員や院生などから「利用したい」という申し出があり，著作権を留保した上で，広く利用していただいております。なお，公刊された書籍では，明治大学経営学研究会編『経営学への扉』白桃書房の初版（1999年）が最初です。同書は第3版まで実質大石が編集し，補章に掲載していました。第4版以降は編集者が代わり，掲載されておりません。ここではそれを少し改訂しています。

【目的】
①剽窃（ひょうせつ：盗作，盗用）の防止
　この『論文・レポート執筆要綱』の最大の目的は剽窃の防止です。学生・院生は論文・レポートをどのように書いていいかわからず，他人の考え方や図表，文章を剽窃してしまうことがあります。意図的な悪質剽窃はもちろんのこと，うっかりミスの剽窃も停学・退学などの重大な結果をもたらすことになります。下記，8の（2）「出所（または出典）明記」と9の（1）「注を付ける意味」を特に熟読し，遵守してください。

②ルール・ブック
　どのようなスポーツもゲームも，ルールを遵守してこそ楽しくプレーできます。すべてのプレイヤーがルールを守らなければ，スポーツやゲーム自体が成り立ちません。学生や院生には若い感性でオリジナリティのある論文・

レポートを書いてもらいたいのですが，極めてオリジナリティのある論文でもルール違反のものは評価されません。まずは論文・レポート執筆のルールを学び，その上でオリジナリティを開花させてください。ルールをいったん理解すれば，後はその中で自由に書けるでしょう。
※論文・レポートは提出先によって細かいルールが異なります。
　細かいルールについては，提出先の指示に従ってください。
　レポートは論文ほどには厳密ではありませんが，基本は同じと考える方がいいです。

【論文・レポート執筆要綱】

１．形式（一般的なルール。提出先のルールに従う）

　ワープロ原稿Ａ４用紙縦置き横書き，余白を上下3cm，左右2.5cmとり，字の大きさ10.5ポイント，１行40字×１ページ40行（1600字）で作成する。
　指定字数には，目次・図表・注記・引用文献一覧等を含むが，実際の字数でなく「1600字×枚数」で計算する。英文の場合，double spaceにする（字数は指示による）。

２．表紙（一般的なルール。提出先のルールに従う）

　表紙にはページ番号を打たずに，以下のことを記載する。
　　（１）論文タイトル
　　（２）年組番号（例：３年12組35番）
　　（３）名前
　　（４）e-mailアドレス

３．ページ番号

　ページ番号は，本文１ページ目から最終ページまで，半角算用数字の通し番号を用紙の中央下部に付ける。ワードの「ページ番号」設定で，「表紙には付けない」，「初期値を０にする」と設定すると，本文の最初が１ページになる。

4．構成（一般的なルール。提出先のルールに従う）

「1.」,「2.」…,（1），（2）…,①，②…などをこの順序で適宜使用する。本や博士論文・修士論文などを除き，通常の論文は「章」に相当する短いものなので，あえて言葉で段落分けするときは，「節」→「項」の順にすること。

(注)「1.はじめに」,「4.おわりに」などのように，数字の後が点ないしカンマになっているものがあるが，数字を入力した後，確定せずにすぐ句読点のキーを押せば「1.」「4.」のようにドットがつく。

5．目次

目次は本文最初に記載する。一般に，目次は本文字数に計算されるので簡潔に書くこと。

6．数字

(1) 半角算用数字

数字は半角算用数字を原則とする。ただし，見出しや漢字相当の部分の場合にのみ全角を用いる。

例：4500人，2005年，「1．…」，一時的，第2に，第4四半期など。

(2) 桁どり

本文中の一般数字には千の位で桁どりをしない（図表中の数字には桁どりをする）。西暦も桁どりをしない。万を超える数字は，半角数字と万・億・兆などの漢字を使い，それ以下の数字を半角，算用数字で書く。

例：36億3800万ドル，2兆5000億円など。

7．引用文献一覧（「参考文献一覧」とも呼ぶが，以下，「引用文献」と表記）

(1) 場所と内容

論文の最後（本文末尾の注の後）に，必ず引用文献一覧を付けること。引用文献一覧は本文や注で言及したもの，及び図表で使用したものすべてを掲げること。逆に，本文・注・図表等で使用しなかったものは掲載してはならない。

テキストや一般的読者を相手に書かれている本の場合，必ずしもこの原則に従っていないが，それは最初からそのように編集されているためであり，論文を書く場合のモデルにしてはならない。

学会誌や大学紀要など，学術論文を掲載しているものでも，編集方針によってここに記載している「要綱」とは異なる表記方法をとっていることもある。いろいろな組織があり，いろいろな人がいれば，いろいろな書き方がある。

(2) 書き方（引用文献記載の4原則）
〈和文献の場合〉
　①著者名…フルネームで書く。複数著者の場合は，それぞれを明記。
　　　　　　　複数著者の場合，その間は「・」か「／」で結ぶ。
　　　　　　　例：駿河一夫・和泉明子または駿河一夫／和泉明子。
　　　　　　　「、」や「，」で結ばない。
　②出版年…西暦で書く。増刷されている場合は初刷年。
　　　　　　改訂版は改訂版の初刷年。
　③タイトル…著書・雑誌・新聞は『　』でくくり，論文は「　」でくくる。
　④出版社…正確に記す。例：白桃書房，中央経済社など。「株式会社」は不要。
　上記4つを「引用文献記載の4原則」と呼ぶ。

　　例：駿河一夫［2003］『国際経営論』お茶の水一心堂。
　　　　和泉明子［2004］「最近の学生気質」近藤行代『明大古今』日本文壇社。
　　　　生田次郎［2005］「電子マネー再考」『経営論集』38巻4号，19-32ページ。
　　　　明治太郎［2007］「地球環境問題」『週刊西洋経営』No.128，74-85頁。
　　　　　または，
　　　　駿河一夫『国際経営論』お茶の水一心堂，2003年。
　　　　生田次郎「電子マネー再考」『経営論集』38巻4号，2005年，19-32頁。

　※出版年には半角括弧[ ]または（ ）を使用する。
　※日本語文献の場合，「ページ」でも「頁」でもよい。
　※論文の場合，掲載ページを書くと読者が探索しやすくなるので，「19-3

ページ」のように論文掲載ページを明記する。欧文献の場合も同じ。
※同一著者で同一年に2つ以上の文献がある場合には年の後にa, b, c, などを付ける。欧文献の場合も同じ。
　　例：神田真一［2005a］「カナダにおける…」『グローバル経営』No.34。
　　　　神田真一［2005b］『労務管理…』白桃書房。
※新聞や雑誌の場合，著者を特定できないこともある。その場合，次のように記載する。
　　例：『日本経済新聞』2005年4月1日付け朝刊。
　　　　『週刊東洋経済』2007年6月31日号，38ページ。
※日本語文献の最後は「。」で終わること。
※電子媒体のみの論文や記事の場合，最後に入手したアドレス，入手日を記入すること。

〈欧文献の場合〉
　英語論文の場合，APA Citation, The Oxford Style Manual, Harvard Referencing Systemなどの複数の方式があり，それぞれで参考文献，脚注，本文での引用方法にいたるまで指定されている。ここでは日本語論文における欧文献の引用記載について説明する。
　日本語論文における欧文献の引用文献記載の方法も英語論文における引用文献記載の方法もほぼ同じであるが，細かい点が異なる。興味のある人は，まずはスタンダードなAPA Citationを勉強してみるとよい。下記に解説本を紹介しておく。

　　Becker, D. (2015), *Publication Manual of the American Psychological Association*, Sixth Edition, American Psychological Association, Washington, D. C.

(イ)「引用文献記載の4原則」や新聞・雑誌の扱い方などは和文献と同じ。
(ロ)単行本の場合には，原則，出版社の後に出版地名を記載する。
(ハ)著者名はファミリーネームを先に書き，その後，ファーストネームの頭

文字（必要ならフルネーム），ミドルネームの頭文字の順とする。
　　例：Porter, M. E.
㈡著書名・雑誌名は斜体にするか，下線を引く。
　　例：著書の場合
　　　Grunwald, J. and Flamm, K.［1985］, *The Global Factory: Foreign Assembly in International Trade*, The Brookings Institution, New York.
　　　または
　　　Grunwald, J. and Flamm, K.［1985］, The Global Factory: Foreign Assembly in International Trade, The Brookings Institution, New York.
　　※著書タイトルには"　"（double quotation）は付けない。

　　例：論文の場合
　　　Kreutzer, R. T.［1988］,"Marketing-Mix Standardization: An Integrated Approach in Global Marketing," *European Journal of Marketing*, Vol.22, No.10, pp.39-52.
　　※論文タイトルには"　"を付けるが，斜体にもしないし下線も引かない。
　　※雑誌名を斜体にするか，下線を引く。
　　※Vol.22, No.10の後に，10月発行ならOctoberと加えても可。
　　例：新聞・雑誌の場合
　　　New York Times, March 22, 2004.
　　　Advertising Age, December 17, 2007.

　　※外国語文献の最後は「.」（ピリオド）で終わること。
　　※電子媒体の論文や記事の場合，最後に入手したアドレス，入手日を記入すること。
　　例：Larenaudie, S. R.［2004］,"Inside The H&M Fashion Machine," *TIME*, Feb. 16th. Retrieved February 19, 2013, from http: www.time.com/time/.

8．図表

(1) 図表タイトル

　図表は「図」(Figure) と「表」(Table) とに分け，それぞれ通し番号とタイトルを付ける。

　　例：図-1　コマツ新賃金制度

　図と表を一緒にして，「図表」(Diagram) と表記してもよい。

　　例：図表-4　経験曲線

　　※本や博士論文・修士論文など「章」を含む長い論文の場合，章番号を加えて「図表3-2」(第3章の2番目の図表の場合) とする場合が多い。

(2) 出所（または出典）明記

　①必ず出所を明記する。執筆者自身が独自に作成した場合，「筆者作成」あるいは「著者作成」と書く。その場合も最後は「。」で終わる。

　②本や論文に掲載されている図表なら，その著者名，本・論文名，出版社名，出版年，ページ数（「出所の5原則」という）を明記すること。

　③原典がどうしても入手できず，やむを得ない場合「孫引き」することもあるが，その場合には，下記のように書く。本や論文に掲載されている図表で，その著者が引用している図表なら，その出所名を「原出所」(原出典) などと変えて，その次に②と同様5原則を明記する。最大限，原典に当たる努力をすること。

　　※末尾に引用文献一覧を掲示していれば，「駿河[1998]，64ページ。」のように簡略化することも可能。この場合もページ数は不可欠。

〈例〉実際に出所の文献を見て引用する場合

　表-1　A社とB社の売上高比較（億円）

	2000年	2014年
A社	3,246	6,013
B社	12,897	28,645

　出所：明治太郎 [2015]『新経営』神田堂，246ページ。

〈例〉孫引きする場合（やむを得ない場合に限る）

図表-3　経済成長率とレンガの普及率

	1860年代	1900年代
経済成長率	12.3%	6.7%
レンガの普及率	24.5%	89.6%

原出所：明治太郎 [1914]『日本経営史』文鎮堂，108ページ。
出所：駿河 [1998]，64ページ。

※最後の「出所」を書かないと剽窃になるので注意。

9．注

(1) 注を付ける意味

〈剽窃の防止〉

　論文・レポートを書く場合，大きく3種類の文がある。
　　①自分の言葉で自分の考えを書いた文（地の文）。
　　②他の文献からかぎ括弧を付けて直接引用した文（直接引用文）。
　　③他の文献の内容をまとめた文（間接引用文）。
これらは明確に区別しなければならない。初心者に多く見られる過ちは，②や③をあたかも自分の意見であるかのように書くことである。このような書き方は剽窃になる。そこで，②や③には出所を明記しなければならない。
　　例：鈴木 [2012] は「○○が△△した」[5]と述べている。
　　　　鈴木 [2012] は□□にとって▽▽が重要であると述べている[8]。
　　※文末の注番号は句読点の前。

〈補足等〉

　本文の理解には役立つけれども本文中に述べると叙述の流れが不自然になるような場合には注記するとよい。例えば，傍証や語句説明，補足，予想される疑問・批判に対する回答などがこれに当たる。

(2) 注（脚注または文末注）の付け方

　注は該当箇所の右上に1, 2, …または1), 2), …のように，半角算用数字

で通し番号を付ける。ワープロソフトの注機能を使用すると，追加しても削除しても自動的に番号が変わるので便利である。注に文献を挙げる場合，巻末に引用文献一覧を掲示していれば，《駿河［1998］，64ページ。》のように簡略化することも可能。

　　例：駿河によれば，…ということである^{7}。
　　　　脚注・文末注部分《7　駿河［1998］，64ページ。》
　※「通し番号」という意味は，注番号は1から連続していなければならないということ。

　　例えば3番目に使った文献・ページが8番目にも出てきたからといって，そこに「3」と付けてはならない。「8」として同じ文献・ページを再掲すること。

　　また，注番号を重ねてはいけない。
　　　　悪い例：…である^{78}。
　　このような場合，注番号は7とし，注の中で複数文献に触れるとよい。

　ただし，単に出所とページ数を示すだけなら本文に括弧書きで挿入してもよい。
　　例：駿河（駿河［1998］，64ページ）によれば…。
　※出所を注で書くか，本文に挿入するかは論文全体を通して統一すること。

(3) 文献を再掲する場合
　①続けて同一文献を引用する場合，以下のように書く。
　日本語：同書（同稿，同誌，同紙など），98ページ。
　　　　　下記②のような書き方でもよい。
　英　語：Kreutzer［1988］, p.273.

　②間に他の注が入っている場合，以下のように書く。
　日本語：生田［2005］，64ページ。
　　　　　生田［2005］「多国籍企業論の一考察」，210-223ページ。
　英　語：Kreutze［1988］, p.273.

　　　　　Kreutzer[1988],"Marketing-Mix Standardisation", pp.280-285.
　　※1ページだけなら「p.」，複数ページにまたがるなら「pp.」とする。
　　　「p.」は「page」の略字だから，小文字でかつ「.」が必要。
　　※同姓で異なった者の文献が引用文献にある場合，混乱を避けるためフルネームで書く。

(4) 直接引用と間接引用
　a) 直接引用とはかぎ括弧付きで他の文献から引用すること。
　　当然，かぎ括弧の後に出所を明記しなければ剽窃になる。
　　この場合，句点「。」の付け方に注意。
　　　例：注番号は，「…である」[5]と明治太郎は述べている。のように，とじ括弧のすぐ後に付ける。
　　　※引用文の最後が句点「。」で終わっていても，文全体は途中なので句点「。」は付けない。
　　　例：……ということだ」[8]。
　　　※注番号はとじ括弧と句点の間に付ける。
　　　　……ということだ」（駿河［2004］，47ページ）。
　　　※文全体が終わっているので，とじ括弧外に句点を付ける。

　b) 間接引用とは，他者の見解を要約する形（かぎ括弧なし）で引用すること。
　　間接引用に際しても出所を付けないと剽窃とみなされる。必ず適当なところで出所を明らかにしておかなければならない。
　　　例：……である。[24]
　　　　……である（和泉［2004］，57-62ページ）。

10. その他
(1) ひらがな表記
　未だ，専ら，然し，敢えて，及び，既に，即ち，因みに，故に，拘わらず，出来るなどは原則として「ひらがな表記」とする。

（2）送り仮名

送り仮名が2通りある場合には多めに送り，複合する動詞は分かち書きにする。

　　例：当る→当たる，明か→明らか，取扱う→取り扱う

（3）欧文略記・欧文人名

初出の欧文略記・欧文人名については，括弧書きでフルネーム及び（定訳がある場合には）日本語名を記載する。

　　例：BEP（Break Even Point：損益分岐点）。
　　　　コトラー（Kotler, P.）。

（4）Web siteからの引用

「Web site名」・「引用したURL」・「アクセス日」を必ず明記する。

　　例：トヨタのWeb site, http://www.toyota.co.jp/ （2015/2/8アクセス）。

　　例：Toyota USA Web site. Retrieved February 8, 2015, from http://www.toyota.com/

　　※ Web siteの資料は後から見られなくなることが多いので，必ずローカル（自分のコンピュータのハードディスク等）に保存しておく。

以上

●執筆者紹介

大石芳裕（おおいし　よしひろ）　明治大学経営学部教授：修士
　まえがき・序章・第1章，補章2担当
　専門：グローバル・マーケティング
　主著：『実践的グローバル・マーケティング』ミネルヴァ書房，2017年（単著），『グローバル・マーケティング零』白桃書房，2017年（編著），『グローバル・マーケティングの新展開』白桃書房，2013年（共編著），『日本企業のグローバル・マーケティング』白桃書房，2009年（編著）など著書・論文多数。

原田将（はらだ　すすむ）　明治大学経営学部教授：博士　第2章担当
　専門：グローバル・ブランド
　主著：『グローバル・マーケティング零』白桃書房，2017年（分担執筆），『ブランド管理論』白桃書房，2010年（単著），『日本企業のグローバル・マーケティング』白桃書房，2009年（分担執筆）。

井上真里（いのうえ　まさと）　日本大学商学部准教授：博士　第3章担当
　専門：ブランド・マネジメント，グローバル・マーケティング
　主著：『グローバル・マーケティング零』白桃書房，2017年（分担執筆），「国境を越えたブランド・アイデンティティの共有と発展―千代むすび酒造の親会社―現地子会社関係を中心に―」日本流通学会『流通』No.43，2018年。

古川裕康（ふるかわ　ひろやす）　日本大学経済学部専任講師：博士　第4章・第13章担当
　専門：グローバル・マーケティング
　主著：『グローバル・マーケティング零』白桃書房，2017年（分担執筆），『グローバル・ブランド・イメージ戦略―異なる文化圏ごとにマーケティングの最的化を探る』白桃書房，2016年（単著）。

原木英一（はらき　えいいち）　豊橋創造大学経営学部講師：修士　第5章，補章1担当
　専門：BOPビジネス，新興国市場参入戦略
　主著：「『BOPビジネス』の新規性に関する一考察」『経営学研究論集』39号，2013年。

太田壮哉（おおた　まさや）　近畿大学産業理工学部准教授：博士　第6章，第10章担当
　専門：消費者行動，顧客満足
　主著：『グローバル・マーケティング零』白桃書房，2017年（分担執筆），"Fair trade information eliminates the positive brand effect: product choice behavior in Japan" *Asian Journal of Sustainability and Social Responsibility*, Vol.4　No.6　2019年（共著）

唐沢龍也（からさわ　たつや）　関東学院大学経営学部准教授：博士　第7章担当
　専門：国際マーケティング，国際知識移転
　主著：『広告会社の国際知識移転と再創造』文眞堂，2019年（単著），『グローバル・マーケティング零』白桃書房，2017年（分担執筆），「日系広告会社の国境を越える知識移転プロセスの実態――中国拠点におけるオペレーション事例を中心に――」『明治大学社会科学研究所紀要』52巻2号，2014年．

舟橋豊子（ふなはし　とよこ）　立命館大学政策科学部准教授：博士　第8章担当
　専門：グローバル・マーケティング，フィリピンの地域経済
　主著：『グローバル・マーケティング零』白桃書房，2017年（分担執筆），『日本企業の国際化：グローバル・マーケティングへの道』文眞堂，2009年（分担執筆），『ブランド戦略・ケースブック：ブランドはなぜ成功し，失敗するのか』同文舘出版，2012年（分担執筆）．

川端庸子（かわばた　やすこ）　埼玉大学大学院人文社会科学研究科（経済系）准教授：博士　第9章担当
　専門：国際流通論，eビジネス，グローバル・マーケティング
　主著：『グローバル・マーケティング零』白桃書房，2017年（分担執筆），『小売業の国際電子商品調達』同文舘出版，2012年（単著），『経営と情報の深化と融合』税務経理協会，2014年（分担執筆）．

井上善美（いのうえ　よしみ）　淑徳大学経営学部教授：博士　第11章担当
　専門：関係性マーケティング，グローバル・マーケティング
　主著：『グローバル・マーケティング零』白桃書房，2017年（分担執筆），『製配販をめぐる対抗と協調――サプライチェーン統合の現段階――』白桃書房，2013年（分担執筆）．

植木美知瑠（うえき　みちる）　桃山学院大学経営学部専任講師：修士　第12章担当
　専門：グローバル・マーケティング論，ブランド論
　主著：『グローバル・マーケティング零』白桃書房，2017年（分担執筆），「マーケティング・チャネルの統合的管理」『経営学研究論集』33号，2010年．

■ マーケティング零(ゼロ)

■ 発行日──2015 年 7 月 16 日　初版発行　　　　〈検印省略〉
　　　　　2020 年 4 月 6 日　初版第 3 刷発行

■ 編著者──大石芳裕(おおいしよしひろ)

■ 発行者──大矢栄一郎

■ 発行所──株式会社　白桃書房(はくとうしょぼう)
　　　〒 101-0021　東京都千代田区外神田 5-1-15
　　　☎ 03-3836-4781　📠 03-3836-9370　振替 00100-4-20192
　　　http://www.hakutou.co.jp/

■ 印刷・製本──藤原印刷

　　Ⓒ Yoshihiro Oishi　2015 Printed in Japan　ISBN 978-4-561-65214-4 C3063

本書のコピー，スキャン，デジタル化等の無断複製は著作権法上での例外を除き禁じられています。本書を代行業者等の第三者に依頼してスキャンやデジタル化することは，たとえ個人や家庭内の利用であっても著作権法上認められておりません。

JCOPY 〈出版者著作権管理機構 委託出版物〉
本書の無断複写は著作権法上の例外を除き禁じられています。複写される場合は，そのつど事前に，出版者著作権管理機構（電話 03-5244-5088，FAX 03-5244-5089，e-mail：info@jcopy.or.jp）の許諾を得てください。

落丁本・乱丁本はおとりかえいたします。

好 評 書

大石芳裕【編著】
グローバル・マーケティング零 本体2,500円

大石芳裕【編】グローバル・マーケティング研究会【著】
日本企業のグローバル・マーケティング 本体2,800円

大石芳裕・山口夕妃子【編著】
グローバル・マーケティングの新展開 本体3,000円
　―日本流通学会設立25周年記念出版プロジェクト　第5巻

古川裕康【著】
グローバル・ブランド・イメージ戦略 本体3,000円
　―異なる文化圏ごとにマーケティングの最適化を探る

C. フィル/S. ターンブル【著】　森　一彦・五十嵐正毅【著】
マーケティング・コミュニケーション 本体3,200円
　―プリンシプル・ベースの考え方

朴　正洙【著】
セレブリティ・コミュニケーション戦略 本体3,000円
　―効果とリスクの実証研究

黒田秀雄【編著】
わかりやすい
現地に寄り添うアジアビジネスの教科書 本体2,500円
　―市場の特徴から「ＢＯＰビジネス」の可能性まで

―――――― 東京　**白桃書房**　神田 ――――――

本広告の価格は本体価格です。別途消費税が加算されます。